中国基本单位统计年鉴 2021

国家统计局普查中心 编

CHINA BASIC STATISTICAL UNITS YEARBOOK

中国统计出版社
China Statistics Press

图书在版编目（CIP）数据

中国基本单位统计年鉴. 2021 / 国家统计局普查中心编. -- 北京 : 中国统计出版社, 2021.11
ISBN 978-7-5037-9707-1

Ⅰ. ①中… Ⅱ. ①国… Ⅲ. ①统计资料－中国－2021－年鉴 Ⅳ. ①C832-54

中国版本图书馆 CIP 数据核字(2021)第 225894 号

中国基本单位统计年鉴—2021

作　　者/国家统计局普查中心
责任编辑/冯诗萌
封面设计/杨　超　李雪燕
出版发行/中国统计出版社有限公司
通信地址/北京市丰台区西三环南路甲 6 号　邮政编码/100073
发行电话/邮购（010）63376909　书店（010）68783171
网　　址/ http://www.zgtjcbs.com
印　　刷/河北宝昌佳彩印刷有限公司
经　　销/新华书店
开　　本/890mm×1240mm　1/16
字　　数/584 千字
印　　张/18.25
版　　别/2021 年 11 月第 1 版
版　　次/2021 年 11 月第 1 次印刷
定　　价/250.00 元（附光盘）

《中国基本单位统计年鉴-2021》
编辑委员会

编 者 说 明

一、《中国基本单位统计年鉴－2021》是一部反映中华人民共和国各类基本单位情况的资料性工具书。本书分为两部分：第一部分是全国各类法人单位按地区、国民经济行业等进行各种分组汇总而成的综合资料；第二部分是全国各类企业法人单位按地区、国民经济行业、登记注册类型等进行各种分组汇总而成的综合资料。

二、1996 年数据来源于第一次全国基本单位普查资料，2001 年数据来源于第二次全国基本单位普查资料，2004 年数据来源于第一次全国经济普查资料，2008 年数据来源于第二次全国经济普查资料，2013 年数据来源于第三次全国经济普查资料，2018 年数据来源于第四次全国经济普查资料，其他年份的数据来源于基本单位年度统计资料。

三、资料的汇总范围为我国境内从事经济社会活动的法人单位，未包括香港、澳门特别行政区和台湾省。

《中国基本单位统计年鉴－2021》内容系统、翔实，具有较强的实用性，可作为各级政府和经济管理部门进行宏观管理、制定政策的参考，也是企业生产经营及投资决策和科研机构、大专院校进行科研及教学活动的辅助资料。

恳请广大读者对本书提出宝贵意见。

目　　录

第一部分　全部法人单位综合资料

第二部分　企业法人单位综合资料

第一部分

全部法人单位综合资料

1-1　按行业(门类)分组的法人单位数

单位：个

行业门类	代码	法人单位数						
		1996年	1997年	1998年	1999年	2000年	2001年	2002年
总　计	—	**4402276**	**4344278**	**4417508**	**4221995**	**4366141**	**5107015**	**5170849**
农、林、牧、渔业	A	148029	148269	147656	142055	142140	171526	170953
采矿业	B	100362	99578	102265	91026	90484	71409	70851
制造业	C	1256323	1221878	1290304	1192280	1243607	1220587	1239549
电力、热力、燃气及水生产和供应业	D	30543	29864	30299	30031	30841	36982	37136
建筑业	E	126710	125476	125541	112973	118240	123187	129062
批发和零售业	F	681853	678488	668847	654887	693108	807454	829029
交通运输、仓储和邮政业	G	63808	62871	62941	57772	59711	82162	83489
住宿和餐饮业	H	81444	71835	79270	78804	83014	100768	102244
信息传输、软件和信息技术服务业	I	20381	18545	22141	22826	25425	57420	59368
金融业	J	73824	74054	73941	69029	70228	63996	64806
房地产业	K	39693	40903	44606	44051	48363	92417	96795
租赁和商务服务业	L	96609	109537	100411	97410	107229	234265	242109
科学研究和技术服务业	M	42048	41299	43264	42608	45003	75666	78356
水利、环境和公共设施管理业	N	29508	28661	30273	29315	30189	51007	51426
居民服务、修理和其他服务业	O	52677	45707	51786	48898	54366	94655	96244
教育	P	215358	219281	215530	214042	218304	307817	308320
卫生和社会工作	Q	112326	112810	112695	112375	114388	200360	200761
文化、体育和娱乐业	R	41064	36522	41388	40094	41060	57410	57891
公共管理、社会保障和社会组织	S	1185790	1174810	1170475	1137752	1146645	1254546	1250166
国际组织	T	3926	3890	3875	3767	3796	3381	2294

注：2004年和2008年农、林、牧、渔业法人单位数为兼营第二、三产业的农、林、牧、渔业法人单位；2013年农、林、牧、渔业法人单位数为农、林、牧、渔服务业和兼营第二、三产业的农、林、牧、渔业法人单位；2013年法人单位数不包括金融业、铁路运输业和无分组标识的部分数据；2018年农、林、牧、渔业法人单位数为农、林、牧、渔专业及辅助性活动和兼营第二、三产业的农、林、牧、渔业法人单位；2018年法人单位数不包括无分组标识的数据。(下同)

1-1 续表 1

单位：个

行业门类	代码	2003年	2004年	2005年	2006年	2007年	2008年
总　计	--	**5214144**	**5168303**	**5647823**	**6068912**	**6495064**	**7098765**
农、林、牧、渔业	A	156033	1835	68800	78205	98546	2023
采矿业	B	72538	82353	89430	93967	97678	97315
制造业	C	1298870	1328964	1451556	1579406	1702455	1818370
电力、热力、燃气及水生产和供应业	D	33570	39830	43148	45922	49052	57923
建筑业	E	132059	128193	149471	170180	190517	226768
批发和零售业	F	840241	883653	994953	1122489	1246042	1403141
交通运输、仓储和邮政业	G	85991	80375	91565	104635	117228	157589
住宿和餐饮业	H	103537	92869	101853	109892	118173	145297
信息传输、软件和信息技术服务业	I	58307	72913	85499	100614	115101	153290
金融业	J	64802	23793	26828	29201	31815	28668
房地产业	K	98943	129197	148059	165865	187444	214391
租赁和商务服务业	L	219567	249192	291498	331904	368763	427001
科学研究和技术服务业	M	110685	136555	153076	166240	176677	201689
水利、环境和公共设施管理业	N	47847	44352	46847	48811	50953	57553
居民服务、修理和其他服务业	O	64391	83606	93947	102228	110525	120467
教育	P	304056	299418	305446	308760	312339	335065
卫生和社会工作	Q	198879	181877	183760	185014	187376	206480
文化、体育和娱乐业	R	77717	64741	69490	72873	76430	81878
公共管理、社会保障和社会组织	S	1243967	1244587	1252597	1252706	1257950	1363857
国际组织	T	2144	—	—	—	—	—

1-1 续表 2 单位：个

行业门类	代码	2009年	2010年	2011年	2012年	2013年	2014年
总 计	--	**8003868**	**8754588**	**9593729**	**10616530**	**10825611**	**13701440**
农、林、牧、渔业	A	184764	242429	321086	440853	161824	951045
采矿业	B	103403	104065	105490	107596	89112	101673
制造业	C	1959254	2098370	2240315	2380759	2252225	2616671
电力、热力、燃气及水生产和供应业	D	62038	64151	66652	69947	70409	79679
建筑业	E	261694	302232	346026	391392	347519	464975
批发和零售业	F	1670315	1965118	2276295	2630690	2810531	3513338
交通运输、仓储和邮政业	G	175914	195829	219630	249832	262048	323044
住宿和餐饮业	H	154895	164762	172070	186837	199592	235337
信息传输、软件和信息技术服务业	I	176326	191182	208867	245669	226107	289162
金融业	J	36907	45512	55513	67554	—	91583
房地产业	K	244043	284726	323985	356717	343924	419618
租赁和商务服务业	L	511666	590478	687575	813851	916953	1161947
科学研究和技术服务业	M	233221	256865	283777	324932	455778	544309
水利、环境和公共设施管理业	N	61740	64794	69186	75981	84803	97522
居民服务、修理和其他服务业	O	141936	158152	175813	196880	190692	242251
教育	P	342003	342408	346390	355072	413908	444038
卫生和社会工作	Q	209016	205778	205173	206885	249567	265537
文化、体育和娱乐业	R	90891	95633	102775	121126	230544	263384
公共管理、社会保障和社会组织	S	1383842	1382104	1387111	1393957	1520075	1596327
国际组织	T	—	—	—	—	—	—

1-1　续表 3　　单位：个

行业门类	代码	2015年	2016年	2017年	2018年	2019年	2020年
总　计	--	**15729199**	**18191382**	**22009092**	**21787273**	**25280211**	**29389255**
农、林、牧、渔业	A	1204724	1481473	1926771	232818	1879887	2090924
采矿业	B	103426	104074	108900	70191	70983	80683
制造业	C	2801143	3019269	3483617	3269606	3463346	3846747
电力、热力、燃气及水生产和供应业	D	87486	99469	120736	110714	113649	123729
建筑业	E	574128	754512	1045232	1218463	1458539	1901819
批发和零售业	F	4199026	5041698	6252424	6499161	7155907	8415106
交通运输、仓储和邮政业	G	378705	443325	540994	577233	629631	748046
住宿和餐饮业	H	274283	317619	378974	431323	449277	514980
信息传输、软件和信息技术服务业	I	387842	507674	719150	919879	1047408	1285534
金融业	J	109711	122516	135068	137934	131744	142488
房地产业	K	466100	533557	642893	744924	811663	933969
租赁和商务服务业	L	1440572	1768005	2242096	2551306	2825375	3394995
科学研究和技术服务业	M	661022	813251	1035170	1275579	1390741	1738335
水利、环境和公共设施管理业	N	108069	122367	146295	148860	172856	216714
居民服务、修理和其他服务业	O	298958	359932	420667	497292	522903	598808
教育	P	461451	486026	517739	665883	698893	769578
卫生和社会工作	Q	271571	275554	286858	272504	279155	299142
文化、体育和娱乐业	R	297274	341182	414973	566593	585224	686805
公共管理、社会保障和社会组织	S	1603708	1599879	1590535	1597010	1593030	1600853
国际组织	T	—	—	—	—	—	—

1-2　按三次产业、地区分组的法人单位数

(2020年)　　单位：个

地　区	法人单位数	第一产业	第二产业	第三产业
全　国	**29389255**	**1827421**	**5904042**	**21657792**
北　京	1174904	6858	67254	1100792
天　津	371124	10684	69170	291270
河　北	1456954	106861	379431	970662
山　西	772765	97184	112411	563170
内蒙古	439523	60334	69478	309711
辽　宁	748782	50296	152619	545867
吉　林	237731	26302	38739	172690
黑龙江	344360	53748	50982	239630
上　海	532762	5200	76033	451529
江　苏	2540015	41935	743879	1754201
浙　江	2277240	48515	593845	1634880
安　徽	1160828	96705	254409	809714
福　建	1156978	54003	221019	881956
江　西	765836	77906	155567	532363
山　东	2842426	127605	666397	2048424
河　南	1652264	136573	281552	1234139
湖　北	1183265	67468	225063	890734
湖　南	831104	66175	138136	626793
广　东	3526206	40563	795214	2690429
广　西	754741	81140	99060	574541
海　南	140362	11535	17239	111588
重　庆	642720	78978	86191	477551
四　川	934554	93708	145612	695234
贵　州	543603	108209	92893	342501
云　南	741669	97737	105141	538791
西　藏	49889	2533	12397	34959
陕　西	689053	55017	134092	499944
甘　肃	302596	61979	35020	205597
青　海	112136	18304	15464	78368
宁　夏	133774	18974	19866	94934
新　疆	329091	24392	49869	254830

1-3 按地区、成立时间分组的法人单位数

单位：个

地 区	法 人 单位数	1949年及以前	1950-1977年	1978-1991年	1992-1995年	1996年
全 国	**29389255**	**69445**	**272758**	**563807**	**247674**	**77321**
北 京	1174904	609	3225	13407	12875	3600
天 津	371124	685	1432	5342	3851	1105
河 北	1456954	14174	20224	36729	7770	3239
山 西	772765	3763	13823	24064	4180	1365
内蒙古	439523	1529	8411	8631	1980	941
辽 宁	748782	1805	7962	18608	9097	2490
吉 林	237731	1479	6967	11383	2967	906
黑龙江	344360	1808	8614	12857	3653	1167
上 海	532762	444	1570	7725	14421	3758
江 苏	2540015	1717	6856	23616	16372	6348
浙 江	2277240	2703	5711	23408	21097	7326
安 徽	1160828	1387	6851	12074	6437	2103
福 建	1156978	2151	7204	23502	10510	3391
江 西	765836	2044	10091	21376	4798	1488
山 东	2842426	5650	13230	62416	15567	4654
河 南	1652264	5061	23654	46589	9873	3466
湖 北	1183265	1608	10328	23401	7506	3144
湖 南	831104	1991	11159	19827	8970	2435
广 东	3526206	3913	16222	38280	35896	9162
广 西	754741	2037	10586	16493	7125	2630
海 南	140362	281	2241	2439	2176	399
重 庆	642720	899	2749	4873	4395	1256
四 川	934554	2151	20520	24498	11476	2951
贵 州	543603	1198	4867	7746	7216	817
云 南	741669	1085	7977	13540	4619	1974
西 藏	49889	373	1715	4118	531	449
陕 西	689053	2226	12046	17574	5407	2223
甘 肃	302596	2328	10303	17928	2763	954
青 海	112136	651	3594	4654	676	183
宁 夏	133774	273	1757	4017	818	467
新 疆	329091	1422	10869	12692	2652	930

1-3 续表 1

单位：个

地区	1997年	1998年	1999年	2000年	2001年	2002年
全国	**81034**	**120150**	**138669**	**189092**	**219436**	**261001**
北京	4016	6275	7380	11591	14473	16145
天津	1162	1632	1601	2732	3403	3206
河北	2879	4082	4378	6374	8380	11083
山西	1502	2855	2417	3668	4453	5959
内蒙古	1288	1455	1412	2327	2458	3388
辽宁	2704	4536	5154	6793	7864	8911
吉林	747	1227	1343	2091	2614	2772
黑龙江	1075	1844	1864	3267	4355	3819
上海	4121	5439	5506	7818	9979	12995
江苏	6415	10484	18171	19524	26525	29452
浙江	7652	10446	12337	17707	21918	25996
安徽	2251	2865	2874	5283	5240	6855
福建	3835	4483	5202	9050	6755	9194
江西	1472	2003	1927	3809	4142	5610
山东	4820	8064	8200	13050	15830	17589
河南	4258	5695	4830	7117	7821	9673
湖北	2610	4259	3911	6209	7925	9485
湖南	2156	4087	2744	5292	5866	6527
广东	10404	16715	27777	19511	23969	29123
广西	2306	2233	1989	2555	3428	5938
海南	386	506	473	631	885	1023
重庆	1811	2515	1896	3131	4340	5128
四川	3157	4830	4213	6689	8563	8604
贵州	935	1431	1377	2100	2406	3142
云南	2191	2787	2894	10330	4340	4871
西藏	233	192	357	322	239	675
陕西	2305	3226	2990	4803	4936	5880
甘肃	884	1511	1146	1709	2162	2682
青海	230	385	344	601	827	882
宁夏	316	590	551	817	732	944
新疆	913	1498	1411	2191	2608	3450

1-3 续表 2

单位：个

地区	2003年	2004年	2005年	2006年	2007年	2008年
全国	**302620**	**314727**	**351805**	**395783**	**399265**	**464657**
北京	19702	22640	24290	25132	28795	33203
天津	3918	4057	4448	5296	5208	6168
河北	11098	12967	13678	16521	16070	19132
山西	5799	6043	6966	8193	10300	12809
内蒙古	3301	3554	4530	5735	5472	6803
辽宁	10359	11291	11634	12257	12983	15331
吉林	2985	2961	4119	4496	4244	5014
黑龙江	4422	4420	4815	5634	5103	6788
上海	15590	16474	16977	15405	14274	15567
江苏	34144	33394	34126	41306	40978	43366
浙江	29346	26089	27324	35786	33940	33489
安徽	7920	9307	10672	13220	14708	17231
福建	11060	10932	11422	13239	14835	14656
江西	6640	5549	7082	7925	7129	8943
山东	22111	22903	30539	30125	27583	34099
河南	12360	11938	18964	17408	15686	20943
湖北	10253	11776	13101	15982	13086	16988
湖南	7266	7733	9979	11514	9504	12251
广东	36371	41165	44304	51814	53464	61582
广西	5514	5077	5915	5869	7696	8753
海南	1242	1327	1501	1757	1942	2574
重庆	5519	6182	5652	6488	7666	10026
四川	11457	12010	12859	13521	14390	16731
贵州	3416	3366	3460	3782	4354	5239
云南	6069	5987	6347	7841	7242	9901
西藏	297	349	442	500	586	694
陕西	6019	6369	7411	8222	9704	11618
甘肃	2788	2949	3125	3428	4610	4485
青海	859	712	829	1028	1078	1309
宁夏	1371	1304	1221	1516	1602	2076
新疆	3424	3902	4073	4843	5033	6888

1-3　续表 3　　　　单位：个

地　区	2009年	2010年	2011年	2012年	2013年	2014年
全　国	**578609**	**730606**	**836576**	**975159**	**1232089**	**1730979**
北　京	40442	47335	50471	51553	59659	94624
天　津	7348	8668	10721	10579	13524	20254
河　北	25547	30196	35958	40970	63230	94204
山　西	14936	16303	19081	21642	25171	34505
内蒙古	9450	11941	12356	14373	20466	31403
辽　宁	18902	25047	25938	24903	28450	43671
吉　林	7063	8501	8975	10210	13518	16388
黑龙江	8759	10590	10686	12633	18286	22717
上　海	19703	23454	24572	25494	27480	37861
江　苏	52159	68927	71263	76988	94245	133555
浙　江	43461	54595	58782	58472	99063	116169
安　徽	19091	26574	28542	34122	43922	64629
福　建	17743	24654	28374	30977	36382	58180
江　西	12185	15566	15306	19601	25090	37037
山　东	43028	54395	58004	63401	89524	133285
河　南	25671	33264	37148	45051	66392	99064
湖　北	21858	27387	31084	45885	49858	64007
湖　南	14483	19230	21699	26695	34214	49833
广　东	81459	100281	133914	167562	196530	258719
广　西	12158	14061	19752	25413	29335	38067
海　南	2967	4226	4609	4821	5836	7910
重　庆	10956	19724	29933	32499	36562	45860
四　川	19020	22949	25580	30181	36869	52085
贵　州	5679	8260	10747	25005	25122	35044
云　南	12696	15135	17989	20720	23338	41562
西　藏	705	1488	1499	2079	2511	3400
陕　西	15149	17992	20214	22552	25500	41498
甘　肃	5237	6822	7693	11093	16946	21835
青　海	1484	2095	2595	3271	4059	6728
宁　夏	2713	3247	3453	4502	5964	7853
新　疆	6557	7699	9638	11912	15043	19032

1–3 续表 4 单位：个

地 区	2015年	2016年	2017年	2018年	2019年	2020年
全 国	**2100775**	**2811956**	**3350504**	**3682408**	**3465314**	**3425036**
北 京	111309	122838	113481	109650	70896	55288
天 津	26160	35363	41308	45785	61633	34535
河 北	112888	168021	194221	215283	145038	122620
山 西	41939	58285	71992	83446	121893	145413
内蒙古	32297	40131	47625	44234	63610	48422
辽 宁	48873	63219	74565	98237	74682	72516
吉 林	19377	24436	25757	22144	14446	8601
黑龙江	24952	32737	37775	44233	24246	21241
上 海	42522	48786	53951	48830	10269	1777
江 苏	157528	234467	272911	285030	350893	349255
浙 江	117753	162856	216894	254530	361362	391028
安 徽	79375	112386	135506	159819	165710	163874
福 建	73460	88952	106576	120982	199876	209401
江 西	46823	66691	86975	102985	110107	125442
山 东	167748	221751	263875	283521	506830	620634
河 南	125294	167086	205117	242900	203064	176877
湖 北	73405	99953	118352	149706	161861	178337
湖 南	65549	93421	111811	104996	105013	54859
广 东	321735	426218	518608	595071	146181	60256
广 西	49514	60900	78333	93247	105306	132511
海 南	9508	13250	16009	17700	18099	13644
重 庆	56219	66368	65850	70270	64094	69859
四 川	64727	92695	115502	113373	81730	101223
贵 州	42873	64367	80345	71653	58767	58889
云 南	60682	75921	86512	87611	93042	106466
西 藏	4997	7427	7047	6440	165	59
陕 西	52307	65856	96664	109268	80734	28360
甘 肃	31270	40075	38467	40689	9978	6736
青 海	7990	11567	12996	11882	12814	15813
宁 夏	9971	13275	15896	10431	12660	23437
新 疆	21730	32658	39583	38462	30315	27663

1-4 按地区、机构类型分组的法人单位数

(2020年)

单位：个

地 区	法 人 单位数	企业法人	事业法人	机关法人	社会团体	其他
全 国	**29389255**	**25055456**	**812962**	**237879**	**334242**	**2948716**
北 京	1174904	1127720	11226	1868	6047	28043
天 津	371124	341215	7125	1924	2363	18497
河 北	1456954	1248654	32874	11349	9091	154986
山 西	772765	604760	26563	8339	9725	123378
内蒙古	439523	320329	20501	8009	9628	81056
辽 宁	748782	633098	21636	8196	6404	79448
吉 林	237731	166693	17499	5025	2702	45812
黑龙江	344360	234504	20340	8948	4720	75848
上 海	532762	497979	7769	1364	3142	22508
江 苏	2540015	2333775	39948	9139	32191	124962
浙 江	2277240	2087888	28492	7824	22336	130700
安 徽	1160828	998274	22520	8507	13666	117861
福 建	1156978	1031865	26700	7706	18154	72553
江 西	765836	621069	29282	8492	9362	97631
山 东	2842426	2483474	47480	12417	18876	280179
河 南	1652264	1324372	70427	13874	11363	232228
湖 北	1183265	968729	42109	10381	15574	146472
湖 南	831104	628510	44321	10735	12190	135348
广 东	3526206	3203987	46408	13041	28965	233805
广 西	754741	596654	44140	8900	11564	93483
海 南	140362	117573	4164	1618	1822	15185
重 庆	642720	566829	16483	3526	7132	48750
四 川	934554	720525	53431	15284	15591	129723
贵 州	543603	431382	25866	7322	6031	73002
云 南	741669	599648	29454	10828	14279	87460
西 藏	49889	28775	2674	5217	436	12787
陕 西	689053	540901	28177	8364	14185	97426
甘 肃	302596	175537	17733	6726	15555	87045
青 海	112136	78106	4817	2939	4465	21809
宁 夏	133774	103540	3440	1731	2281	22782
新 疆	329091	239091	19363	8286	4402	57949

1–5 按行业(大类)分组的法人单位数

(2020年)　　单位：个

行业大类	代码	法人单位数	从事单一活动或位于一个地点的法人单位	从事多种活动或位于多个地点的法人单位
总　计	--	**29389255**	**28739717**	**649538**
农、林、牧、渔业	A	**2090924**	**2085462**	**5462**
农业	01	1046497	1044339	2158
林业	02	127658	127054	604
畜牧业	03	544592	543326	1266
渔业	04	108674	108403	271
农、林、牧、渔专业及辅助性活动	05	263503	262340	1163
采矿业	B	**80683**	**78208**	**2475**
煤炭开采和洗选业	06	13731	12968	763
石油和天然气开采业	07	602	555	47
黑色金属矿采选业	08	10978	10585	393
有色金属矿采选业	09	7425	7137	288
非金属矿采选业	10	39897	39147	750
开采专业及辅助性活动	11	5320	5120	200
其他采矿业	12	2730	2696	34
制造业	C	**3846747**	**3789860**	**56887**
农副食品加工业	13	153466	149737	3729
食品制造业	14	85938	83436	2502
酒、饮料和精制茶制造业	15	69442	67542	1900
烟草制品业	16	279	232	47
纺织业	17	165983	164243	1740
纺织服装、服饰业	18	202874	200375	2499
皮革、毛皮、羽毛及其制品和制鞋业	19	91634	90737	897
木材加工和木、竹、藤、棕、草制品业	20	154328	153449	879
家具制造业	21	100580	99019	1561
造纸和纸制品业	22	86324	85717	607
印刷和记录媒介复制业	23	89893	88685	1208
文教、工美、体育和娱乐用品制造业	24	138797	137181	1616
石油、煤炭及其他燃料加工业	25	13302	12929	373
化学原料和化学制品制造业	26	128207	125106	3101
医药制造业	27	35601	34374	1227
化学纤维制造业	28	7891	7776	115
橡胶和塑料制品业	29	224982	222799	2183
非金属矿物制品业	30	311873	306711	5162
黑色金属冶炼和压延加工业	31	23875	23400	475
有色金属冶炼和压延加工业	32	31667	31164	503
金属制品业	33	388136	384203	3933
通用设备制造业	34	387373	382448	4925
专用设备制造业	35	281555	277574	3981

1-5 续表 1 (2020年) 单位：个

行业大类	代码	法人单位数	从事单一活动或位于一个地点的法人单位	从事多种活动或位于多个地点的法人单位
汽车制造业	36	92078	90499	1579
铁路、船舶、航空航天和其他运输设备制造业	37	34568	33838	730
电气机械和器材制造业	38	222352	218214	4138
计算机、通信和其他电子设备制造业	39	154747	152060	2687
仪器仪表制造业	40	52603	51491	1112
其他制造业	41	51898	51500	398
废弃资源综合利用业	42	20885	20577	308
金属制品、机械和设备修理业	43	43616	42844	772
电力、热力、燃气及水生产和供应业	D	**123729**	**118507**	**5222**
电力、热力生产和供应业	44	85981	83604	2377
燃气生产和供应业	45	9778	8277	1501
水的生产和供应业	46	27970	26626	1344
建筑业	E	**1901819**	**1839713**	**62106**
房屋建筑业	47	412123	385271	26852
土木工程建筑业	48	411499	394629	16870
建筑安装业	49	244179	237136	7043
建筑装饰、装修和其他建筑业	50	834018	822677	11341
批发和零售业	F	**8415106**	**8268737**	**146369**
批发业	51	4612836	4550351	62485
零售业	52	3802270	3718386	83884
交通运输、仓储和邮政业	G	**748046**	**722022**	**26024**
铁路运输业	53	2033	1917	116
道路运输业	54	477339	465260	12079
水上运输业	55	16568	15856	712
航空运输业	56	3737	3513	224
管道运输业	57	458	419	39
多式联运和运输代理业	58	137087	132376	4711
装卸搬运和仓储业	59	81805	79776	2029
邮政业	60	29019	22905	6114
住宿和餐饮业	H	**514980**	**490217**	**24763**
住宿业	61	145942	140329	5613
餐饮业	62	369038	349888	19150
信息传输、软件和信息技术服务业	I	**1285534**	**1265778**	**19756**
电信、广播电视和卫星传输服务	63	31884	28778	3106
互联网和相关服务	64	182117	179561	2556
软件和信息技术服务业	65	1071533	1057439	14094
金融业	J	**142488**	**123763**	**18725**
货币金融服务	66	41236	32256	8980
资本市场服务	67	64596	63624	972
保险业	68	19252	11062	8190
其他金融业	69	17404	16821	583

1-5　续表 2　(2020年)　单位：个

行业大类	代码	法　人单位数	从事单一活动或位于一个地点的法人单位	从事多种活动或位于多个地点的法人单位
房地产业	K	**933969**	**886237**	**47732**
房地产业	70	933969	886237	47732
租赁和商务服务业	L	**3394995**	**3332419**	**62576**
租赁业	71	335504	331397	4107
商务服务业	72	3059491	3001022	58469
科学研究和技术服务业	M	**1738335**	**1703441**	**34894**
研究和试验发展	73	231526	228901	2625
专业技术服务业	74	705382	681560	23822
科技推广和应用服务业	75	801427	792980	8447
水利、环境和公共设施管理业	N	**216714**	**212019**	**4695**
水利管理业	76	23941	23198	743
生态保护和环境治理业	77	28100	27421	679
公共设施管理业	78	130510	127749	2761
土地管理业	79	34163	33651	512
居民服务、修理和其他服务业	O	**598808**	**584818**	**13990**
居民服务业	80	263474	256179	7295
机动车、电子产品和日用产品修理业	81	217338	212931	4407
其他服务业	82	117996	115708	2288
教育	P	**769578**	**741343**	**28235**
教育	83	769578	741343	28235
卫生和社会工作	Q	**299142**	**288430**	**10712**
卫生	84	204030	194144	9886
社会工作	85	95112	94286	826
文化、体育和娱乐业	R	**686805**	**676317**	**10488**
新闻和出版业	86	10042	9675	367
广播、电视、电影和录音制作业	87	94450	92774	1676
文化艺术业	88	224965	222808	2157
体育	89	71473	68946	2527
娱乐业	90	285875	282114	3761
公共管理、社会保障和社会组织	S	**1600853**	**1532426**	**68427**
中国共产党机关	91	36406	33051	3355
国家机构	92	464327	412446	51881
人民政协、民主党派	93	6385	6118	267
社会保障	94	11200	11088	112
群众团体、社会团体和其他成员组织	95	431224	430168	1056
基层群众自治组织及其他组织	96	651311	639555	11756

1-6 按行业(大类)、东中西部以及东北地区分组的法人单位数

(2020年) 单位：个

行业大类	代码	法人单位数	东部地区	中部地区	西部地区	东北地区
总　计	--	**29389255**	**16018971**	**6366062**	**5673349**	**1330873**
农、林、牧、渔业	A	**2090924**	**530494**	**649154**	**756884**	**154392**
农业	01	1046497	287181	320779	351635	86902
林业	02	127658	38779	43892	39803	5184
畜牧业	03	544592	94079	141486	275155	33872
渔业	04	108674	33720	35854	34712	4388
农、林、牧、渔专业及辅助性活动	05	263503	76735	107143	55579	24046
采矿业	B	**80683**	**14400**	**22508**	**36671**	**7104**
煤炭开采和洗选业	06	13731	846	5260	6624	1001
石油和天然气开采业	07	602	78	110	314	100
黑色金属矿采选业	08	10978	3953	2421	3233	1371
有色金属矿采选业	09	7425	1017	1979	3654	775
非金属矿采选业	10	39897	7409	11561	17620	3307
开采专业及辅助性活动	11	5320	657	422	3810	431
其他采矿业	12	2730	440	755	1416	119
制造业	C	**3846747**	**2649749**	**624681**	**420155**	**152162**
农副食品加工业	13	153466	58768	40078	38351	16269
食品制造业	14	85938	41336	20054	19285	5263
酒、饮料和精制茶制造业	15	69442	22038	17807	25730	3867
烟草制品业	16	279	96	86	76	21
纺织业	17	165983	136050	20011	7858	2064
纺织服装、服饰业	18	202874	148681	35716	10665	7812
皮革、毛皮、羽毛及其制品和制鞋业	19	91634	75538	11227	3930	939
木材加工和木、竹、藤、棕、草制品业	20	154328	91269	31507	24762	6790
家具制造业	21	100580	64494	19514	13852	2720
造纸和纸制品业	22	86324	67074	10444	6667	2139
印刷和记录媒介复制业	23	89893	61724	14264	10615	3290
文教、工美、体育和娱乐用品制造业	24	138797	106330	16713	13448	2306
石油、煤炭及其他燃料加工业	25	13302	5157	3166	2959	2020
化学原料和化学制品制造业	26	128207	73518	27918	18883	7888
医药制造业	27	35601	16136	10816	6295	2354
化学纤维制造业	28	7891	6664	693	328	206
橡胶和塑料制品业	29	224982	177941	25150	15135	6756
非金属矿物制品业	30	311873	148789	83357	64081	15646
黑色金属冶炼和压延加工业	31	23875	15479	3706	3608	1082
有色金属冶炼和压延加工业	32	31667	18019	7011	5407	1230
金属制品业	33	388136	297445	46648	32621	11422
通用设备制造业	34	387373	299236	45293	23556	19288
专用设备制造业	35	281555	213827	38107	19129	10492

1-6 续表 1 (2020年) 单位：个

行业大类	代码	法人单位数	东部地区	中部地区	西部地区	东北地区
汽车制造业	36	92078	60870	18072	9545	3591
铁路、船舶、航空航天和其他运输设备制造业	37	34568	24436	4168	4431	1533
电气机械和器材制造业	38	222352	180709	24084	11859	5700
计算机、通信和其他电子设备制造业	39	154747	125326	17987	9458	1976
仪器仪表制造业	40	52603	39703	7287	3476	2137
其他制造业	41	51898	38195	8923	3259	1521
废弃资源综合利用业	42	20885	9324	6841	3708	1012
金属制品、机械和设备修理业	43	43616	25577	8033	7178	2828
电力、热力、燃气及水生产和供应业	D	**123729**	**45918**	**38428**	**31249**	**8134**
电力、热力生产和供应业	44	85981	31476	27563	20836	6106
燃气生产和供应业	45	9778	3609	2433	3087	649
水的生产和供应业	46	27970	10833	8432	7326	1379
建筑业	E	**1901819**	**945648**	**489976**	**387996**	**78199**
房屋建筑业	47	412123	184823	116796	95296	15208
土木工程建筑业	48	411499	200744	104404	88968	17383
建筑安装业	49	244179	137739	50690	42316	13434
建筑装饰、装修和其他建筑业	50	834018	422342	218086	161416	32174
批发和零售业	F	**8415106**	**4905224**	**1738065**	**1427720**	**344097**
批发业	51	4612836	2880925	858913	676254	196744
零售业	52	3802270	2024299	879152	751466	147353
交通运输、仓储和邮政业	G	**748046**	**408246**	**157756**	**137937**	**44107**
铁路运输业	53	2033	895	440	594	104
道路运输业	54	477339	239979	114475	94845	28040
水上运输业	55	16568	10624	3213	2006	725
航空运输业	56	3737	1981	570	909	277
管道运输业	57	458	258	89	93	18
多式联运和运输代理业	58	137087	99906	15317	15719	6145
装卸搬运和仓储业	59	81805	41796	17342	16047	6620
邮政业	60	29019	12807	6310	7724	2178
住宿和餐饮业	H	**514980**	**267620**	**102685**	**128790**	**15885**
住宿业	61	145942	66379	30488	43167	5908
餐饮业	62	369038	201241	72197	85623	9977
信息传输、软件和信息技术服务业	I	**1285534**	**761267**	**278015**	**192968**	**53284**
电信、广播电视和卫星传输服务	63	31884	14246	7358	7861	2419
互联网和相关服务	64	182117	105722	40784	29458	6153
软件和信息技术服务业	65	1071533	641299	229873	155649	44712
金融业	J	**142488**	**95219**	**16741**	**23736**	**6792**
货币金融服务	66	41236	20491	6778	10368	3599
资本市场服务	67	64596	54391	3413	5944	848
保险业	68	19252	9029	4148	4412	1663
其他金融业	69	17404	11308	2402	3012	682

1-6 续表 2 (2020年) 单位：个

行业大类	代码	法人单位数	东部地区	中部地区	西部地区	东北地区
房地产业	K	**933969**	**500198**	**200489**	**187074**	**46208**
房地产业	70	933969	500198	200489	187074	46208
租赁和商务服务业	L	**3394995**	**1965159**	**691380**	**614648**	**123808**
租赁业	71	335504	150752	90896	79016	14840
商务服务业	72	3059491	1814407	600484	535632	108968
科学研究和技术服务业	M	**1738335**	**1086219**	**340071**	**245973**	**66072**
研究和试验发展	73	231526	165795	33757	20576	11398
专业技术服务业	74	705382	401188	146842	128599	28753
科技推广和应用服务业	75	801427	519236	159472	96798	25921
水利、环境和公共设施管理业	N	**216714**	**97387**	**56852**	**53071**	**9404**
水利管理业	76	23941	8066	7017	7282	1576
生态保护和环境治理业	77	28100	13352	6549	7097	1102
公共设施管理业	78	130510	61216	34609	29123	5562
土地管理业	79	34163	14753	8677	9569	1164
居民服务、修理和其他服务业	O	**598808**	**317955**	**120047**	**136718**	**24088**
居民服务业	80	263474	144329	49842	58296	11007
机动车、电子产品和日用产品修理业	81	217338	108696	44066	55765	8811
其他服务业	82	117996	64930	26139	22657	4270
教育	P	**769578**	**335329**	**197408**	**191343**	**45498**
教育	83	769578	335329	197408	191343	45498
卫生和社会工作	Q	**299142**	**128768**	**74713**	**72126**	**23535**
卫生	84	204030	77986	54637	54927	16480
社会工作	85	95112	50782	20076	17199	7055
文化、体育和娱乐业	R	**686805**	**384896**	**146431**	**129276**	**26202**
新闻和出版业	86	10042	5373	2070	2017	582
广播、电视、电影和录音制作业	87	94450	57440	16454	17402	3154
文化艺术业	88	224965	134713	45405	37293	7554
体育	89	71473	42294	12706	13339	3134
娱乐业	90	285875	145076	69796	59225	11778
公共管理、社会保障和社会组织	S	**1600853**	**579275**	**420662**	**499014**	**101902**
中国共产党机关	91	36406	10292	9232	13591	3291
国家机构	92	464327	131803	130571	162788	39165
人民政协、民主党派	93	6385	2080	1588	2134	583
社会保障	94	11200	2703	3658	4003	836
群众团体、社会团体和其他成员组织	95	431224	176622	95304	141083	18215
基层群众自治组织及其他组织	96	651311	255775	180309	175415	39812

1-7 按行业(大类)、地区

(2020年)

行业大类	代码	法人单位数	北京	天津	河北	山西	内蒙古
总　计	—	**29389255**	**1174904**	**371124**	**1456954**	**772765**	**439523**
农、林、牧、渔业	A	**2090924**	**7315**	**11246**	**117945**	**104786**	**68491**
农业	01	1046497	4277	6488	67340	47638	27060
林业	02	127658	612	896	8443	12008	2693
畜牧业	03	544592	1739	2334	29625	36886	30054
渔业	04	108674	230	966	1453	652	527
农、林、牧、渔专业及辅助性活动	05	263503	457	562	11084	7602	8157
采矿业	B	**80683**	**70**	**80**	**5279**	**6643**	**4635**
煤炭开采和洗选业	06	13731	6	5	348	3599	1229
石油和天然气开采业	07	602	4	8	9	74	74
黑色金属矿采选业	08	10978	11	5	2963	998	647
有色金属矿采选业	09	7425	5	1	319	224	507
非金属矿采选业	10	39897	20	18	1481	1546	1865
开采专业及辅助性活动	11	5320	22	38	91	142	146
其他采矿业	12	2730	2	5	68	60	167
制造业	C	**3846747**	**25025**	**42926**	**250033**	**43690**	**27812**
农副食品加工业	13	153466	607	1185	7727	3487	4210
食品制造业	14	85938	659	934	4521	2149	1352
酒、饮料和精制茶制造业	15	69442	281	219	2141	1374	963
烟草制品业	16	279	1	1	8	3	4
纺织业	17	165983	325	625	12337	422	607
纺织服装、服饰业	18	202874	1353	1074	6371	652	612
皮革、毛皮、羽毛及其制品和制鞋业	19	91634	181	223	10291	164	188
木材加工和木、竹、藤、棕、草制品业	20	154328	444	819	7095	849	1137
家具制造业	21	100580	738	793	6433	609	264
造纸和纸制品业	22	86324	605	1335	4310	570	254
印刷和记录媒介复制业	23	89893	1238	917	4611	1179	676
文教、工美、体育和娱乐用品制造业	24	138797	614	1682	10963	863	441
石油、煤炭及其他燃料加工业	25	13302	131	189	982	870	536
化学原料和化学制品制造业	26	128207	1136	1733	9236	2502	2016
医药制造业	27	35601	586	381	1465	584	398
化学纤维制造业	28	7891	21	24	413	53	37
橡胶和塑料制品业	29	224982	877	2332	17017	1342	966
非金属矿物制品业	30	311873	1645	2077	22413	8270	4771
黑色金属冶炼和压延加工业	31	23875	109	1195	1884	490	493
有色金属冶炼和压延加工业	32	31667	135	424	1534	475	471
金属制品业	33	388136	2559	5970	38211	4544	2186
通用设备制造业	34	387373	2382	6136	30379	4163	1288
专用设备制造业	35	281555	2241	3679	17580	2630	1244

分组的法人单位数

单位：个

辽宁	吉林	黑龙江	上海	江苏	浙江	安徽	福建	江西	山东	河南	代码
748782	**237731**	**344360**	**532762**	**2540015**	**2277240**	**1160828**	**1156978**	**765836**	**2842426**	**1652264**	——
60355	**34884**	**59153**	**5482**	**55010**	**52432**	**115230**	**59673**	**86027**	**160524**	**171732**	A
28064	17269	41569	3964	24873	31907	60045	31690	47814	84666	92567	01
2553	1358	1273	442	3502	5097	6422	6301	6519	9485	7568	02
16541	7193	10138	238	7536	6035	21793	8700	16172	27715	33303	03
3138	482	768	556	6024	5476	8445	7312	7401	5739	3135	04
10059	8582	5405	282	13075	3917	18525	5670	8121	32919	35159	05
4012	**1063**	**2029**	**5**	**345**	**944**	**1397**	**1811**	**4045**	**2795**	**3435**	B
185	140	676		21	4	59	142	277	303	702	06
10	71	19	2	5	1	3		2	34	14	07
1166	129	76		34	33	243	237	339	366	299	08
598	106	71		15	53	147	185	441	227	613	09
1850	491	966	2	227	832	865	1177	2620	1453	1621	10
142	101	188		31	5	36	41	56	342	102	11
61	25	33	1	12	16	44	29	310	70	84	12
100250	**22457**	**29455**	**55728**	**548185**	**501768**	**141296**	**158080**	**89404**	**416009**	**159715**	C
7338	3343	5588	482	7615	5218	7956	6177	4552	21522	9865	13
2703	1112	1448	835	5571	3687	4005	4795	1986	11094	6200	14
1642	905	1320	145	1882	2908	4356	6474	1747	4603	3437	15
5	6	10	2	9	2	8	12	8	22	16	16
1635	145	284	1372	45821	38867	5140	5821	2960	16185	4763	17
7057	446	309	3561	26412	35969	11030	10831	8020	21749	6971	18
663	67	209	571	4395	21045	2076	11686	2771	4459	3365	19
3148	1155	2487	1081	12619	8134	8785	6427	4813	46394	8740	20
1841	339	540	1192	10432	9287	4438	5585	6136	8883	4240	21
1484	295	360	1974	10377	15638	2531	4063	1434	7517	2786	22
1963	612	715	1830	11149	12131	3303	3237	1686	8422	3237	23
1591	308	407	1082	14727	27293	3950	10598	2670	14499	5163	24
1143	230	647	88	712	517	478	289	422	1367	650	25
4973	1149	1766	2142	9496	9753	4830	3962	4336	15542	7126	26
919	983	452	544	3595	2233	2367	1297	1531	3209	2955	27
123	44	39	70	2640	2082	195	274	101	633	185	28
4884	876	996	3857	30282	40431	7880	8404	2850	21065	6336	29
10483	2426	2737	1795	25086	15617	13502	19460	13191	33964	23435	30
859	121	102	375	4040	2524	589	564	390	2268	1109	31
1046	98	86	450	4846	3418	863	727	1591	2140	1996	32
8441	1254	1727	7773	58368	47518	11484	13018	5067	35192	10206	33
15302	1609	2377	8084	89838	61770	10103	8497	3064	53044	15112	34
6971	1372	2149	5271	61346	32723	8398	8075	3960	34980	11298	35

1-7 续表 1 (2020年)

行业大类	代码	法人单位数	北京	天津	河北	山西	内蒙古
汽车制造业	36	92078	629	1237	6810	426	232
铁路、船舶、航空航天和其他运输设备制造业	37	34568	247	1587	2876	181	45
电气机械和器材制造业	38	222352	1521	2106	10851	1090	571
计算机、通信和其他电子设备制造业	39	154747	1293	1284	2826	593	275
仪器仪表制造业	40	52603	900	925	2296	322	105
其他制造业	41	51898	139	356	2863	316	232
废弃资源综合利用业	42	20885	39	258	1536	636	358
金属制品、机械和设备修理业	43	43616	1389	1226	2053	1882	880
电力、热力、燃气及水生产和供应业	D	**123729**	**1427**	**965**	**6022**	**5907**	**3365**
电力、热力生产和供应业	44	85981	1021	597	3928	4547	2451
燃气生产和供应业	45	9778	96	103	923	597	269
水的生产和供应业	46	27970	310	265	1171	763	645
建筑业	E	**1901819**	**42143**	**26463**	**120241**	**58195**	**34692**
房屋建筑业	47	412123	8589	4852	26324	12079	6395
土木工程建筑业	48	411499	7117	6402	28692	14185	11501
建筑安装业	49	244179	4113	4743	16013	6337	4704
建筑装饰、装修和其他建筑业	50	834018	22324	10466	49212	25594	12092
批发和零售业	F	**8415106**	**307996**	**95568**	**411316**	**221278**	**110098**
批发业	51	4612836	126445	66912	216094	112969	52493
零售业	52	3802270	181551	28656	195222	108309	57605
交通运输、仓储和邮政业	G	**748046**	**20656**	**16035**	**37489**	**21188**	**14153**
铁路运输业	53	2033	56	23	89	121	166
道路运输业	54	477339	13024	6875	28098	16426	10413
水上运输业	55	16568	72	311	457	37	24
航空运输业	56	3737	256	101	139	131	122
管道运输业	57	458	13	15	14	14	12
多式联运和运输代理业	58	137087	3972	5920	3942	1411	1007
装卸搬运和仓储业	59	81805	2585	2472	4028	2576	1968
邮政业	60	29019	678	318	722	472	441
住宿和餐饮业	H	**514980**	**35847**	**5672**	**17538**	**12368**	**4917**
住宿业	61	145942	5898	1252	4752	3627	2162
餐饮业	62	369038	29949	4420	12786	8741	2755
信息传输、软件和信息技术服务业	I	**1285534**	**76341**	**17825**	**49354**	**36222**	**11255**
电信、广播电视和卫星传输服务	63	31884	1636	324	952	952	762
互联网和相关服务	64	182117	8040	1564	6088	5516	2198
软件和信息技术服务业	65	1071533	66665	15937	42314	29754	8295
金融业	J	**142488**	**7778**	**4738**	**4365**	**2824**	**1763**
货币金融服务	66	41236	1045	3220	1536	1268	1006
资本市场服务	67	64596	4925	1122	942	304	161
保险业	68	19252	918	192	1252	585	436
其他金融业	69	17404	890	204	635	667	160

单位：个

辽宁	吉林	黑龙江	上海	江苏	浙江	安徽	福建	江西	山东	河南	代码
1776	1516	299	1912	14800	19130	3765	1860	1363	9309	3389	36
1209	177	147	476	7630	4852	902	1023	714	2876	1053	37
4306	624	770	3508	37595	46510	6306	5325	3707	12456	6221	38
1516	236	224	1838	22359	13508	4431	3946	3976	6318	2544	39
1614	255	268	1509	11292	7200	2253	1160	692	4084	1956	40
978	254	289	529	6404	7925	2284	2348	1887	5206	1954	41
623	175	214	118	1869	988	1464	880	1054	1879	1872	42
2014	325	489	1262	4978	2890	1624	1265	725	5128	1535	43
3658	**1757**	**2719**	**245**	**5193**	**6281**	**5989**	**6853**	**8060**	**7884**	**5337**	**D**
2757	1304	2045	100	2854	4502	3804	5488	6649	5157	3425	44
254	162	233	31	459	347	302	179	269	807	551	45
647	291	441	114	1880	1432	1883	1186	1142	1920	1361	46
46855	**13888**	**17456**	**21317**	**195165**	**87747**	**107387**	**55581**	**54839**	**245179**	**114702**	**E**
7869	3147	4192	2652	42409	13790	25577	17425	16591	44501	26078	47
10680	3052	3651	3739	40824	19484	20843	10652	11375	61292	23051	48
8150	2434	2850	4362	31352	9611	11806	4375	4998	37894	11278	49
20156	5255	6763	10564	80580	44862	49161	23129	21875	101492	54295	50
208749	**55953**	**79395**	**161888**	**735916**	**754359**	**307510**	**404678**	**201735**	**906404**	**500883**	**F**
126704	24772	45268	117515	473399	444283	150929	224222	100309	552554	236686	51
82045	31181	34127	44373	262517	310076	156581	180456	101426	353850	264197	52
26407	**6869**	**10831**	**20153**	**73866**	**48213**	**31798**	**23530**	**24805**	**82583**	**31923**	**G**
49	21	34	16	158	41	43	73	65	319	100	53
16721	4407	6912	5815	52475	29917	23292	13585	20248	51387	22388	54
618	20	87	446	2279	1676	1242	1421	405	1532	222	55
184	33	60	89	192	215	65	148	64	314	119	56
11	6	1	78	29	9	9	8	9	65	27	57
4782	450	913	10231	10812	10501	2864	5243	1372	18502	3434	58
2924	1439	2257	2564	6683	4079	3139	1988	1710	8980	4407	59
1118	493	567	914	1238	1775	1144	1064	932	1484	1226	60
10122	**2770**	**2993**	**20695**	**32208**	**33787**	**21335**	**16900**	**10151**	**41439**	**24403**	**H**
3700	1030	1178	4720	7308	11264	5233	5455	3705	8256	6986	61
6422	1740	1815	15975	24900	22523	16102	11445	6446	33183	17417	62
33783	**6907**	**12594**	**28013**	**113158**	**112541**	**45235**	**70248**	**31528**	**105443**	**66983**	**I**
1239	385	795	495	2162	1366	1183	861	784	1547	1498	63
3345	1124	1684	3256	13788	10845	7901	21107	5277	16223	9135	64
29199	5398	10115	24262	97208	100330	36151	48280	25467	87673	56350	65
3873	**1375**	**1544**	**9602**	**6193**	**16626**	**3439**	**4733**	**2018**	**9842**	**2920**	**J**
2104	738	757	1340	2009	2043	1225	1422	837	2462	1176	66
481	209	158	6988	2328	12262	752	2136	441	4155	351	67
868	302	493	509	1154	840	863	530	475	1649	1021	68
420	126	136	765	702	1481	599	645	265	1576	372	69

1-7 续表 2 (2020年)

行业大类	代码	法人单位数	北京	天津	河北	山西	内蒙古
房地产业	K	**933969**	**30112**	**13752**	**51251**	**24282**	**14905**
房地产业	70	933969	30112	13752	51251	24282	14905
租赁和商务服务业	L	**3394995**	**221441**	**48083**	**124301**	**72254**	**41848**
租赁业	71	335504	13371	5220	18921	11071	6721
商务服务业	72	3059491	208070	42863	105380	61183	35127
科学研究和技术服务业	M	**1738335**	**222040**	**42869**	**72442**	**34791**	**19582**
研究和试验发展	73	231526	8389	2746	9850	2492	1017
专业技术服务业	74	705382	47387	9902	22154	15813	9732
科技推广和应用服务业	75	801427	166264	30221	40438	16486	8833
水利、环境和公共设施管理业	N	**216714**	**8004**	**2248**	**11240**	**7121**	**4758**
水利管理业	76	23941	354	202	761	1068	569
生态保护和环境治理业	77	28100	1118	257	1067	1072	742
公共设施管理业	78	130510	6377	1744	7173	4593	3091
土地管理业	79	34163	155	45	2239	388	356
居民服务、修理和其他服务业	O	**598808**	**37706**	**9144**	**24548**	**16018**	**8646**
居民服务业	80	263474	18847	3842	9515	7065	3776
机动车、电子产品和日用产品修理业	81	217338	8836	3001	9600	5781	3461
其他服务业	82	117996	10023	2301	5433	3172	1409
教育	P	**769578**	**21228**	**8479**	**29666**	**19778**	**13986**
教育	83	769578	21228	8479	29666	19778	13986
卫生和社会工作	Q	**299142**	**7954**	**3010**	**11714**	**8445**	**5449**
卫生	84	204030	5156	2157	9074	6257	3671
社会工作	85	95112	2798	853	2640	2188	1778
文化、体育和娱乐业	R	**686805**	**82571**	**9625**	**27088**	**17997**	**8950**
新闻和出版业	86	10042	1776	128	368	318	175
广播、电视、电影和录音制作业	87	94450	11213	1475	4844	2061	1197
文化艺术业	88	224965	41738	3878	7416	7229	3490
体育	89	71473	5193	1191	3349	2036	1238
娱乐业	90	285875	22651	2953	11111	6353	2850
公共管理、社会保障和社会组织	S	**1600853**	**19250**	**12396**	**85122**	**58978**	**40218**
中国共产党机关	91	36406	262	276	1719	1513	1293
国家机构	92	464327	3933	3563	16861	16104	14194
人民政协、民主党派	93	6385	66	59	254	309	163
社会保障	94	11200	81	100	436	706	280
群众团体、社会团体和其他成员组织	95	431224	6871	2485	13079	12156	10765
基层群众自治组织及其他组织	96	651311	8037	5913	52773	28190	13523

单位：个

辽宁	吉林	黑龙江	上海	江苏	浙江	安徽	福建	江西	山东	河南	代码
27175	**8140**	**10893**	**23425**	**72874**	**63792**	**34455**	**26042**	**21157**	**73834**	**54504**	K
27175	8140	10893	23425	72874	63792	34455	26042	21157	73834	54504	70
75878	**19754**	**28176**	**86456**	**251853**	**237068**	**137351**	**124636**	**86737**	**297319**	**158736**	L
7161	2669	5010	3304	18364	17322	18262	9370	9762	33520	22525	71
68717	17085	23166	83152	233489	219746	119089	115266	76975	263799	136211	72
37584	**10343**	**18145**	**37615**	**182643**	**103928**	**57701**	**54197**	**27219**	**153680**	**92406**	M
7257	1473	2668	3180	45240	16299	7678	10602	1947	20616	5999	73
16025	5086	7642	19517	74044	46038	27476	20978	15480	63533	33122	74
14302	3784	7835	14918	63359	41591	22547	22617	9792	69531	53285	75
4694	**1917**	**2793**	**2664**	**17298**	**12567**	**9999**	**7619**	**5182**	**20713**	**14625**	N
574	435	567	253	2016	991	1003	657	465	1421	1212	76
566	213	323	326	2259	2209	850	1178	717	2193	1444	77
2823	1091	1648	1982	9151	8570	6418	4769	3216	11871	9288	78
731	178	255	103	3872	797	1728	1015	784	5228	2681	79
14272	**4648**	**5168**	**17875**	**46772**	**41526**	**24591**	**20506**	**12405**	**47685**	**27288**	O
6714	2067	2226	9956	20429	21707	9606	9047	4595	19644	11694	80
5483	1615	1713	5899	16311	12834	10743	7867	4599	17689	9890	81
2075	966	1229	2020	10032	6985	4242	3592	3211	10352	5704	82
23366	**8867**	**13265**	**9283**	**42284**	**54244**	**28272**	**23600**	**21670**	**63276**	**62366**	P
23366	8867	13265	9283	42284	54244	28272	23600	21670	63276	62366	83
12539	**4432**	**6564**	**5046**	**32095**	**16690**	**12244**	**8314**	**8687**	**22428**	**19422**	Q
9434	2683	4363	2466	12329	8663	8677	5840	6311	15744	14966	84
3105	1749	2201	2580	19766	8027	3567	2474	2376	6684	4456	85
14359	**4278**	**7565**	**13669**	**47539**	**52742**	**23232**	**30424**	**14443**	**50216**	**36426**	R
281	130	171	248	631	410	317	342	240	621	388	86
1855	562	737	1567	6213	10784	2832	4698	1801	7950	4362	87
4094	1296	2164	2870	17220	13584	6844	10621	5085	15876	11936	88
1853	436	845	2900	5611	5534	2054	3670	1290	5790	3004	89
6276	1854	3648	6084	17864	22430	11185	11093	6027	19979	16736	90
40851	**27429**	**33622**	**13601**	**81418**	**79985**	**52367**	**59553**	**55724**	**135173**	**104458**	S
1330	673	1288	310	1491	919	1291	1550	1257	1918	2049	91
14114	11102	13949	3259	19864	15741	13890	14967	19877	28403	32874	92
241	135	207	117	269	301	279	272	234	328	255	93
324	163	349	83	638	230	312	265	362	594	962	94
8382	4089	5744	3763	36353	32257	18134	25138	13169	22718	15981	95
16460	11267	12085	6069	22803	30537	18461	17361	20825	81212	52337	96

1-7 续表 3 (2020年)

行业大类	代码	湖北	湖南	广东	广西	海南	重庆
总 计	—	**1183265**	**831104**	**3526206**	**754741**	**140362**	**642720**
农、林、牧、渔业	A	**83408**	**87971**	**48290**	**89695**	**12577**	**83236**
农业	01	33600	39115	26073	40608	5903	42073
林业	02	5683	5692	3411	5959	590	3325
畜牧业	03	17618	15714	6245	26827	3912	22910
渔业	04	10567	5654	4834	7746	1130	10670
农、林、牧、渔专业及辅助性活动	05	15940	21796	7727	8555	1042	4258
采矿业	B	**2977**	**4011**	**2862**	**3914**	**209**	**1381**
煤炭开采和洗选业	06	186	437	15	48	2	196
石油和天然气开采业	07	13	4	10	10	5	21
黑色金属矿采选业	08	258	284	279	370	25	72
有色金属矿采选业	09	120	434	188	377	24	27
非金属矿采选业	10	2196	2713	2079	2787	120	1007
开采专业及辅助性活动	11	65	21	79	35	8	26
其他采矿业	12	139	118	212	287	25	32
制造业	C	**114737**	**75839**	**647485**	**53555**	**4510**	**57984**
农副食品加工业	13	7860	6358	7706	3965	529	4012
食品制造业	14	3101	2613	8972	3037	268	1810
酒、饮料和精制茶制造业	15	4269	2624	3204	2014	181	1641
烟草制品业	16	29	22	38	4	1	7
纺织业	17	5399	1327	14649	895	48	1394
纺织服装、服饰业	18	6952	2091	41247	1486	114	1818
皮革、毛皮、羽毛及其制品和制鞋业	19	1046	1805	22684	563	3	845
木材加工和木、竹、藤、棕、草制品业	20	4628	3692	7998	9120	258	2120
家具制造业	21	2236	1855	21014	1479	137	2162
造纸和纸制品业	22	1783	1340	21203	979	52	904
印刷和记录媒介复制业	23	2918	1941	17968	1392	221	1428
文教、工美、体育和娱乐用品制造业	24	2210	1857	24731	1293	141	1163
石油、煤炭及其他燃料加工业	25	399	347	866	200	16	160
化学原料和化学制品制造业	26	4946	4178	20310	2359	208	1534
医药制造业	27	2256	1123	2652	697	174	492
化学纤维制造业	28	99	60	506	37	1	28
橡胶和塑料制品业	29	4384	2358	53531	1723	145	2207
非金属矿物制品业	30	13894	11065	26038	7829	694	6050
黑色金属冶炼和压延加工业	31	621	507	2497	367	23	428
有色金属冶炼和压延加工业	32	726	1360	4310	486	35	568
金属制品业	33	8711	6636	88485	2897	351	5902
通用设备制造业	34	7412	5439	39022	1838	84	4793
专用设备制造业	35	7612	4209	47743	2489	189	3535

单位：个

四川	贵州	云南	西藏	陕西	甘肃	青海	宁夏	新疆	代码
934554	**543603**	**741669**	**49889**	**689053**	**302596**	**112136**	**133774**	**329091**	—
99709	**110156**	**104282**	**2871**	**61675**	**66112**	**18810**	**20259**	**31588**	A
51308	53574	55181	753	28518	28076	6615	7862	10007	01
5782	3932	4780	239	4065	4598	1782	1453	1195	02
30254	45746	35930	1523	21192	28898	9801	9326	12694	03
6364	4957	1846	18	1242	407	106	333	496	04
6001	1947	6545	338	6658	4133	506	1285	7196	05
3536	**4757**	**6271**	**316**	**5509**	**1416**	**543**	**728**	**3665**	B
569	1163	1227	4	1161	125	53	454	395	06
33	14	5		48	15	3	9	82	07
335	254	622	12	248	128	64	11	470	08
283	311	1217	35	320	131	80	1	365	09
2121	2819	2991	240	1127	804	286	218	1355	10
105	48	43	5	2475	161	15	29	722	11
90	148	166	20	130	52	42	6	276	12
72084	**52591**	**43405**	**3873**	**49204**	**16231**	**5636**	**9784**	**27996**	C
5305	4694	4879	749	3682	2049	581	1038	3187	13
3188	2546	2001	172	2183	739	281	487	1489	14
3988	6539	6446	97	2055	621	241	351	774	15
4	13	29		9	3		2	1	16
1064	826	466	221	564	170	70	286	1295	17
1286	1410	482	330	729	247	179	156	1930	18
917	595	138	55	151	153	40	84	201	19
2618	3656	2702	87	1464	348	270	244	996	20
3342	2480	1379	459	1110	307	87	189	594	21
1385	754	738	15	846	202	31	144	415	22
2201	727	1168	24	1395	727	152	270	455	23
1289	3494	1711	390	1116	491	707	152	1201	24
289	303	304	5	485	114	25	144	394	25
3188	1675	1899	195	2328	930	360	797	1602	26
1285	580	688	50	890	683	107	122	303	27
76	15	15	1	31	12	5	13	58	28
2971	1243	1472	27	1548	683	98	425	1772	29
10275	10791	6784	585	6449	3494	861	1630	4562	30
557	360	420	11	364	173	75	174	186	31
632	479	668	27	1459	194	113	111	199	32
5396	3517	3436	134	3531	1595	620	1201	2206	33
6219	1161	1154	21	5222	478	164	493	725	34
4120	899	1090	49	3412	517	123	359	1292	35

1-7 续表 4 (2020年)

行业大类	代码	湖北	湖南	广东	广西	海南	重庆
汽车制造业	36	7917	1212	5130	1387	53	4628
铁路、船舶、航空航天和其他运输设备制造业	37	699	619	2810	347	59	2503
电气机械和器材制造业	38	3878	2882	60709	1350	128	1697
计算机、通信和其他电子设备制造业	39	3694	2749	71876	1421	78	1886
仪器仪表制造业	40	1408	656	10312	311	25	770
其他制造业	41	1309	1173	12385	235	40	379
废弃资源综合利用业	42	936	879	1722	499	35	313
金属制品、机械和设备修理业	43	1405	862	5167	856	219	807
电力、热力、燃气及水生产和供应业	D	**5826**	**7309**	**10550**	**3738**	**498**	**2371**
电力、热力生产和供应业	44	3683	5455	7517	2637	312	1381
燃气生产和供应业	45	408	306	614	250	50	245
水的生产和供应业	46	1735	1548	2419	851	136	745
建筑业	E	**102993**	**51860**	**139563**	**38744**	**12249**	**25288**
房屋建筑业	47	24725	11746	22791	7449	1490	5805
土木工程建筑业	48	24405	10545	20690	6578	1852	3749
建筑安装业	49	10637	5634	23612	3241	1664	3108
建筑装饰、装修和其他建筑业	50	43226	23935	72470	21476	7243	12626
批发和零售业	F	**314974**	**191685**	**1097327**	**196525**	**29772**	**190309**
批发业	51	154103	103917	645098	97547	14403	79223
零售业	52	160871	87768	452229	98978	15369	111086
交通运输、仓储和邮政业	G	**30590**	**17452**	**82795**	**20399**	**2926**	**14260**
铁路运输业	53	77	34	116	75	4	29
道路运输业	54	20770	11351	37349	13434	1454	9172
水上运输业	55	822	485	2200	830	230	393
航空运输业	56	109	82	471	84	56	79
管道运输业	57	22	8	23	8	4	5
多式联运和运输代理业	58	3666	2570	30150	3129	633	2362
装卸搬运和仓储业	59	3613	1897	8123	2023	294	1523
邮政业	60	1511	1025	4363	816	251	697
住宿和餐饮业	H	**19944**	**14484**	**59860**	**12713**	**3674**	**25902**
住宿业	61	6123	4814	15663	4484	1811	6389
餐饮业	62	13821	9670	44197	8229	1863	19513
信息传输、软件和信息技术服务业	I	**64252**	**33795**	**180484**	**27898**	**7860**	**27586**
电信、广播电视和卫星传输服务	63	1570	1371	4557	1062	346	670
互联网和相关服务	64	7116	5839	22978	4197	1833	3601
软件和信息技术服务业	65	55566	26585	152949	22639	5681	23315
金融业	J	**3305**	**2235**	**30521**	**3174**	**821**	**2033**
货币金融服务	66	1385	887	5023	844	391	1036
资本市场服务	67	935	630	19294	1001	239	564
保险业	68	667	537	1857	477	128	271
其他金融业	69	318	181	4347	852	63	162

单位：个

四川	贵州	云南	西藏	陕西	甘肃	青海	宁夏	新疆	代码
1751	262	276		707	54	22	65	161	36
669	117	74	1	554	41	10	15	55	37
2748	942	837	22	2142	384	150	228	788	38
2423	780	412	10	1716	127	48	82	278	39
737	111	288	1	897	72	12	82	90	40
480	790	368	39	321	97	55	92	171	41
538	402	532	21	489	206	46	100	204	42
1143	430	549	75	1355	320	103	248	412	43
6032	**2445**	**3367**	**294**	**3688**	**1776**	**860**	**718**	**2595**	**D**
3537	1514	2181	239	2401	1371	724	554	1846	44
831	277	287	14	432	132	50	56	244	45
1664	654	899	41	855	273	86	108	505	46
65208	**33578**	**52690**	**7994**	**79521**	**16078**	**8543**	**8913**	**16747**	**E**
20498	6051	10621	5630	20223	4392	2313	2253	3666	47
11158	6069	12987	1261	22098	4377	2428	2554	4208	48
7022	4045	4250	186	9254	2109	794	1051	2552	49
26530	17413	24832	917	27946	5200	3008	3055	6321	50
216758	**119765**	**203469**	**7233**	**175186**	**62709**	**22228**	**35299**	**88141**	**F**
115942	47479	92593	2176	79005	29454	9327	17306	53709	51
100816	72286	110876	5057	96181	33255	12901	17993	34432	52
22198	**10370**	**16717**	**686**	**15528**	**5408**	**2088**	**4398**	**11732**	**G**
68	19	36		79	15	9	15	83	53
15971	7543	11112	465	10447	3360	1502	3290	8136	54
351	118	148		85	12	7	9	29	55
136	64	136	14	105	34	14	23	98	56
12	5	15		13	5			18	57
2158	621	2394	42	1372	458	202	420	1554	58
2334	1020	1486	77	2659	1076	253	352	1276	59
1168	980	1390	88	768	448	101	289	538	60
19025	**18625**	**18052**	**1157**	**13639**	**6168**	**2548**	**2084**	**3960**	**H**
7139	5631	6296	737	4647	2521	1043	653	1465	61
11886	12994	11756	420	8992	3647	1505	1431	2495	62
38077	**11738**	**26952**	**1081**	**25994**	**4525**	**2844**	**3876**	**11142**	**I**
1137	479	808	261	1435	368	191	127	561	63
4605	2593	3284	110	5074	1191	460	629	1516	64
32335	8666	22860	710	19485	2966	2193	3120	9065	65
3465	**1641**	**3434**	**320**	**2600**	**1534**	**365**	**801**	**2606**	**J**
1183	798	1493	117	1131	1075	235	433	1017	66
790	316	1169	153	501	88	23	191	987	67
951	294	571	41	569	313	65	98	326	68
541	233	201	9	399	58	42	79	276	69

1-7 续表 5 (2020年)

行业大类	代码	湖北	湖南	广东	广西	海南	重庆
房地产业	K	**39805**	**26286**	**132006**	**29889**	**13110**	**20038**
房地产业	70	39805	26286	132006	29889	13110	20038
租赁和商务服务业	L	**146105**	**90197**	**554117**	**100500**	**19885**	**72995**
租赁业	71	15924	13352	28768	9390	2592	11494
商务服务业	72	130181	76845	525349	91110	17293	61501
科学研究和技术服务业	M	**71496**	**56458**	**209766**	**38701**	**7039**	**24265**
研究和试验发展	73	7606	8035	48218	3214	655	1758
专业技术服务业	74	34944	20007	93706	16537	3929	15087
科技推广和应用服务业	75	28946	28416	67842	18950	2455	7420
水利、环境和公共设施管理业	N	**11806**	**8119**	**13668**	**8875**	**1366**	**5145**
水利管理业	76	1763	1506	1305	1486	106	233
生态保护和环境治理业	77	1234	1232	2516	696	229	910
公共设施管理业	78	6562	4532	8749	3208	830	2796
土地管理业	79	2247	849	1098	3485	201	1206
居民服务、修理和其他服务业	O	**23830**	**15915**	**68344**	**19648**	**3849**	**17733**
居民服务业	80	9786	7096	29691	11200	1651	8928
机动车、电子产品和日用产品修理业	81	8206	4847	25313	5688	1346	6089
其他服务业	82	5838	3972	13340	2760	852	2716
教育	P	**30650**	**34672**	**77498**	**32145**	**5771**	**18374**
教育	83	30650	34672	77498	32145	5771	18374
卫生和社会工作	Q	**13404**	**12511**	**19674**	**6598**	**1843**	**6694**
卫生	84	9702	8724	14996	5334	1561	4008
社会工作	85	3702	3787	4678	1264	282	2686
文化、体育和娱乐业	R	**26551**	**27782**	**66685**	**14253**	**4337**	**17272**
新闻和出版业	86	514	293	762	261	87	179
广播、电视、电影和录音制作业	87	2793	2605	7764	2323	932	1929
文化艺术业	88	7796	6515	20445	3923	1065	5397
体育	89	2137	2185	8385	1718	671	1665
娱乐业	90	13311	16184	29329	6028	1582	8102
公共管理、社会保障和社会组织	S	**76612**	**72523**	**84711**	**53777**	**8066**	**29854**
中国共产党机关	91	1396	1726	1644	1336	203	524
国家机构	92	24378	23448	22615	22693	2597	9938
人民政协、民主党派	93	243	268	362	232	52	166
社会保障	94	618	698	238	960	38	314
群众团体、社会团体和其他成员组织	95	19276	16588	32055	12210	1903	7679
基层群众自治组织及其他组织	96	30701	29795	27797	16346	3273	11233

单位：个

四川	贵州	云南	西藏	陕西	甘肃	青海	宁夏	新疆	代码
30775	**15427**	**24672**	**684**	**23673**	**7904**	**3434**	**3530**	**12143**	K
30775	15427	24672	684	23673	7904	3434	3530	12143	70
110135	**49635**	**79834**	**5607**	**73078**	**21819**	**13660**	**14308**	**31229**	L
14025	6489	10099	630	8406	3860	1639	2401	3862	71
96110	43146	69735	4977	64672	17959	12021	11907	27367	72
48100	**13804**	**32954**	**1453**	**32979**	**8263**	**4998**	**4816**	**16058**	M
6119	706	2584	127	3343	505	228	259	716	73
23013	8932	16234	870	19161	4859	3176	2603	8395	74
18968	4166	14136	456	10475	2899	1594	1954	6947	75
7375	**4231**	**6803**	**209**	**7696**	**1907**	**1424**	**1050**	**3598**	N
818	577	1061	32	919	322	164	104	997	76
1178	457	862	44	938	281	337	165	487	77
4590	2601	3724	128	4880	1193	734	588	1590	78
789	596	1156	5	959	111	189	193	524	79
21340	**17383**	**18573**	**670**	**15605**	**5986**	**2169**	**2784**	**6181**	O
8327	6481	7144	224	5853	2295	903	1041	2124	80
9096	7764	8323	331	6941	2924	864	1163	3121	81
3917	3138	3106	115	2811	767	402	580	936	82
36227	**18456**	**19353**	**1038**	**22321**	**12663**	**2569**	**4162**	**10049**	P
36227	18456	19353	1038	22321	12663	2569	4162	10049	83
17507	**5964**	**6964**	**578**	**11841**	**3933**	**1581**	**1037**	**3980**	Q
12460	4821	5507	524	10099	3322	1162	767	3252	84
5047	1143	1457	54	1742	611	419	270	728	85
26918	**10059**	**18086**	**1011**	**15199**	**6365**	**2107**	**2472**	**6584**	R
371	132	224	20	293	100	47	60	155	86
2598	854	2433	163	2638	656	426	455	1730	87
7048	2417	5186	356	4196	2383	689	685	1523	88
2700	932	2006	33	1432	586	251	291	487	89
14201	5724	8237	439	6640	2640	694	981	2689	90
90085	**42978**	**55791**	**12814**	**54117**	**51799**	**15729**	**12755**	**39097**	S
2645	927	1840	598	1488	934	355	232	1419	91
31695	16825	18544	5100	14794	10587	3942	2277	12199	92
396	175	243	74	194	191	65	101	134	93
671	114	713	9	486	127	75	28	226	94
18151	7078	19524	1585	16913	22543	6515	7353	10767	95
36527	17859	14927	5448	20242	17417	4777	2764	14352	96

1-8 按行业(大类)、机构类型分组的法人单位数

(2020年)

单位：个

行业大类	代码	法人单位数	企业法人	事业法人	机关法人	社会团体	其他
总　计	**—**	**29389255**	**25055456**	**812962**	**237879**	**334242**	**2948716**
农、林、牧、渔业	**A**	**2090924**	**841656**	**10474**		**1**	**1238793**
农业	01	1046497	380171	667			665659
林业	02	127658	70173	2556			54929
畜牧业	03	544592	249330	263		1	294998
渔业	04	108674	62378	182			46114
农、林、牧、渔专业及辅助性活动	05	263503	79604	6806			177093
采矿业	**B**	**80683**	**80579**				**104**
煤炭开采和洗选业	06	13731	13730				1
石油和天然气开采业	07	602	599				3
黑色金属矿采选业	08	10978	10975				3
有色金属矿采选业	09	7425	7417				8
非金属矿采选业	10	39897	39814				83
开采专业及辅助性活动	11	5320	5314				6
其他采矿业	12	2730	2730				
制造业	**C**	**3846747**	**3825516**	**14**			**21217**
农副食品加工业	13	153466	145871				7595
食品制造业	14	85938	84785				1153
酒、饮料和精制茶制造业	15	69442	64523				4919
烟草制品业	16	279	226				53
纺织业	17	165983	165481	1			501
纺织服装、服饰业	18	202874	202097	1			776
皮革、毛皮、羽毛及其制品和制鞋业	19	91634	91458				176
木材加工和木、竹、藤、棕、草制品业	20	154328	152725				1603
家具制造业	21	100580	100117				463
造纸和纸制品业	22	86324	86281				43
印刷和记录媒介复制业	23	89893	89887	4			2
文教、工美、体育和娱乐用品制造业	24	138797	137040				1757
石油、煤炭及其他燃料加工业	25	13302	13238				64

1-8　续表 1　　(2020年)　　单位：个

行业大类	代码	法人单位数	企业法人	事业法人	机关法人	社会团体	其他
化学原料和化学制品制造业	26	128207	127919	2			286
医药制造业	27	35601	34947	1			653
化学纤维制造业	28	7891	7890				1
橡胶和塑料制品业	29	224982	224927				55
非金属矿物制品业	30	311873	311621	1			251
黑色金属冶炼和压延加工业	31	23875	23868				7
有色金属冶炼和压延加工业	32	31667	31661				6
金属制品业	33	388136	388030	2			104
通用设备制造业	34	387373	387358				15
专用设备制造业	35	281555	281329	1			225
汽车制造业	36	92078	92075				3
铁路、船舶、航空航天和其他运输设备制造业	37	34568	34565				3
电气机械和器材制造业	38	222352	222275				77
计算机、通信和其他电子设备制造业	39	154747	154742				5
仪器仪表制造业	40	52603	52597				6
其他制造业	41	51898	51820				78
废弃资源综合利用业	42	20885	20782				103
金属制品、机械和设备修理业	43	43616	43381	1			234
电力、热力、燃气及水生产和供应业	**D**	**123729**	**119005**	**644**			**4080**
电力、热力生产和供应业	44	85981	81872	246			3863
燃气生产和供应业	45	9778	9712	15			51
水的生产和供应业	46	27970	27421	383			166
建筑业	**E**	**1901819**	**1901663**	**6**			**150**
房屋建筑业	47	412123	411997				126
土木工程建筑业	48	411499	411482	5			12
建筑安装业	49	244179	244179				
建筑装饰、装修和其他建筑业	50	834018	834005	1			12
批发和零售业	**F**	**8415106**	**8236639**	**34**			**178433**
批发业	51	4612836	4477381	9			135446
零售业	52	3802270	3759258	25			42987

1-8 续表 2　(2020年)　单位：个

行业大类	代码	法人单位数	企业法人	事业法人	机关法人	社会团体	其他
交通运输、仓储和邮政业	G	**748046**	**737940**	**7152**			**2954**
铁路运输业	53	2033	2021	12			
道路运输业	54	477339	470788	5955			596
水上运输业	55	16568	16109	417			42
航空运输业	56	3737	3606	76			55
管道运输业	57	458	456	2			
多式联运和运输代理业	58	137087	137025	31			31
装卸搬运和仓储业	59	81805	79054	552			2199
邮政业	60	29019	28881	107			31
住宿和餐饮业	H	**514980**	**512622**	**393**			**1965**
住宿业	61	145942	144866	300			776
餐饮业	62	369038	367756	93			1189
信息传输、软件和信息技术服务业	I	**1285534**	**1277390**	**5744**			**2400**
电信、广播电视和卫星传输服务	63	31884	28266	3341			277
互联网和相关服务	64	182117	180956	846			315
软件和信息技术服务业	65	1071533	1068168	1557			1808
金融业	J	**142488**	**140384**	**318**	**387**		**1399**
货币金融服务	66	41236	39433	128	387		1288
资本市场服务	67	64596	64499	80			17
保险业	68	19252	19204	29			19
其他金融业	69	17404	17248	81			75
房地产业	K	**933969**	**929057**	**2329**			**2583**
房地产业	70	933969	929057	2329			2583
租赁和商务服务业	L	**3394995**	**3113303**	**32665**			**249027**
租赁业	71	335504	329285	100			6119
商务服务业	72	3059491	2784018	32565			242908
科学研究和技术服务业	M	**1738335**	**1600249**	**67463**		**2**	**70621**
研究和试验发展	73	231526	220580	4987			5959
专业技术服务业	74	705382	661386	39012			4984
科技推广和应用服务业	75	801427	718283	23464		2	59678

1-8 续表 3 (2020年) 单位：个

行业大类	代码	法 人 单位数	企业法人	事业法人	机关法人	社会团体	其他
水利、环境和公共设施管理业	N	**216714**	**178904**	**32205**		**19**	**5586**
水利管理业	76	23941	7009	15308			1624
生态保护和环境治理业	77	28100	24374	3261		18	447
公共设施管理业	78	130510	116498	12073			1939
土地管理业	79	34163	31023	1563		1	1576
居民服务、修理和其他服务业	O	**598808**	**568820**	**5331**			**24657**
居民服务业	80	263474	239136	3888			20450
机动车、电子产品和日用产品修理业	81	217338	216769	132			437
其他服务业	82	117996	112915	1311			3770
教育	P	**769578**	**284838**	**234900**	**1**		**249839**
教育	83	769578	284838	234900	1		249839
卫生和社会工作	Q	**299142**	**94161**	**96765**		**785**	**107431**
卫生	84	204030	75737	76047			52246
社会工作	85	95112	18424	20718		785	55185
文化、体育和娱乐业	R	**686805**	**612730**	**36358**		**1267**	**36450**
新闻和出版业	86	10042	6870	3044			128
广播、电视、电影和录音制作业	87	94450	90221	3269			960
文化艺术业	88	224965	179113	26252			19600
体育	89	71473	59356	1821		1267	9029
娱乐业	90	285875	277170	1972			6733
公共管理、社会保障和社会组织	S	**1600853**		**280167**	**237491**	**332168**	**751027**
中国共产党机关	91	36406		5485	30921		
国家机构	92	464327		264333	199994		
人民政协、民主党派	93	6385		380	6005		
社会保障	94	11200		9903	571		726
群众团体、社会团体和其他成员组织	95	431224		7		332168	99049
基层群众自治组织及其他组织	96	651311		59			651252

1-9 按行业(大类)、成立时间

行业大类	代码	法人单位数	1949年及以前	1950-1977年	1978-1991年	1992-1995年
总计	—	**29389255**	**69445**	**272758**	**563807**	**247674**
农、林、牧、渔业	A	**2090924**	**250**	**3590**	**5074**	**2577**
农业	01	1046497	76	582	976	800
林业	02	127658	44	1246	1268	414
畜牧业	03	544592	50	153	454	378
渔业	04	108674	7	126	363	286
农、林、牧、渔专业及辅助性活动	05	263503	73	1483	2013	699
采矿业	B	**80683**	**29**	**260**	**1113**	**903**
煤炭开采和洗选业	06	13731	10	151	387	234
石油和天然气开采业	07	602	1	2	8	9
黑色金属矿采选业	08	10978	6	17	131	140
有色金属矿采选业	09	7425	3	31	173	142
非金属矿采选业	10	39897	6	53	384	327
开采专业及辅助性活动	11	5320		4	14	36
其他采矿业	12	2730	3	2	16	15
制造业	C	**3846747**	**236**	**3544**	**33915**	**51452**
农副食品加工业	13	153466	10	265	1498	1748
食品制造业	14	85938	5	96	782	1201
酒、饮料和精制茶制造业	15	69442	14	143	764	935
烟草制品业	16	279	7	6	26	18
纺织业	17	165983	5	104	1248	1893
纺织服装、服饰业	18	202874	10	112	1248	2456
皮革、毛皮、羽毛及其制品和制鞋业	19	91634	4	44	728	1495
木材加工和木、竹、藤、棕、草制品业	20	154328	4	42	535	700
家具制造业	21	100580	1	20	293	665
造纸和纸制品业	22	86324	3	53	938	1403
印刷和记录媒介复制业	23	89893	26	162	2744	2894
文教、工美、体育和娱乐用品制造业	24	138797	2	95	1018	1764
石油、煤炭及其他燃料加工业	25	13302	6	28	145	200
化学原料和化学制品制造业	26	128207	12	242	1927	2874
医药制造业	27	35601	14	118	517	916
化学纤维制造业	28	7891		5	65	130
橡胶和塑料制品业	29	224982	6	112	2074	3506
非金属矿物制品业	30	311873	20	318	2896	3669
黑色金属冶炼和压延加工业	31	23875	3	57	266	458
有色金属冶炼和压延加工业	32	31667	3	48	331	553
金属制品业	33	388136	11	230	3000	4464
通用设备制造业	34	387373	19	409	3707	5489
专用设备制造业	35	281555	12	229	1928	2882

分组的法人单位数

单位：个

1996年	1997年	1998年	1999年	2000年	2001年	2002年	2003年	2004年	2005年	2006年	代码
77321	**81034**	**120150**	**138669**	**189092**	**219436**	**261001**	**302620**	**314727**	**351805**	**395783**	——
829	**966**	**1605**	**1504**	**3384**	**3372**	**3471**	**4447**	**4363**	**6968**	**7896**	A
269	299	545	548	1238	1234	1235	1564	1584	2506	3221	01
127	154	210	187	408	415	475	598	525	670	788	02
158	212	363	308	852	816	802	1129	1172	1957	2174	03
86	116	130	147	273	291	277	363	377	588	602	04
189	185	357	314	613	616	682	793	705	1247	1111	05
353	**381**	**579**	**607**	**895**	**1185**	**1412**	**2164**	**2933**	**3171**	**3285**	B
95	125	185	189	234	338	382	674	776	763	548	06
3	9	2	17	17	11	15	14	7	9	15	07
58	52	102	102	162	232	249	468	863	868	686	08
68	62	85	99	136	191	222	250	355	450	625	09
112	115	183	177	311	355	472	677	821	932	1214	10
12	13	18	18	25	36	50	58	69	89	127	11
5	5	4	5	10	22	22	23	42	60	70	12
17277	**19352**	**27530**	**35797**	**44447**	**55970**	**67381**	**80184**	**81489**	**81283**	**94528**	C
595	752	1217	1442	1930	2229	2451	3083	3305	3618	3840	13
470	499	723	791	1020	1135	1251	1424	1490	1521	1737	14
344	494	697	816	1019	1011	1139	1310	1234	1283	1376	15
2	3	5	7	5	4	7	15	10	10	11	16
744	893	1300	1905	2687	3085	4354	5012	4275	4165	4993	17
701	750	1024	1472	2407	2489	3038	3498	3460	3417	3938	18
465	435	495	651	850	1008	1315	1401	1429	1552	1773	19
243	254	411	493	803	937	1175	1560	1613	1857	2218	20
256	328	404	466	573	690	825	1061	1165	1232	1484	21
482	551	755	843	1125	1468	1934	2202	2138	2026	2417	22
887	1033	1338	1612	1880	2484	3067	3563	3265	2865	2893	23
520	558	774	1090	1398	1628	2116	2491	2481	2451	2837	24
73	58	104	138	165	193	254	317	308	275	343	25
1027	1140	1720	2072	2468	3128	3477	4087	4151	4066	4589	26
272	302	451	452	604	744	836	958	919	836	776	27
36	53	76	107	174	178	245	341	299	218	366	28
1175	1309	1871	2615	3185	4284	5074	5566	5590	5702	6741	29
1167	1240	2000	2501	2912	3630	4603	5752	5665	5604	7144	30
164	171	231	324	371	480	620	1111	1041	956	904	31
207	222	330	401	509	739	724	924	981	1039	1146	32
1514	1736	2415	3300	3917	5155	6278	7383	7784	7731	9085	33
1945	2074	3065	4022	4633	5999	7262	8858	9476	9412	10882	34
1016	1214	1646	2263	2648	3646	4285	5136	5689	5747	6713	35

1-9 续表 1

行业大类	代码	法人单位数	1949年及以前	1950–1977年	1978–1991年	1992–1995年
汽车制造业	36	92078	7	122	902	1477
铁路、船舶、航空航天和其他运输设备制造业	37	34568	10	72	453	707
电气机械和器材制造业	38	222352	13	170	1868	3272
计算机、通信和其他电子设备制造业	39	154747	3	67	695	1669
仪器仪表制造业	40	52603	4	90	572	1018
其他制造业	41	51898	1	25	229	444
废弃资源综合利用业	42	20885		7	87	85
金属制品、机械和设备修理业	43	43616	1	53	431	467
电力、热力、燃气及水生产和供应业	**D**	**123729**	**48**	**967**	**3920**	**2334**
电力、热力生产和供应业	44	85981	22	631	2306	1475
燃气生产和供应业	45	9778	2	3	90	126
水的生产和供应业	46	27970	24	333	1524	733
建筑业	**E**	**1901819**	**64**	**2329**	**8599**	**11111**
房屋建筑业	47	412123	38	1711	4710	3783
土木工程建筑业	48	411499	10	456	1929	2458
建筑安装业	49	244179	7	107	1071	1939
建筑装饰、装修和其他建筑业	50	834018	9	55	889	2931
批发和零售业	**F**	**8415106**	**367**	**4048**	**28837**	**32018**
批发业	51	4612836	120	1785	14992	19031
零售业	52	3802270	247	2263	13845	12987
交通运输、仓储和邮政业	**G**	**748046**	**182**	**2135**	**6462**	**5471**
铁路运输业	53	2033	2	7	43	33
道路运输业	54	477339	99	1360	3302	2934
水上运输业	55	16568	9	138	548	351
航空运输业	56	3737		7	32	62
管道运输业	57	458			2	4
多式联运和运输代理业	58	137087	3	19	349	735
装卸搬运和仓储业	59	81805	52	579	2112	1289
邮政业	60	29019	17	25	74	63
住宿和餐饮业	**H**	**514980**	**35**	**525**	**3365**	**2916**
住宿业	61	145942	19	318	2376	1732
餐饮业	62	369038	16	207	989	1184
信息传输、软件和信息技术服务业	**I**	**1285534**	**32**	**390**	**1427**	**2002**
电信、广播电视和卫星传输服务	63	31884	24	329	853	464
互联网和相关服务	64	182117	5	12	90	138
软件和信息技术服务业	65	1071533	3	49	484	1400
金融业	**J**	**142488**	**153**	**242**	**1808**	**1190**
货币金融服务	66	41236	152	239	1619	811
资本市场服务	67	64596		1	58	233
保险业	68	19252	1		57	78
其他金融业	69	17404		2	74	68

单位：个

1996年	1997年	1998年	1999年	2000年	2001年	2002年	2003年	2004年	2005年	2006年	代码
462	533	732	926	1094	1549	1944	2460	2487	2373	2651	36
243	241	305	496	513	651	704	795	855	969	1115	37
1143	1269	1728	2344	2723	3619	4081	4783	4813	4718	5758	38
495	591	761	1020	1383	1937	2201	2558	2853	2867	3484	39
326	338	508	636	699	944	991	1198	1203	1199	1319	40
139	153	173	271	372	450	547	612	665	661	896	41
32	30	58	70	75	124	148	235	265	281	329	42
132	128	213	251	305	352	435	490	580	632	770	43
781	**863**	**1189**	**1147**	**1519**	**1835**	**2591**	**3995**	**4099**	**3505**	**3349**	D
538	593	821	766	1028	1303	1896	3069	3228	2595	2414	44
48	47	74	74	104	142	183	263	201	252	233	45
195	223	294	307	387	390	512	663	670	658	702	46
3319	**3685**	**5368**	**5464**	**6641**	**9077**	**10206**	**11476**	**13189**	**14136**	**15683**	E
974	1051	1566	1441	1719	2877	2738	2312	2569	2870	3169	47
598	725	1134	1203	1458	1952	2158	2811	3068	3085	3305	48
670	777	1134	1197	1380	1762	2049	2354	2732	2944	3200	49
1077	1132	1534	1623	2084	2486	3261	3999	4820	5237	6009	50
11889	**14993**	**23203**	**27154**	**36598**	**43040**	**54586**	**68134**	**72104**	**77941**	**93219**	F
7179	9027	14122	16990	22408	27146	33759	43193	45704	49151	59471	51
4710	5966	9081	10164	14190	15894	20827	24941	26400	28790	33748	52
1607	**1914**	**3097**	**2927**	**3654**	**4816**	**5857**	**7066**	**9603**	**10940**	**11295**	G
7	12	15	13	15	27	20	17	30	26	39	53
931	1094	1560	1530	2069	2907	3573	4140	5301	5592	6167	54
109	116	150	158	186	245	299	368	535	495	481	55
18	14	35	23	23	44	42	60	71	54	55	56
1	1	2	2	10	8	8	9	22	14	17	57
250	304	395	411	550	742	960	1290	2225	3082	2828	58
277	334	664	600	632	745	849	1041	1192	1426	1449	59
14	39	276	190	169	98	106	141	227	251	259	60
995	**1180**	**1601**	**1672**	**2308**	**2536**	**2816**	**3657**	**4198**	**4991**	**5599**	H
543	652	836	812	1001	1085	1225	1644	1958	2256	2686	61
452	528	765	860	1307	1451	1591	2013	2240	2735	2913	62
730	**971**	**1514**	**2107**	**3626**	**4439**	**4845**	**6302**	**7603**	**8254**	**9541**	I
127	154	252	397	563	754	629	705	759	589	610	63
57	66	130	173	404	440	490	730	948	907	1139	64
546	751	1132	1537	2659	3245	3726	4867	5896	6758	7792	65
837	**757**	**540**	**464**	**398**	**550**	**1252**	**1615**	**1443**	**2024**	**2057**	J
487	391	314	283	148	146	329	313	271	625	538	66
75	79	84	81	114	173	145	201	241	233	291	67
262	266	118	45	55	161	677	940	772	988	1019	68
13	21	24	55	81	70	101	161	159	178	209	69

1-9 续表 2

行业大类	代码	法人单位数	1949年及以前	1950-1977年	1978-1991年	1992-1995年
房地产业	**K**	**933969**	**51**	**1257**	**10204**	**15770**
房地产业	70	933969	51	1257	10204	15770
租赁和商务服务业	**L**	**3394995**	**892**	**4490**	**20996**	**17760**
租赁业	71	335504	5	40	373	594
商务服务业	72	3059491	887	4450	20623	17166
科学研究和技术服务业	**M**	**1738335**	**452**	**8465**	**16353**	**9944**
研究和试验发展	73	231526	64	995	1461	756
专业技术服务业	74	705382	270	5218	8846	6327
科技推广和应用服务业	75	801427	118	2252	6046	2861
水利、环境和公共设施管理业	**N**	**216714**	**228**	**3941**	**6472**	**2694**
水利管理业	76	23941	134	2817	3311	952
生态保护和环境治理业	77	28100	16	416	620	215
公共设施管理业	78	130510	72	693	2409	1391
土地管理业	79	34163	6	15	132	136
居民服务、修理和其他服务业	**O**	**598808**	**67**	**776**	**2754**	**3136**
居民服务业	80	263474	33	599	1197	1094
机动车、电子产品和日用产品修理业	81	217338	2	62	1180	1638
其他服务业	82	117996	32	115	377	404
教育	**P**	**769578**	**19528**	**62357**	**43352**	**13888**
教育	83	769578	19528	62357	43352	13888
卫生和社会工作	**Q**	**299142**	**2210**	**30705**	**20320**	**5893**
卫生	84	204030	2058	29397	15445	4507
社会工作	85	95112	152	1308	4875	1386
文化、体育和娱乐业	**R**	**686805**	**716**	**4802**	**10145**	**3390**
新闻和出版业	86	10042	100	314	1144	580
广播、电视、电影和录音制作业	87	94450	37	508	1392	522
文化艺术业	88	224965	533	3648	6801	1505
体育	89	71473	17	147	363	308
娱乐业	90	285875	29	185	445	475
公共管理、社会保障和社会组织	**S**	**1600853**	**43905**	**137935**	**338691**	**63225**
中国共产党机关	91	36406	2369	6200	9669	1714
国家机构	92	464327	8368	36899	80607	23091
人民政协、民主党派	93	6385	240	1135	2393	267
社会保障	94	11200	39	108	1111	628
群众团体、社会团体和其他成员组织	95	431224	6627	11989	42610	18485
基层群众自治组织及其他组织	96	651311	26262	81604	202301	19040

单位：个

1996年	1997年	1998年	1999年	2000年	2001年	2002年	2003年	2004年	2005年	2006年	代码
3714	**4345**	**6195**	**6686**	**8860**	**10890**	**12118**	**15161**	**14859**	**15765**	**18056**	**K**
3714	4345	6195	6686	8860	10890	12118	15161	14859	15765	18056	70
4570	**5314**	**9294**	**14968**	**13771**	**15157**	**16460**	**20824**	**25414**	**28341**	**31702**	**L**
220	237	301	339	486	677	773	973	1232	1479	1711	71
4350	5077	8993	14629	13285	14480	15687	19851	24182	26862	29991	72
2901	**2989**	**4085**	**4561**	**6816**	**8915**	**10521**	**12730**	**14025**	**16198**	**17553**	**M**
230	234	343	420	655	805	955	1163	1300	1356	1645	73
1853	1912	2599	2979	4131	5471	6535	7801	8675	9653	10656	74
818	843	1143	1162	2030	2639	3031	3766	4050	5189	5252	75
739	**879**	**1122**	**1054**	**1699**	**1919**	**2362**	**2554**	**2284**	**2658**	**2768**	**N**
261	295	327	237	460	497	526	455	397	471	524	76
56	76	101	112	181	202	250	310	305	298	338	77
380	476	649	652	936	1084	1393	1551	1445	1705	1743	78
42	32	45	53	122	136	193	238	137	184	163	79
1083	**1200**	**1820**	**2161**	**2885**	**3288**	**3962**	**5175**	**5440**	**5925**	**6504**	**O**
358	457	738	808	1197	1353	1657	2020	2105	2183	2286	80
607	582	861	1059	1262	1436	1689	2316	2390	2616	2934	81
118	161	221	294	426	499	616	839	945	1126	1284	82
4459	**4322**	**5935**	**4914**	**9005**	**9935**	**10016**	**11657**	**9839**	**11767**	**11866**	**P**
4459	4322	5935	4914	9005	9935	10016	11657	9839	11767	11866	83
1654	**1452**	**2385**	**1654**	**3481**	**3694**	**3998**	**4263**	**3885**	**5318**	**5197**	**Q**
1259	1083	1751	1221	2545	2762	3080	3173	2893	4122	3779	84
395	369	634	433	936	932	918	1090	992	1196	1418	85
961	**1011**	**1332**	**1343**	**2437**	**3448**	**5637**	**8457**	**8644**	**8631**	**9323**	**R**
123	86	131	156	178	198	182	210	252	235	209	86
107	144	165	162	223	261	357	355	450	541	596	87
464	463	564	497	907	1062	1208	1298	1318	2077	1767	88
81	105	108	123	210	266	329	437	397	519	561	89
186	213	364	405	919	1661	3561	6157	6227	5259	6190	90
18623	**14460**	**21756**	**22485**	**36668**	**35370**	**41510**	**32759**	**29313**	**43989**	**46362**	**S**
677	550	453	301	616	1049	2004	620	438	403	332	91
7104	6431	7243	5172	9617	12808	17408	12415	9801	13752	10324	92
112	95	119	62	130	116	150	113	72	72	66	93
164	134	120	141	370	363	419	600	325	436	395	94
5393	3914	5785	5717	8917	6280	7223	7728	7676	9304	11414	95
5173	3336	8036	11092	17018	14754	14306	11283	11001	20022	23831	96

1-9 续表 3

行业大类	代码	2007年	2008年	2009年	2010年	2011年
总　　计	—	**399265**	**464657**	**578609**	**730606**	**836576**
农、林、牧、渔业	A	**16232**	**35797**	**52946**	**60991**	**71395**
农业	01	6601	14205	21482	27582	33210
林业	02	1149	1814	2913	3696	5289
畜牧业	03	5509	12744	17654	17608	19267
渔业	04	981	1916	2775	3160	4620
农、林、牧、渔专业及辅助性活动	05	1992	5118	8122	8945	9009
采矿业	B	**3109**	**3619**	**3513**	**3807**	**3892**
煤炭开采和洗选业	06	527	681	678	756	725
石油和天然气开采业	07	14	19	27	14	19
黑色金属矿采选业	08	661	821	525	607	616
有色金属矿采选业	09	603	462	327	304	319
非金属矿采选业	10	1082	1370	1689	1885	1907
开采专业及辅助性活动	11	142	166	189	141	179
其他采矿业	12	80	100	78	100	127
制造业	C	**91108**	**88728**	**108022**	**138963**	**148575**
农副食品加工业	13	3819	4341	4622	5120	6051
食品制造业	14	1692	1799	1789	2135	3275
酒、饮料和精制茶制造业	15	1465	1578	1698	1934	2293
烟草制品业	16	8	4	15	14	12
纺织业	17	4156	3360	4442	6122	6156
纺织服装、服饰业	18	3931	3468	4291	6505	7218
皮革、毛皮、羽毛及其制品和制鞋业	19	1656	1605	2248	3194	3622
木材加工和木、竹、藤、棕、草制品业	20	2288	2348	2798	3774	3791
家具制造业	21	1440	1472	2100	2886	2999
造纸和纸制品业	22	2324	2080	2928	3456	3315
印刷和记录媒介复制业	23	2603	2340	2799	3279	3218
文教、工美、体育和娱乐用品制造业	24	2772	2505	3158	4252	4701
石油、煤炭及其他燃料加工业	25	331	341	410	416	429
化学原料和化学制品制造业	26	3963	3753	4501	4794	4883
医药制造业	27	644	606	864	972	1020
化学纤维制造业	28	280	186	248	442	407
橡胶和塑料制品业	29	6405	5853	7374	8999	8939
非金属矿物制品业	30	6999	7875	9652	12355	14089
黑色金属冶炼和压延加工业	31	843	812	905	1033	1003
有色金属冶炼和压延加工业	32	1254	1068	1072	1298	1291
金属制品业	33	8916	8663	10451	13410	14589
通用设备制造业	34	10848	10366	11567	15630	16549
专用设备制造业	35	6465	6499	8137	10659	11120

单位：个

2012年	2013年	2014年	2015年	2016年	2017年	2018年	2019年	2020年	代码
975159	**1232089**	**1730979**	**2100775**	**2811956**	**3350504**	**3682408**	**3465314**	**3425036**	——
109864	**173520**	**200445**	**221121**	**281845**	**266934**	**188876**	**167490**	**193172**	A
50346	88567	107967	119256	142510	138546	94190	89697	95661	01
7986	11215	12721	12294	14740	14693	11639	10683	9297	02
31936	44126	49232	54276	81109	70212	40159	37129	52653	03
6657	9034	8577	10357	13119	12519	10155	10423	10349	04
12939	20578	21948	24938	30367	30964	32733	19558	25212	05
4137	**4044**	**4363**	**4257**	**4631**	**5007**	**5709**	**6039**	**5286**	B
724	546	495	464	594	673	609	623	545	06
27	29	31	31	30	29	47	90	56	07
486	452	446	313	338	348	401	359	469	08
318	257	294	257	290	307	279	261	255	09
2239	2362	2567	2569	2905	3019	3414	3570	3180	10
221	273	384	417	283	427	650	852	427	11
122	125	146	206	191	204	309	284	354	12
150074	**188271**	**230883**	**246806**	**311332**	**392708**	**393973**	**329380**	**333539**	C
7780	8853	9657	12020	13459	13406	13740	10890	11725	13
4093	4917	5314	7069	7635	7922	7750	7523	8880	14
3318	3870	4474	6086	6394	6462	5936	5522	5833	15
15	8	11	5	10	8	14	8	11	16
5378	7177	8205	9518	13052	15149	14900	12695	19010	17
7126	10575	12671	14095	18014	22617	26162	19156	17025	18
3500	5529	7046	6299	7850	9833	10368	8143	7096	19
4834	5952	6724	8239	10751	15756	18428	27506	28294	20
3901	5046	6889	7410	10170	15112	12979	9398	9315	21
3458	4409	5142	5196	6144	8310	8549	6721	5954	22
3042	3828	4278	4737	5612	6965	6483	5152	4844	23
5313	7091	9242	10436	13509	15713	14869	12655	11358	24
500	516	778	827	1121	1383	1583	1076	984	25
4984	5547	6823	7713	8655	9843	9794	7908	8066	26
1083	1273	1526	1988	2377	2733	2867	2432	6501	27
253	343	328	374	415	578	654	468	622	28
8974	11240	13136	13507	17230	21526	20520	15869	16600	29
14445	16441	18460	18108	22993	31043	31932	30860	27500	30
868	1009	1202	1128	1511	2112	1801	1296	1195	31
1315	1523	1713	1667	2088	2812	2814	1906	1689	32
14516	19413	25157	25605	33427	43042	42798	32370	31776	33
14213	17039	22460	22726	28403	39649	38134	31863	30674	34
10601	13171	16624	17374	22085	30176	29718	24955	28917	35

1-9 续表 4

行业大类	代码	2007年	2008年	2009年	2010年	2011年
汽车制造业	36	2575	2398	2796	4110	3939
铁路、船舶、航空航天和其他运输设备制造业	37	1057	1057	1175	1475	1372
电气机械和器材制造业	38	5770	5633	7457	9418	9940
计算机、通信和其他电子设备制造业	39	3480	3512	4578	6218	6666
仪器仪表制造业	40	1283	1172	1563	1809	2126
其他制造业	41	743	729	915	1280	1429
废弃资源综合利用业	42	358	396	386	539	557
金属制品、机械和设备修理业	43	740	909	1083	1435	1576
电力、热力、燃气及水生产和供应业	D	**2908**	**2986**	**3341**	**3519**	**3351**
电力、热力生产和供应业	44	1965	1803	1900	2039	1954
燃气生产和供应业	45	217	285	363	466	448
水的生产和供应业	46	726	898	1078	1014	949
建筑业	E	**15651**	**17823**	**23784**	**30352**	**35499**
房屋建筑业	47	2960	3330	4562	5833	6624
土木工程建筑业	48	3249	3693	5433	6689	7672
建筑安装业	49	3203	3706	4511	5675	6459
建筑装饰、装修和其他建筑业	50	6239	7094	9278	12155	14744
批发和零售业	F	**100080**	**121108**	**162512**	**208979**	**253119**
批发业	51	64099	76854	101917	129328	153604
零售业	52	35981	44254	60595	79651	99515
交通运输、仓储和邮政业	G	**11532**	**13333**	**16841**	**21481**	**21454**
铁路运输业	53	29	54	65	64	40
道路运输业	54	6429	7699	9865	11787	12284
水上运输业	55	436	472	577	609	568
航空运输业	56	55	51	60	82	92
管道运输业	57	23	16	20	23	20
多式联运和运输代理业	58	2581	2742	3028	4002	4422
装卸搬运和仓储业	59	1652	1796	2165	2578	2810
邮政业	60	327	503	1061	2336	1218
住宿和餐饮业	H	**6154**	**7180**	**8209**	**11070**	**12628**
住宿业	61	2883	3249	3343	4639	5108
餐饮业	62	3271	3931	4866	6431	7520
信息传输、软件和信息技术服务业	I	**9727**	**11343**	**14351**	**17646**	**21585**
电信、广播电视和卫星传输服务	63	497	814	724	810	893
互联网和相关服务	64	1134	1154	1567	1958	2295
软件和信息技术服务业	65	8096	9375	12060	14878	18397
金融业	J	**3172**	**3897**	**3842**	**4817**	**6313**
货币金融服务	66	1193	1355	1733	2335	2726
资本市场服务	67	556	570	807	1336	2081
保险业	68	1196	1658	783	657	924
其他金融业	69	227	314	519	489	582

单位：个

2012年	2013年	2014年	2015年	2016年	2017年	2018年	2019年	2020年	代码
3514	4573	5548	5502	7038	9145	8393	6518	6310	36
1277	1734	2289	2212	2808	2881	2571	2158	2373	37
9183	11191	13970	13748	17788	22249	21694	16039	15970	38
6676	8740	10794	11403	15523	17698	18263	10235	8377	39
2095	2552	3145	3336	3977	5044	5231	4074	4151	40
1498	2063	3328	4070	5768	6250	6603	6804	4780	41
632	642	859	1073	1304	2387	3123	3520	3283	42
1689	2006	3090	3335	4221	4904	5302	3660	4426	43
3669	**4071**	**5513**	**7042**	**12349**	**16229**	**10704**	**8074**	**7831**	D
2015	2326	3445	4657	9669	13301	7716	5463	5043	44
514	573	630	614	680	833	893	711	709	45
1140	1172	1438	1771	2000	2095	2095	1900	2079	46
37955	**50196**	**87363**	**97573**	**168683**	**243104**	**287297**	**345416**	**340776**	E
7515	9760	15753	16656	33761	53981	67780	71858	78222	47
8311	10714	17714	19134	35118	50790	57438	78079	81115	48
6693	8236	13627	14684	23739	30527	33139	37594	29063	49
15436	21486	40269	47099	76065	107806	128940	157885	152376	50
273739	**363246**	**536155**	**644480**	**864262**	**996773**	**1118193**	**1088254**	**1096075**	F
163092	212260	303419	340885	444198	522568	594301	574900	567333	51
110647	150986	232736	303595	420064	474205	523892	513354	528742	52
23607	**31584**	**45702**	**54344**	**68473**	**83577**	**90948**	**88597**	**99547**	G
40	37	64	70	83	72	116	511	482	53
14150	19044	27887	33295	45287	58351	63015	59560	66127	54
487	520	858	965	1069	1185	1465	1633	1536	55
105	120	217	242	307	362	527	500	477	56
20	17	24	14	28	27	29	43	54	57
4725	6227	8955	10038	11224	12580	13981	17591	20848	58
3040	3958	5674	6669	6840	7666	8792	6759	8165	59
1040	1661	2023	3051	3635	3334	3023	2000	1858	60
15964	**21815**	**29579**	**42671**	**57348**	**67328**	**77942**	**61763**	**56935**	H
6234	7936	9615	12288	14665	15634	17592	13168	10445	61
9730	13879	19964	30383	42683	51694	60350	48595	46490	62
24628	**34606**	**66074**	**95398**	**130536**	**170090**	**218490**	**209905**	**207372**	I
1000	1132	2090	2587	2992	3115	3277	2192	2552	63
2686	3861	8107	13533	18760	23544	29845	27578	40366	64
20942	29613	55877	79278	108784	143431	185368	180135	164454	65
6279	**7670**	**10846**	**17332**	**16302**	**16138**	**13632**	**8395**	**8523**	J
2762	2982	3005	3241	2987	2910	3802	1886	1653	66
2059	3092	5528	10646	10122	10252	6866	4222	4450	67
967	850	679	829	1289	1077	939	943	1022	68
491	746	1634	2616	1904	1899	2025	1344	1398	69

1-9 续表 5

行业大类	代码	2007年	2008年	2009年	2010年	2011年
房地产业	K	**20597**	**17383**	**23823**	**33185**	**33056**
房地产业	70	20597	17383	23823	33185	33056
租赁和商务服务业	L	**33145**	**44971**	**56361**	**68443**	**88460**
租赁业	71	1905	2506	3869	5287	6500
商务服务业	72	31240	42465	52492	63156	81960
科学研究和技术服务业	M	**17652**	**21061**	**26863**	**33074**	**39689**
研究和试验发展	73	1871	2210	2956	3847	4719
专业技术服务业	74	9904	10907	13198	16352	19042
科技推广和应用服务业	75	5877	7944	10709	12875	15928
水利、环境和公共设施管理业	N	**2645**	**3364**	**3872**	**4392**	**5043**
水利管理业	76	385	591	511	478	674
生态保护和环境治理业	77	327	413	461	490	563
公共设施管理业	78	1776	2179	2678	3163	3513
土地管理业	79	157	181	222	261	293
居民服务、修理和其他服务业	O	**6684**	**7949**	**9867**	**12071**	**14742**
居民服务业	80	2323	2961	3550	4472	5604
机动车、电子产品和日用产品修理业	81	2828	3173	4171	5131	6102
其他服务业	82	1533	1815	2146	2468	3036
教育	P	**9685**	**13220**	**13746**	**17591**	**17798**
教育	83	9685	13220	13746	17591	17798
卫生和社会工作	Q	**5071**	**6326**	**5686**	**7157**	**7114**
卫生	84	3488	4283	3762	4657	4841
社会工作	85	1583	2043	1924	2500	2273
文化、体育和娱乐业	R	**9578**	**8891**	**12118**	**13401**	**14118**
新闻和出版业	86	156	244	249	308	276
广播、电视、电影和录音制作业	87	619	768	945	1377	1692
文化艺术业	88	1689	2222	2672	3469	4425
体育	89	613	671	931	920	1061
娱乐业	90	6501	4986	7321	7327	6664
公共管理、社会保障和社会组织	S	**34535**	**35678**	**28912**	**39667**	**38745**
中国共产党机关	91	304	308	327	658	499
国家机构	92	9502	10773	9582	17263	14931
人民政协、民主党派	93	43	47	43	72	91
社会保障	94	362	326	233	391	646
群众团体、社会团体和其他成员组织	95	10290	11755	10861	12957	13029
基层群众自治组织及其他组织	96	14034	12469	7866	8326	9549

单位：个

2012年	2013年	2014年	2015年	2016年	2017年	2018年	2019年	2020年	代码
29133	**40257**	**46624**	**45673**	**71539**	**95641**	**120529**	**112104**	**100494**	K
29133	40257	46624	45673	71539	95641	120529	112104	100494	70
121980	**118379**	**199398**	**267129**	**321780**	**409783**	**492346**	**488443**	**454424**	L
7342	9838	17307	21927	31972	45027	51946	59981	60657	71
114638	108541	182091	245202	289808	364756	440400	428462	393767	72
45436	**59852**	**95746**	**120259**	**167155**	**213316**	**270247**	**242526**	**248951**	M
5435	7545	13065	17474	26065	32993	41202	33829	25933	73
21208	27123	42397	48785	65393	83981	99009	78592	86565	74
18793	25184	40284	54000	75697	96342	130036	130105	136453	75
6396	**6822**	**9582**	**12205**	**17509**	**21287**	**23370**	**31820**	**35034**	N
1107	696	664	1099	1365	1268	964	1012	1463	76
767	779	1242	1571	2364	3218	3972	4086	4351	77
4166	4977	7211	8850	12779	15430	15921	15674	15614	78
356	370	465	685	1001	1371	2513	11048	13606	79
17108	**23001**	**36635**	**48599**	**67521**	**79512**	**90333**	**71774**	**66836**	O
6787	9160	14937	19682	29044	36688	44010	33440	32731	80
6780	9156	14025	18979	25312	29161	29992	21702	20192	81
3541	4685	7673	9938	13165	13663	16331	16632	13913	82
26382	**27984**	**32186**	**41890**	**62650**	**68145**	**78720**	**69543**	**57198**	P
26382	27984	32186	41890	62650	68145	78720	69543	57198	83
10581	**11526**	**13367**	**17960**	**25148**	**26858**	**27012**	**20391**	**18836**	Q
6501	6132	6760	10303	13986	15926	16927	13976	13413	84
4080	5394	6607	7657	11162	10932	10085	6415	5423	85
17673	**21334**	**36269**	**58329**	**81074**	**88769**	**102061**	**81660**	**71253**	R
428	293	298	375	463	498	502	838	1016	86
1813	2233	3985	6371	9679	11699	13103	17171	17175	87
6054	6893	11023	15261	23359	27557	34800	34173	27256	88
1291	1826	3192	5234	8366	10613	12746	11151	8887	89
8087	10089	17771	31088	39207	38402	40910	18327	16919	90
50554	**43911**	**44249**	**57707**	**81819**	**89305**	**72026**	**33740**	**22954**	S
851	451	295	540	1673	1645	827	413	220	91
21373	12158	9190	17162	23252	19592	14569	15756	8184	92
146	84	40	89	272	211	66	16	23	93
688	298	204	338	508	422	304	732	395	94
18276	21785	23212	26795	37302	37411	26052	12422	10015	95
9220	9135	11308	12783	18812	30024	30208	4401	4117	96

1–10 按地区分组的法人单位数

单位：个

地区	法人单位数(2019年)	#多产业法人单位	法人单位数(2020年)	#多产业法人单位
全 国	**25280211**	**532569**	**29389255**	**649538**
北 京	913369	18485	1174904	32374
天 津	321740	5469	371124	7872
河 北	1318321	24436	1456954	25210
山 西	633960	18220	772765	19806
内蒙古	381670	9218	439523	10279
辽 宁	621156	10804	748782	14361
吉 林	212073	5065	237731	5829
黑龙江	295952	8409	344360	10067
上 海	482353	24033	532762	29760
江 苏	2327217	38665	2540015	46624
浙 江	1905578	35027	2277240	42288
安 徽	946508	23673	1160828	28791
福 建	941297	19939	1156978	23433
江 西	570196	13301	765836	17382
山 东	2309367	35297	2842426	46528
河 南	1418818	20810	1652264	27557
湖 北	1006945	24805	1183265	29058
湖 南	672298	15859	831104	19152
广 东	3349156	55914	3526206	69499
广 西	641503	15184	754741	17025
海 南	125542	2806	140362	3524
重 庆	591369	13438	642720	14688
四 川	867477	22788	934554	24539
贵 州	471151	12076	543603	14400
云 南	571421	19739	741669	24167
西 藏	49191	1445	49889	1773
陕 西	587005	14626	689053	17032
甘 肃	266600	8249	302596	9230
青 海	98516	2739	112136	3061
宁 夏	113259	2427	133774	3161
新 疆	269203	9623	329091	11068

1-11　农、林、牧、渔业按地区分组的法人单位数

单位：个

地区	法人单位数 (2019年)	#多产业法人单位	法人单位数 (2020年)	#多产业法人单位
全　国	**1879887**	**4359**	**2090924**	**5462**
北　京	7105	24	7315	70
天　津	12403	18	11246	17
河　北	114610	245	117945	255
山　西	95968	169	104786	208
内蒙古	60533	246	68491	291
辽　宁	50804	90	60355	124
吉　林	32629	75	34884	91
黑龙江	50726	213	59153	249
上　海	5384	30	5482	40
江　苏	52735	131	55010	161
浙　江	48826	229	52432	281
安　徽	108730	208	115230	238
福　建	51198	118	59673	170
江　西	70862	142	86027	198
山　东	125306	171	160524	247
河　南	156664	168	171732	251
湖　北	72337	138	83408	171
湖　南	77090	117	87971	150
广　东	45448	229	48290	283
广　西	83239	327	89695	384
海　南	12295	76	12577	100
重　庆	78687	199	83236	221
四　川	93884	185	99709	204
贵　州	103737	102	110156	144
云　南	91192	282	104282	375
西　藏	2830	4	2871	9
陕　西	54499	103	61675	135
甘　肃	56833	79	66112	92
青　海	18722	49	18810	72
宁　夏	18486	46	20259	65
新　疆	26125	146	31588	166

1-12 采矿业按地区分组的法人单位数

单位：个

地 区	法人单位数(2019年)	#多产业法人单位	法人单位数(2020年)	#多产业法人单位
全 国	**70983**	**2036**	**80683**	**2475**
北 京	57	4	70	8
天 津	82	8	80	9
河 北	4942	218	5279	234
山 西	6018	208	6643	234
内蒙古	4036	93	4635	122
辽 宁	3478	78	4012	107
吉 林	924	29	1063	32
黑龙江	1641	55	2029	62
上 海	6	2	5	1
江 苏	338	12	345	9
浙 江	856	12	944	16
安 徽	1231	53	1397	60
福 建	1569	37	1811	41
江 西	3006	38	4045	60
山 东	2558	82	2795	96
河 南	3314	91	3435	128
湖 北	2711	77	2977	87
湖 南	3575	65	4011	79
广 东	2643	92	2862	110
广 西	3257	66	3914	74
海 南	182	2	209	4
重 庆	1292	45	1381	53
四 川	3474	152	3536	153
贵 州	4280	120	4757	140
云 南	5413	171	6271	205
西 藏	307	5	316	8
陕 西	4414	88	5509	178
甘 肃	1133	26	1416	28
青 海	473	24	543	29
宁 夏	705	10	728	13
新 疆	3068	73	3665	95

1-13　制造业按地区分组的法人单位数

单位：个

地　区	法人单位数(2019年)	#多产业法人单位	法人单位数(2020年)	#多产业法人单位
全　国	**3463346**	**42762**	**3846747**	**56887**
北　京	23574	673	25025	1470
天　津	41870	571	42926	868
河　北	226936	2672	250033	2864
山　西	38137	888	43690	1042
内蒙古	23942	509	27812	609
辽　宁	87039	951	100250	1412
吉　林	20501	339	22457	424
黑龙江	25649	456	29455	627
上　海	52507	1794	55728	2330
江　苏	524675	5255	548185	6867
浙　江	454683	5466	501768	6447
安　徽	116544	1545	141296	2163
福　建	135044	1277	158080	1688
江　西	69191	919	89404	1270
山　东	354725	3075	416009	4398
河　南	140757	1352	159715	2044
湖　北	100948	1612	114737	2137
湖　南	63104	941	75839	1334
广　东	613236	5779	647485	8737
广　西	44771	1097	53555	1191
海　南	3949	101	4510	131
重　庆	53772	925	57984	1059
四　川	67442	1431	72084	1638
贵　州	47820	379	52591	567
云　南	36016	1023	43405	1286
西　藏	3761	29	3873	43
陕　西	42745	783	49204	1028
甘　肃	13165	283	16231	380
青　海	5057	112	5636	134
宁　夏	8846	132	9784	208
新　疆	22940	393	27996	491

1-14 电力、热力、燃气及水生产和供应业按地区分组的法人单位数

单位：个

地区	法人单位数(2019年)	#多产业法人单位	法人单位数(2020年)	#多产业法人单位
全国	**113649**	**4568**	**123729**	**5222**
北京	1146	36	1427	68
天津	875	23	965	30
河北	5700	223	6022	237
山西	5377	205	5907	212
内蒙古	3111	122	3365	138
辽宁	3045	76	3658	105
吉林	1588	63	1757	75
黑龙江	2209	161	2719	188
上海	221	24	245	27
江苏	5061	175	5193	214
浙江	5678	195	6281	216
安徽	5551	176	5989	221
福建	6424	196	6853	213
江西	7415	135	8060	166
山东	6939	202	7884	274
河南	4965	156	5337	208
湖北	5593	274	5826	299
湖南	6798	209	7309	227
广东	10171	328	10550	391
广西	3399	164	3738	172
海南	460	25	498	25
重庆	2231	185	2371	193
四川	5869	452	6032	459
贵州	2181	140	2445	154
云南	3006	206	3367	220
西藏	284	9	294	11
陕西	3287	130	3688	153
甘肃	1513	70	1776	87
青海	789	31	860	39
宁夏	629	29	718	41
新疆	2134	148	2595	159

1–15 建筑业按地区分组的法人单位数

单位：个

地 区	法人单位数(2019年)	#多产业法人单位	法人单位数(2020年)	#多产业法人单位
全 国	**1458539**	**41792**	**1901819**	**62106**
北 京	33309	1040	42143	1795
天 津	20734	311	26463	527
河 北	98615	1727	120241	2071
山 西	40990	808	58195	1072
内蒙古	28011	367	34692	499
辽 宁	36509	848	46855	1583
吉 林	11267	348	13888	593
黑龙江	13719	479	17456	855
上 海	18472	1010	21317	1420
江 苏	158896	3747	195165	5346
浙 江	68111	2607	87747	3660
安 徽	71766	2242	107387	3739
福 建	45254	2689	55581	4252
江 西	34744	2232	54839	3494
山 东	185133	2788	245179	4566
河 南	83586	2318	114702	3947
湖 北	74766	1993	102993	2961
湖 南	30989	1735	51860	2419
广 东	126537	2910	139563	4085
广 西	29992	1126	38744	1297
海 南	11196	108	12249	172
重 庆	21728	710	25288	1044
四 川	51219	2558	65208	3326
贵 州	23307	671	33578	1121
云 南	33365	1742	52690	2534
西 藏	7856	75	7994	129
陕 西	59942	1008	79521	1420
甘 肃	13480	384	16078	599
青 海	6265	129	8543	148
宁 夏	6477	146	8913	257
新 疆	12304	936	16747	1175

1–16 批发和零售业按地区分组的法人单位数

单位：个

地　区	法人单位数(2019年)	#多产业法人单位	法人单位数(2020年)	#多产业法人单位
全　国	**7155907**	**122837**	**8415106**	**146369**
北　京	259365	4361	307996	7602
天　津	84886	1243	95568	1713
河　北	374542	6321	411316	6537
山　西	172364	3999	221278	4403
内蒙古	93920	1946	110098	2175
辽　宁	169425	2679	208749	3413
吉　林	46743	1028	55953	1152
黑龙江	66672	1750	79395	2094
上　海	142793	8541	161888	10370
江　苏	678171	9630	735916	10808
浙　江	613479	8550	754359	10008
安　徽	252193	4491	307510	5221
福　建	317460	4312	404678	4708
江　西	137446	1751	201735	2325
山　东	728784	8175	906404	10438
河　南	415436	5700	500883	7146
湖　北	276174	4388	314974	5006
湖　南	150912	2471	191685	2938
广　东	1043904	12792	1097327	15522
广　西	165974	4750	196525	5214
海　南	25360	698	29772	862
重　庆	174491	3357	190309	3644
四　川	192114	5438	216758	5653
贵　州	97150	1921	119765	2432
云　南	151415	4573	203469	5717
西　藏	7132	133	7233	187
陕　西	149543	3486	175186	3930
甘　肃	52004	1236	62709	1462
青　海	18736	479	22228	578
宁　夏	29111	580	35299	715
新　疆	68208	2058	88141	2396

1-17　交通运输、仓储和邮政业按地区分组的法人单位数

单位：个

地区	法人单位数(2019年)	#多产业法人单位	法人单位数(2020年)	#多产业法人单位
全国	**629631**	**21993**	**748046**	**26024**
北京	17848	502	20656	818
天津	14184	247	16035	366
河北	32938	728	37489	763
山西	16849	550	21188	611
内蒙古	11892	407	14153	470
辽宁	21331	502	26407	673
吉林	5959	288	6869	333
黑龙江	9175	400	10831	468
上海	17939	1325	20153	1626
江苏	65083	1222	73866	1444
浙江	39002	1657	48213	1906
安徽	25554	1019	31798	1197
福建	19663	777	23530	806
江西	18704	539	24805	688
山东	66140	1127	82583	1472
河南	26723	1067	31923	1285
湖北	25439	1228	30590	1379
湖南	13531	514	17452	593
广东	77590	2525	82795	3133
广西	15801	790	20399	840
海南	2560	108	2926	142
重庆	12578	657	14260	692
四川	19283	978	22198	992
贵州	8270	464	10370	539
云南	12164	859	16717	1002
西藏	676	38	686	48
陕西	13360	424	15528	484
甘肃	4510	298	5408	365
青海	1776	111	2088	126
宁夏	3515	138	4398	169
新疆	9594	504	11732	594

1—18 住宿和餐饮业按地区分组的法人单位数

单位：个

地区	法人单位数(2019年)	#多产业法人单位	法人单位数(2020年)	#多产业法人单位
全国	**449277**	**20192**	**514980**	**24763**
北京	32208	1235	35847	2047
天津	5114	346	5672	467
河北	15905	842	17538	860
山西	10083	442	12368	504
内蒙古	4436	212	4917	246
辽宁	8368	278	10122	364
吉林	2439	98	2770	99
黑龙江	2502	130	2993	151
上海	19858	2064	20695	2405
江苏	28194	1550	32208	1773
浙江	27954	1513	33787	1785
安徽	17297	779	21335	1026
福建	14732	639	16900	723
江西	7384	249	10151	348
山东	34177	1307	41439	1749
河南	21297	521	24403	696
湖北	18322	683	19944	761
湖南	11407	379	14484	510
广东	55598	2990	59860	3615
广西	10205	638	12713	733
海南	3260	200	3674	246
重庆	24797	538	25902	565
四川	17323	727	19025	790
贵州	17206	185	18625	256
云南	14549	588	18052	787
西藏	1130	23	1157	35
陕西	11363	525	13639	599
甘肃	5350	219	6168	258
青海	2251	90	2548	98
宁夏	1692	78	2084	106
新疆	2876	124	3960	161

1-19　信息传输、软件和信息技术服务业按地区分组的法人单位数

单位：个

地　区	法人单位数(2019年)	#多产业法人单位	法人单位数(2020年)	#多产业法人单位
全　国	**1047408**	**14558**	**1285534**	**19756**
北　京	68633	1515	76341	2647
天　津	17960	202	17825	323
河　北	42292	538	49354	552
山　西	25146	302	36222	357
内蒙古	9627	178	11255	204
辽　宁	27372	270	33783	360
吉　林	5987	98	6907	112
黑龙江	9855	170	12594	214
上　海	25212	1188	28013	1648
江　苏	98224	1275	113158	1604
浙　江	80752	1157	112541	1583
安　徽	34281	395	45235	554
福　建	46518	435	70248	549
江　西	19117	160	31528	249
山　东	81022	682	105443	999
河　南	56383	446	66983	644
湖　北	50017	414	64252	602
湖　南	24214	361	33795	476
广　东	172828	2217	180484	2927
广　西	23516	309	27898	376
海　南	6401	112	7860	141
重　庆	23871	373	27586	414
四　川	32672	532	38077	634
贵　州	9345	133	11738	196
云　南	16934	374	26952	501
西　藏	1060	35	1081	55
陕　西	20883	239	25994	302
甘　肃	3732	106	4525	116
青　海	2214	52	2844	60
宁　夏	2773	52	3876	74
新　疆	8567	238	11142	283

1—20 金融业按地区分组的法人单位数

单位：个

地 区	法人单位数 (2019年)	#多产业法人单位	法人单位数 (2020年)	#多产业法人单位
全 国	**131744**	**16637**	**142488**	**18725**
北 京	6933	468	7778	591
天 津	5070	307	4738	345
河 北	4099	935	4365	968
山 西	2456	601	2824	628
内蒙古	1712	567	1763	604
辽 宁	3445	601	3873	707
吉 林	1280	363	1375	383
黑龙江	1410	487	1544	520
上 海	9069	523	9602	618
江 苏	6012	817	6193	952
浙 江	15777	1010	16626	1052
安 徽	3243	566	3439	652
福 建	3773	510	4733	530
江 西	1670	443	2018	518
山 东	8141	1116	9842	1301
河 南	2723	732	2920	884
湖 北	2804	562	3305	664
湖 南	1928	555	2235	630
广 东	29733	1257	30521	1532
广 西	2781	560	3174	582
海 南	657	101	821	109
重 庆	1906	383	2033	410
四 川	3361	788	3465	892
贵 州	1501	347	1641	395
云 南	2841	569	3434	630
西 藏	321	24	320	27
陕 西	2369	458	2600	522
甘 肃	1232	374	1534	401
青 海	348	109	365	113
宁 夏	792	129	801	156
新 疆	2357	375	2606	409

1-21 房地产业按地区分组的法人单位数

单位：个

地 区	法人单位数(2019年)	#多产业法人单位	法人单位数(2020年)	#多产业法人单位
全 国	**811663**	**39559**	**933969**	**47732**
北 京	25072	958	30112	1861
天 津	11520	382	13752	563
河 北	46774	2414	51251	2498
山 西	20042	1072	24282	1237
内蒙古	13222	753	14905	843
辽 宁	22162	754	27175	958
吉 林	7282	265	8140	323
黑龙江	9318	345	10893	488
上 海	22070	1415	23425	1627
江 苏	67293	3242	72874	3707
浙 江	54133	2328	63792	2756
安 徽	28027	1901	34455	2274
福 建	21837	1206	26042	1304
江 西	15933	769	21157	1148
山 东	62011	2504	73834	3267
河 南	47074	1366	54504	1907
湖 北	34986	1860	39805	2095
湖 南	21082	850	26286	1090
广 东	124439	5467	132006	6435
广 西	26062	1534	29889	1662
海 南	12254	380	13110	484
重 庆	17884	1478	20038	1582
四 川	26831	1914	30775	2031
贵 州	12923	620	15427	871
云 南	17669	1297	24672	1629
西 藏	637	24	684	36
陕 西	20600	950	23673	1164
甘 肃	6852	362	7904	488
青 海	2926	201	3434	245
宁 夏	2869	203	3530	280
新 疆	9879	745	12143	879

1–22 租赁和商务服务业按地区分组的法人单位数

单位：个

地 区	法人单位数(2019年)	#多产业法人单位	法人单位数(2020年)	#多产业法人单位
全 国	**2825375**	**48514**	**3394995**	**62576**
北 京	169189	2923	221441	4899
天 津	41627	550	48083	832
河 北	109466	2144	124301	2347
山 西	55653	1272	72254	1428
内蒙古	35876	694	41848	815
辽 宁	61673	1174	75878	1537
吉 林	16725	365	19754	444
黑龙江	23561	530	28176	666
上 海	76930	2997	86456	3834
江 苏	229748	4378	251853	5273
浙 江	190757	4044	237068	5006
安 徽	99194	1791	137351	2322
福 建	99758	1464	124636	1812
江 西	58559	709	86737	1133
山 东	232002	3023	297319	4506
河 南	129595	1521	158736	2152
湖 北	113372	1663	146105	2139
湖 南	64185	1173	90197	1568
广 东	535456	6843	554117	8397
广 西	81127	1694	100500	1973
海 南	18049	339	19885	417
重 庆	64823	970	72995	1127
四 川	95519	1801	110135	2021
贵 州	39758	600	49635	925
云 南	53986	1506	79834	2040
西 藏	5558	42	5607	84
陕 西	57780	901	73078	1147
甘 肃	18415	345	21819	427
青 海	11285	220	13660	261
宁 夏	11277	172	14308	248
新 疆	24472	666	31229	796

1-23　科学研究和技术服务业按地区分组的法人单位数

单位：个

地　区	法人单位数(2019年)	#多产业法人单位	法人单位数(2020年)	#多产业法人单位
全　国	**1390741**	**26058**	**1738335**	**34894**
北　京	136076	2458	222040	4556
天　津	28778	289	42869	506
河　北	59330	1016	72442	1170
山　西	27128	668	34791	783
内蒙古	16136	362	19582	440
辽　宁	29061	423	37584	627
吉　林	9169	190	10343	255
黑龙江	15290	291	18145	384
上　海	31658	1089	37615	1463
江　苏	157330	2336	182643	2894
浙　江	78935	1890	103928	2258
安　徽	44132	857	57701	1144
福　建	40404	872	54197	1120
江　西	19027	468	27219	656
山　东	119160	1590	153680	2410
河　南	77074	866	92406	1287
湖　北	62116	1206	71496	1507
湖　南	45174	832	56458	1110
广　东	199286	2771	209766	3466
广　西	32566	955	38701	1111
海　南	6085	120	7039	156
重　庆	21783	464	24265	536
四　川	43156	1159	48100	1364
贵　州	11837	388	13804	518
云　南	23728	901	32954	1157
西　藏	1423	21	1453	48
陕　西	28029	578	32979	753
甘　肃	7134	273	8263	318
青　海	3951	90	4998	104
宁　夏	3360	69	4816	108
新　疆	12425	566	16058	685

1-24 水利、环境和公共设施管理业按地区分组的法人单位数

单位：个

地 区	法人单位数(2019年)	#多产业法人单位	法人单位数(2020年)	#多产业法人单位
全 国	**172856**	**3727**	**216714**	**4695**
北 京	6986	132	8004	265
天 津	1927	28	2248	41
河 北	9419	203	11240	196
山 西	6184	120	7121	124
内蒙古	3937	71	4758	89
辽 宁	3601	57	4694	86
吉 林	1637	33	1917	36
黑龙江	2366	52	2793	59
上 海	2458	83	2664	98
江 苏	13891	236	17298	309
浙 江	10103	263	12567	313
安 徽	7114	202	9999	253
福 建	6224	142	7619	151
江 西	3608	48	5182	71
山 东	14663	231	20713	363
河 南	11120	131	14625	201
湖 北	9743	232	11806	264
湖 南	6644	167	8119	217
广 东	12416	294	13668	370
广 西	6432	116	8875	150
海 南	1163	19	1366	24
重 庆	4142	116	5145	130
四 川	6492	164	7375	175
贵 州	3613	64	4231	79
云 南	4831	158	6803	208
西 藏	203	4	209	8
陕 西	5864	112	7696	141
甘 肃	1626	92	1907	94
青 海	1192	26	1424	31
宁 夏	824	13	1050	22
新 疆	2433	118	3598	127

1－25 居民服务、修理和其他服务业按地区分组的法人单位数

单位：个

地 区	法人单位数（2019年）	#多产业法人单位	法人单位数（2020年）	#多产业法人单位
全 国	**522903**	**11328**	**598808**	**13990**
北 京	33407	754	37706	1179
天 津	7658	167	9144	249
河 北	22727	504	24548	504
山 西	13381	268	16018	272
内蒙古	7678	151	8646	158
辽 宁	11873	182	14272	252
吉 林	4066	49	4648	58
黑龙江	4540	70	5168	91
上 海	17401	1028	17875	1178
江 苏	44363	916	46772	1057
浙 江	33452	902	41526	1113
安 徽	21340	447	24591	520
福 建	17847	402	20506	441
江 西	9237	121	12405	205
山 东	39141	667	47685	929
河 南	24305	285	27288	395
湖 北	20763	338	23830	408
湖 南	12702	207	15915	274
广 东	65169	1615	68344	1923
广 西	13569	396	19648	513
海 南	3713	76	3849	96
重 庆	16836	340	17733	355
四 川	19588	462	21340	509
贵 州	14726	148	17383	203
云 南	14557	314	18573	451
西 藏	669	7	670	13
陕 西	13689	263	15605	325
甘 肃	5176	73	5986	87
青 海	1880	31	2169	41
宁 夏	2370	40	2784	56
新 疆	5080	105	6181	135

1-26 教育按地区分组的法人单位数

单位：个

地 区	法人单位数(2019年)	#多产业法人单位	法人单位数(2020年)	#多产业法人单位
全 国	**698893**	**25852**	**769578**	**28235**
北 京	19869	498	21228	780
天 津	6275	260	8479	466
河 北	28723	664	29666	555
山 西	17383	1075	19778	1109
内蒙古	12405	309	13986	309
辽 宁	19436	571	23366	634
吉 林	8276	415	8867	421
黑龙江	11980	306	13265	335
上 海	9082	272	9283	311
江 苏	39883	1480	42284	1688
浙 江	46240	1253	54244	1631
安 徽	25780	1998	28272	2106
福 建	22421	1025	23600	1007
江 西	19511	1235	21670	1348
山 东	52077	1756	63276	2144
河 南	60178	827	62366	918
湖 北	27838	1664	30650	1757
湖 南	31653	1271	34672	1348
广 东	72214	2003	77498	2250
广 西	28171	212	32145	282
海 南	5306	73	5771	97
重 庆	17374	1240	18374	1177
四 川	34768	1124	36227	1012
贵 州	16440	887	18456	934
云 南	16398	1372	19353	1443
西 藏	1035	31	1038	33
陕 西	20272	602	22321	651
甘 肃	12519	773	12663	791
青 海	2370	121	2569	114
宁 夏	3667	107	4162	130
新 疆	9349	428	10049	454

1-27 卫生和社会工作按地区分组的法人单位数

单位：个

地 区	法人单位数（2019年）	#多产业法人单位	法人单位数（2020年）	#多产业法人单位
全 国	**279155**	**9277**	**299142**	**10712**
北 京	6362	180	7954	328
天 津	2326	76	3010	94
河 北	10867	272	11714	327
山 西	7382	386	8445	460
内蒙古	5138	113	5449	122
辽 宁	11182	194	12539	262
吉 林	4302	85	4432	89
黑龙江	6160	224	6564	247
上 海	4895	60	5046	69
江 苏	30846	634	32095	709
浙 江	14637	538	16690	659
安 徽	11490	857	12244	894
福 建	6777	154	8314	173
江 西	8166	207	8687	235
山 东	20243	960	22428	1329
河 南	20560	110	19422	139
湖 北	12768	786	13404	841
湖 南	11804	449	12511	485
广 东	18401	755	19674	837
广 西	6148	80	6598	99
海 南	1296	26	1843	31
重 庆	6750	378	6694	350
四 川	16899	419	17507	451
贵 州	5621	174	5964	184
云 南	6005	586	6964	672
西 藏	573	14	578	15
陕 西	11412	184	11841	233
甘 肃	3881	224	3933	208
青 海	1480	34	1581	36
宁 夏	967	34	1037	42
新 疆	3817	84	3980	92

1—28 文化、体育和娱乐业按地区分组的法人单位数

单位：个

地 区	法人单位数(2019年)	#多产业法人单位	法人单位数(2020年)	#多产业法人单位
全 国	**585224**	**8314**	**686805**	**10488**
北 京	49183	625	82571	1155
天 津	7684	99	9625	180
河 北	24147	314	27088	335
山 西	15417	218	17997	228
内蒙古	8314	111	8950	123
辽 宁	11952	120	14359	150
吉 林	3922	61	4278	60
黑龙江	6322	77	7565	102
上 海	12802	498	13669	600
江 苏	44902	748	47539	925
浙 江	42742	708	52742	880
安 徽	21037	322	23232	372
福 建	25113	307	30424	352
江 西	11180	128	14443	187
山 东	43350	429	50216	575
河 南	33538	307	36426	408
湖 北	24354	357	26551	420
湖 南	23584	287	27782	358
广 东	63415	989	66685	1201
广 西	12679	204	14253	243
海 南	3807	48	4337	70
重 庆	16681	240	17272	251
四 川	25914	339	26918	347
贵 州	9162	117	10059	141
云 南	14523	206	18086	290
西 藏	984	13	1011	23
陕 西	13420	213	15199	255
甘 肃	5553	66	6365	78
青 海	1865	38	2107	39
宁 夏	2085	28	2472	30
新 疆	5593	97	6584	110

1-29 公共管理、社会保障和社会组织按地区分组的法人单位数

单位：个

地 区	法人单位数(2019年)	#多产业法人单位	法人单位数(2020年)	#多产业法人单位
全 国	**1593030**	**68206**	**1600853**	**68427**
北 京	17047	99	19250	235
天 津	10767	342	12396	276
河 北	86289	2456	85122	1937
山 西	58002	4969	58978	4894
内蒙古	37744	2007	40218	2022
辽 宁	39400	956	40851	1007
吉 林	27377	873	27429	849
黑龙江	32857	2213	33622	2267
上 海	13596	90	13601	95
江 苏	81572	881	81418	884
浙 江	79461	705	79985	718
安 徽	52004	3824	52367	3835
福 建	59281	3377	59553	3393
江 西	55436	3008	55724	3083
山 东	133795	5412	135173	5465
河 南	103526	2846	104458	2917
湖 北	71894	5330	76612	5560
湖 南	71922	3276	72523	3346
广 东	80672	4058	84711	4285
广 西	51814	166	53777	129
海 南	7549	194	8066	217
重 庆	29743	840	29854	885
四 川	111669	2165	90085	1888
贵 州	42274	4616	42978	4601
云 南	52829	3012	55791	3020
西 藏	12752	914	12814	961
陕 西	53534	3579	54117	3612
甘 肃	52492	2966	51799	2951
青 海	14936	792	15729	793
宁 夏	12814	421	12755	441
新 疆	37982	1819	39097	1861

第二部分

企业法人单位综合资料

2–1 按行业(中类)、地区分组的

(2020年)

行业中类	代码	企业单位数	北京	天津	河北	山西
总　　计	——	**25055456**	**1127720**	**341215**	**1248654**	**604760**
农、林、牧、渔业	A	**841656**	**4142**	**3121**	**44652**	**27642**
农业	01	380171	2350	1277	20389	10699
谷物种植	011	79115	187	428	6620	3194
豆类、油料和薯类种植	012	7712	18	9	764	196
棉、麻、糖、烟草种植	013	2960	2	1	205	26
蔬菜、食用菌及园艺作物种植	014	131976	1378	624	7524	3648
水果种植	015	76040	626	140	2416	1229
坚果、含油果、香料和饮料作物种植	016	23173	44	3	451	320
中药材种植	017	32622	20	14	908	1599
草种植及割草	018	1765	10	2	164	126
其他农业	019	24808	65	56	1337	361
林业	02	70173	529	338	5494	3603
林木育种和育苗	021	59115	499	325	4974	2772
造林和更新	022	5742	20	10	365	682
森林经营、管护和改培	023	3305	9	3	134	132
木材和竹材采运	024	1233	1		17	13
林产品采集	025	778			4	4
畜牧业	03	249330	870	922	14395	11210
牲畜饲养	031	169489	517	644	10296	8984
家禽饲养	032	63705	312	236	3506	1946
狩猎和捕捉动物	033	129	1	2	5	5
其他畜牧业	039	16007	40	40	588	275
渔业	04	62378	143	399	900	274
水产养殖	041	60871	139	391	859	273
水产捕捞	042	1507	4	8	41	1
农、林、牧、渔专业及辅助性活动	05	79604	250	185	3474	1856
农业专业及辅助性活动	051	63490	164	147	3038	1639
林业专业及辅助性活动	052	6571	44	17	199	113
畜牧专业及辅助性活动	053	5608	23	15	189	83
渔业专业及辅助性活动	054	3935	19	6	48	21
采矿业	B	**80579**	**70**	**80**	**5279**	**6642**
煤炭开采和洗选业	06	13730	6	5	348	3599
烟煤和无烟煤开采洗选	061	12658	5	4	322	3470
褐煤开采洗选	062	298			6	24
其他煤炭采选	069	774	1	1	20	105
石油和天然气开采业	07	599	4	8	9	74
石油开采	071	372	1	7	8	3
天然气开采	072	227	3	1	1	71
黑色金属矿采选业	08	10975	11	5	2963	998
铁矿采选	081	9973	10	2	2940	968
锰矿、铬矿采选	082	647		1	8	24
其他黑色金属矿采选	089	355	1	2	15	6

企业法人单位数

单位：个

内蒙古	辽宁	吉林	黑龙江	上海	江苏	浙江	安徽	福建	江西	山东	河南	代码
320329	**633098**	**166693**	**234504**	**497979**	**2333775**	**2087888**	**998274**	**1031865**	**621069**	**2483474**	**1324372**	——
15972	**23091**	**8247**	**9159**	**1279**	**25549**	**23633**	**53296**	**31894**	**35444**	**57048**	**56925**	A
5562	8353	4057	4581	749	12858	13169	26263	15900	17458	24384	27168	01
2106	3210	1870	2717	82	4380	1231	13017	1233	4130	7065	10037	011
516	160	106	557		59	164	196	184	365	573	693	012
25	7	5	56		8	11	33	36	48	99	115	013
1165	2480	927	650	552	6185	5742	6364	7511	4868	10681	9066	014
181	1588	196	100	86	1095	3261	2287	2839	3715	3254	2920	015
9	88	26	16	4	247	1428	1288	2199	1149	541	481	016
420	364	707	310	4	235	1028	1717	731	860	709	1677	017
321	13	19	62		13	13	50	21	22	41	68	018
819	443	201	113	21	636	291	1311	1146	2301	1421	2111	019
1559	1808	809	673	231	2132	3052	4213	3199	3995	4905	4000	02
1129	1669	601	378	223	2036	2760	3880	2033	3091	4760	3708	021
363	53	31	91	5	23	112	114	494	382	55	167	022
53	58	148	170	3	27	95	98	415	351	49	79	023
8	21	29	27		37	69	73	222	102	34	27	024
6	7		7		9	16	48	35	69	7	19	025
6615	8698	2435	2424	100	3799	2613	12902	5496	7152	15738	17125	03
5919	5737	1606	1899	61	2276	1413	7361	3680	4371	9549	11154	031
492	2537	592	378	31	1309	910	4923	1418	2354	5304	5401	032
3	5		4		3		7	11	2	11	3	033
201	419	237	143	8	211	290	611	387	425	874	567	039
185	2401	236	282	95	3423	2670	4671	4937	3225	3787	1523	04
183	2288	229	278	86	3351	2526	4643	4796	3212	3334	1512	041
2	113	7	4	9	72	144	28	141	13	453	11	042
2051	1831	710	1199	104	3337	2129	5247	2362	3614	8234	7109	05
1424	1336	594	1023	82	2696	1615	4245	1517	2805	6695	5969	051
166	113	34	59	12	228	342	397	411	507	376	392	052
428	246	50	95	3	219	49	395	77	169	730	578	053
33	136	32	22	7	194	123	210	357	133	433	170	054
4634	**4011**	**1062**	**2029**	**5**	**340**	**944**	**1395**	**1811**	**4037**	**2787**	**3435**	B
1229	185	140	676		21	4	59	142	277	303	702	06
1016	151	117	619		19	1	43	130	240	267	675	061
102	7	17	16		1	1		1	5	10	6	062
111	27	6	41		1	2	16	11	32	26	21	069
74	10	71	19	2	5	1	3		2	34	14	07
64	5	65	13		2	1	1			28	11	071
10	5	6	6	2	3		2		2	6	3	072
647	1165	128	76		34	33	243	237	339	366	299	08
631	1095	124	72		29	33	235	220	315	354	292	081
3	60				3		4	11	5	5	1	082
13	10	4	4		2		4	6	19	7	6	089

2-1 续表 1 (2020年)

行业中类	代码	湖北	湖南	广东	广西	海南
总　计	—	**968729**	**628510**	**3203987**	**596654**	**117573**
农、林、牧、渔业	A	**33207**	**31960**	**22399**	**44031**	**4877**
农业	01	12869	14102	10436	16579	2606
谷物种植	011	3465	3920	743	1024	264
豆类、油料和薯类种植	012	213	552	150	189	23
棉、麻、糖、烟草种植	013	87	87	44	507	12
蔬菜、食用菌及园艺作物种植	014	4690	4889	4435	3726	636
水果种植	015	1521	1920	2236	7625	643
坚果、含油果、香料和饮料作物种植	016	833	557	656	1146	140
中药材种植	017	1003	667	490	1148	100
草种植及割草	018	14	18	28	37	8
其他农业	019	1043	1492	1654	1177	780
林业	02	2568	2591	2450	4742	397
林木育种和育苗	021	2310	2172	1847	2892	267
造林和更新	022	102	164	376	1216	54
森林经营、管护和改培	023	88	109	143	377	25
木材和竹材采运	024	34	52	59	215	14
林产品采集	025	34	94	25	42	37
畜牧业	03	8293	6708	3184	13862	600
牲畜饲养	031	5388	4219	2003	8788	344
家禽饲养	032	2591	2079	985	4245	204
狩猎和捕捉动物	033	6	7	6	6	1
其他畜牧业	039	308	403	190	823	51
渔业	04	4427	2280	2780	5074	520
水产养殖	041	4304	2260	2653	5027	446
水产捕捞	042	123	20	127	47	74
农、林、牧、渔专业及辅助性活动	05	5050	6279	3549	3774	754
农业专业及辅助性活动	051	3824	5004	2394	2873	586
林业专业及辅助性活动	052	391	585	504	462	77
畜牧专业及辅助性活动	053	246	481	208	270	23
渔业专业及辅助性活动	054	589	209	443	169	68
采矿业	B	**2976**	**4011**	**2862**	**3913**	**209**
煤炭开采和洗选业	06	186	437	15	48	2
烟煤和无烟煤开采洗选	061	163	391	8	31	1
褐煤开采洗选	062	2	3		11	
其他煤炭采选	069	21	43	7	6	1
石油和天然气开采业	07	12	4	10	10	5
石油开采	071	9	1	6	9	5
天然气开采	072	3	3	4	1	
黑色金属矿采选业	08	258	284	279	370	25
铁矿采选	081	235	136	259	221	23
锰矿、铬矿采选	082	2	133	3	120	
其他黑色金属矿采选	089	21	15	17	29	2

单位：个

重庆	四川	贵州	云南	西藏	陕西	甘肃	青海	宁夏	新疆	代码
566829	**720525**	**431382**	**599648**	**28775**	**540901**	**175537**	**78106**	**103540**	**239091**	——
63072	**41711**	**65912**	**55815**	**595**	**19697**	**15882**	**6485**	**8355**	**6564**	A
29591	21070	28313	28575	217	7864	5930	1808	2985	2009	01
994	1893	510	442	16	1017	1576	345	1034	365	011
216	220	298	375	2	161	300	310	113	30	012
581	112	256	347		29	37		2	182	013
12210	7554	9003	9270	80	2766	1639	514	763	436	014
9565	7339	9014	7369	28	1350	630	48	374	445	015
2239	1168	3711	3610	5	592	119	28	7	68	016
3157	1616	3911	6202	51	1176	859	393	427	119	017
82	36	110	28	9	29	221	73	103	24	018
547	1132	1500	932	26	744	549	97	162	340	019
2725	2427	2955	3496	110	1948	1446	668	653	457	02
2480	2129	2693	2941	88	1522	1326	608	626	376	021
94	125	127	215	13	75	98	57	22	37	022
61	103	66	130		331	20	1	5	22	023
26	48	34	45		11	1	1		13	024
64	22	35	165	9	9	1	1		9	025
18544	12881	29959	19391	180	6772	7338	3771	3907	1446	03
11087	8936	20387	14159	123	4803	5970	3476	3226	1113	031
3895	3276	6734	4339	40	1522	1103	252	533	258	032
4	6	11	9		7	1		2	1	033
3558	663	2827	884	17	440	264	43	146	74	039
9497	2885	3474	1171	12	596	173	41	148	149	04
9476	2864	3468	1167	12	595	172	41	145	141	041
21	21	6	4		1	1		3	8	042
2715	2448	1211	3182	76	2517	995	197	662	2503	05
2230	1818	1009	2711	64	2116	867	129	616	2260	051
241	238	72	218	6	173	41	34	24	95	052
125	246	57	197	5	170	61	26	17	127	053
119	146	73	56	1	58	26	8	5	21	054
1381	**3535**	**4753**	**6268**	**253**	**5509**	**1414**	**543**	**728**	**3663**	B
196	569	1163	1227	4	1161	125	53	454	394	06
180	543	1102	1133	3	1040	119	51	448	366	061
1	6	10	58		4	2		2	3	062
15	20	51	36	1	117	4	2	4	25	069
21	33	14	4		48	14	3	9	82	07
4	12	2	3		35	10	3	7	57	071
17	21	12	1		13	4		2	25	072
72	335	253	622	12	248	128	64	11	470	08
16	311	95	525	8	202	116	59	9	438	081
55	9	99	58	3	18	4	2	2	14	082
1	15	59	39	1	28	8	3		18	089

2-1 续表 2 (2020年)

行业中类	代码	企业单位数	北京	天津	河北	山西
有色金属矿采选业	09	7417	5	1	319	224
常用有色金属矿采选	091	5122	2	1	101	193
贵金属矿采选	092	1459	2		197	24
稀有稀土金属矿采选	093	836	1		21	7
非金属矿采选业	10	39814	20	18	1481	1545
土砂石开采	101	34844	18	13	1262	1435
化学矿开采	102	1055			8	18
采盐	103	291		3	36	
石棉及其他非金属矿采选	109	3624	2	2	175	92
开采专业及辅助性活动	11	5314	22	38	91	142
煤炭开采和洗选专业及辅助性活动	111	448			10	102
石油和天然气开采专业及辅助性活动	112	4390	20	35	54	19
其他开采专业及辅助性活动	119	476	2	3	27	21
其他采矿业	12	2730	2	5	68	60
其他采矿业	120	2730	2	5	68	60
制造业	**C**	**3825516**	**25016**	**42913**	**249809**	**43036**
农副食品加工业	13	145871	607	1180	7603	3098
谷物磨制	131	24078	57	63	965	696
饲料加工	132	16033	181	200	1433	310
植物油加工	133	10988	24	51	608	201
制糖业	134	1128		4	42	3
屠宰及肉类加工	135	26448	141	127	1801	491
水产品加工	136	12213	10	35	258	12
蔬菜、菌类、水果和坚果加工	137	22088	91	497	1043	518
其他农副食品加工	139	32895	103	203	1453	867
食品制造业	14	84785	658	934	4507	2059
焙烤食品制造	141	20839	202	174	1186	511
糖果、巧克力及蜜饯制造	142	5590	31	104	635	161
方便食品制造	143	15172	77	105	718	313
乳制品制造	144	1968	21	29	99	43
罐头食品制造	145	2994	16	39	220	73
调味品、发酵制品制造	146	9537	85	122	475	504
其他食品制造	149	28685	226	361	1174	454
酒、饮料和精制茶制造业	15	64523	281	219	2140	1367
酒的制造	151	22474	86	67	922	611
饮料制造	152	20492	186	151	1164	711
精制茶加工	153	21557	9	1	54	45
烟草制品业	16	226	1	1	6	3
烟叶复烤	161	51			2	
卷烟制造	162	76	1	1	3	1
其他烟草制品制造	169	99			1	2
纺织业	17	165481	324	624	12326	409
棉纺织及印染精加工	171	54102	43	156	3635	133
毛纺织及染整精加工	172	8658	58	20	2844	20

单位：个

内蒙古	辽宁	吉林	黑龙江	上海	江苏	浙江	安徽	福建	江西	山东	河南	代码
506	598	106	71		14	53	147	185	441	223	613	09
346	436	42	37		12	33	114	122	189	39	353	091
121	107	57	24			6	25	30	45	171	170	092
39	55	7	10		2	14	8	33	207	13	90	093
1865	1850	491	966	2	226	832	864	1177	2612	1450	1621	10
1617	1380	435	889	2	180	776	747	1016	2265	1180	1465	101
20	66	1			8	5	12	18	18	10	20	102
13	11				15	3	4	8	2	106	3	103
215	393	55	77		23	48	101	135	327	154	133	109
146	142	101	188		28	5	35	41	56	341	102	11
33	13	5	18		5	1	16	31	21	11	17	111
87	108	91	159		16	2	11	1	5	281	75	112
26	21	5	11		7	2	8	9	30	49	10	119
167	61	25	33	1	12	16	44	29	310	70	84	12
167	61	25	33	1	12	16	44	29	310	70	84	120
27356	**100124**	**22230**	**29066**	**55722**	**547943**	**500874**	**140053**	**157182**	**88578**	**414761**	**159007**	C
3997	7291	3216	5346	478	7532	4849	7671	5872	4148	20941	9592	13
642	1363	1222	2642	29	1432	227	2116	401	1257	1525	1695	131
489	1063	359	479	85	1035	426	587	482	392	2593	1109	132
269	268	170	370	28	366	167	865	240	386	975	832	133
31	24	2	14	2	17	47	9	29	14	109	26	134
1472	1115	310	562	149	1104	785	1135	824	540	4220	1529	135
18	1704	91	30	34	1243	1382	162	1859	65	3123	84	136
440	787	506	575	58	852	1049	879	1205	392	4392	1075	137
636	967	556	674	93	1483	766	1918	832	1102	4004	3242	139
1294	2696	1107	1421	835	5559	3612	3989	4765	1970	11048	6171	14
282	752	243	213	256	1071	1046	1223	1327	321	2507	1664	141
32	94	6	28	51	173	182	154	647	80	659	221	142
226	395	220	286	121	754	544	718	793	337	1820	1501	143
259	58	18	103	18	106	45	49	34	37	175	96	144
32	147	12	38	15	165	217	114	349	69	416	175	145
174	331	139	139	78	587	240	324	331	116	1167	755	146
289	919	469	614	296	2703	1338	1407	1284	1010	4304	1759	149
957	1638	899	1319	144	1866	2565	3698	6021	1512	4490	3219	15
510	995	495	721	37	817	667	1103	565	437	1865	1080	151
432	633	381	585	94	714	649	870	652	594	2035	1754	152
15	10	23	13	13	335	1249	1725	4804	481	590	385	153
3	5	5	9	2	9	2	7	10	8	14	16	16
	1	1	4				1	4	2	1	5	161
3	3	4	3	2	2	1	1	4	3	5	7	162
	1		2		7	1	5	2	3	8	4	169
601	1629	143	281	1372	45808	38858	5138	5821	2959	16169	4752	17
27	415	26	38	250	15021	10593	1841	1446	1499	6738	2435	171
382	69	12	10	57	1656	1119	94	60	49	650	119	172

2-1 续表 3 (2020年)

行业中类	代码	湖北	湖南	广东	广西	海南
有色金属矿采选业	09	120	434	188	377	24
常用有色金属矿采选	091	86	313	134	297	20
贵金属矿采选	092	20	48	15	48	2
稀有稀土金属矿采选	093	14	73	39	32	2
非金属矿采选业	10	2196	2713	2079	2786	120
土砂石开采	101	1736	2550	1856	2379	111
化学矿开采	102	249	23	9	68	
采盐	103	6	4	15	3	3
石棉及其他非金属矿采选	109	205	136	199	336	6
开采专业及辅助性活动	11	65	21	79	35	8
煤炭开采和洗选专业及辅助性活动	111	16	4	5	8	1
石油和天然气开采专业及辅助性活动	112	24	6	44	10	7
其他开采专业及辅助性活动	119	25	11	30	17	
其他采矿业	12	139	118	212	287	25
其他采矿业	120	139	118	212	287	25
制造业	C	**112749**	**75113**	**647226**	**53032**	**4449**
农副食品加工业	13	7257	5942	7641	3783	496
谷物磨制	131	1781	1306	743	472	14
饲料加工	132	666	544	981	417	43
植物油加工	133	615	549	574	270	18
制糖业	134	20	24	126	158	14
屠宰及肉类加工	135	923	1058	1700	659	108
水产品加工	136	412	188	922	259	95
蔬菜、菌类、水果和坚果加工	137	882	694	755	429	92
其他农副食品加工	139	1958	1579	1840	1119	112
食品制造业	14	3068	2591	8960	3020	265
焙烤食品制造	141	736	565	2310	1051	59
糖果、巧克力及蜜饯制造	142	91	118	1391	82	16
方便食品制造	143	612	570	836	652	28
乳制品制造	144	48	48	126	40	6
罐头食品制造	145	117	129	200	59	7
调味品、发酵制品制造	146	284	167	647	184	20
其他食品制造	149	1180	994	3450	952	129
酒、饮料和精制茶制造业	15	3359	2449	3076	1827	176
酒的制造	151	889	443	795	519	49
饮料制造	152	996	882	1424	686	106
精制茶加工	153	1474	1124	857	622	21
烟草制品业	16	13	15	38	4	1
烟叶复烤	161	1	7	3	1	
卷烟制造	162	4	3	6	3	1
其他烟草制品制造	169	8	5	29		
纺织业	17	5391	1319	14648	892	44
棉纺织及印染精加工	171	2160	579	4725	335	4
毛纺织及染整精加工	172	36	16	965	18	

单位：个

重庆	四川	贵州	云南	西藏	陕西	甘肃	青海	宁夏	新疆	代码
27	283	310	1217	35	320	131	80	1	364	09
20	220	260	1104	27	220	86	59	1	255	091
2	34	39	66	4	60	42	17		83	092
5	29	11	47	4	40	3	4		26	093
1007	2120	2818	2989	177	1127	803	286	218	1355	10
966	1930	2519	2665	174	910	744	242	207	1175	101
17	63	164	151	2	76	9	4	1	15	102
3	15	1	4		7	2	11	1	12	103
21	112	134	169	1	134	48	29	9	153	109
26	105	47	43	5	2475	161	15	29	722	11
4	10	23	16		27	6	6	7	32	111
17	74	5	5		2415	137	5	22	655	112
5	21	19	22	5	33	18	4		35	119
32	90	148	166	20	130	52	42	6	276	12
32	90	148	166	20	130	52	42	6	276	120
57665	**71510**	**51852**	**41829**	**2099**	**48021**	**15660**	**5554**	**9717**	**25370**	**C**
3776	5141	4547	4463	277	3166	1858	557	1011	2535	13
490	494	753	288	59	445	267	56	227	351	131
220	482	181	381	10	267	213	77	116	212	132
396	430	816	294	68	310	214	92	142	380	133
36	31	41	258	1	2	9	1	6	28	134
792	1769	720	855	56	467	265	195	175	401	135
37	39	39	54	1	20	6	5	2	24	136
693	823	520	1157	2	565	383	17	71	646	137
1112	1073	1477	1176	80	1090	501	114	272	493	139
1801	3163	2516	1971	78	1968	720	272	483	1284	14
341	700	358	635	8	462	151	41	126	318	141
65	139	76	79		197	29	5	6	38	142
494	654	1227	475	5	337	94	29	72	159	143
15	50	18	45	24	105	57	49	31	116	144
30	98	23	37		27	17	3	11	139	145
456	833	376	248	9	294	225	31	99	97	146
400	689	438	452	32	546	147	114	138	417	149
1627	3843	6258	5680	81	1869	595	239	350	759	15
1014	2126	3211	1033	35	417	205	125	219	416	151
363	756	1027	1013	43	712	346	106	107	320	152
250	961	2020	3634	3	740	44	8	24	23	153
7	4	9	19		9	3		2	1	16
2	2	3	9		2					161
3	1	1	3		4	1		1	1	162
2	1	5	7		3	2		1		169
1394	1056	811	459	69	542	165	68	284	1125	17
442	372	167	61	1	235	36	9	33	647	171
54	13	12	5	45	18	25	13	169	50	172

2-1 续表 4 (2020年)

行业中类	代码	企业单位数	北京	天津	河北	山西
麻纺织及染整精加工	173	1040	1	2	32	6
丝绢纺织及印染精加工	174	2652	1	4	15	10
化纤织造及印染精加工	175	13518	8	14	192	12
针织或钩针编织物及其制品制造	176	25438	48	107	495	43
家用纺织制成品制造	177	33166	101	136	3657	121
产业用纺织制成品制造	178	26907	64	185	1456	64
纺织服装、服饰业	18	202097	1351	1073	6371	645
机织服装制造	181	88162	749	621	2735	258
针织或钩针编织服装制造	182	25588	167	83	388	36
服饰制造	183	88347	435	369	3248	351
皮革、毛皮、羽毛及其制品和制鞋业	19	91458	181	223	10286	161
皮革鞣制加工	191	4974	7	19	736	16
皮革制品制造	192	31749	54	84	4519	65
毛皮鞣制及制品加工	193	7777	59	14	4063	26
羽毛(绒)加工及制品制造	194	2609	10	6	263	6
制鞋业	195	44349	51	100	705	48
木材加工和木、竹、藤、棕、草制品业	20	152725	444	819	7068	840
木材加工	201	81322	84	282	3423	460
人造板制造	202	23125	33	22	939	54
木质制品制造	203	36659	312	488	2529	303
竹、藤、棕、草等制品制造	204	11619	15	27	177	23
家具制造业	21	100117	738	793	6433	608
木质家具制造	211	69032	512	532	4055	474
竹、藤家具制造	212	1062	3	2	26	2
金属家具制造	213	9442	75	94	1300	55
塑料家具制造	214	861	7	2	43	2
其他家具制造	219	19720	141	163	1009	75
造纸和纸制品业	22	86281	605	1335	4310	568
纸浆制造	221	341	3	3	8	6
造纸	222	16298	117	223	715	104
纸制品制造	223	69642	485	1109	3587	458
印刷和记录媒介复制业	23	89887	1238	917	4611	1179
印刷	231	80393	925	822	4072	941
装订及印刷相关服务	232	9152	303	93	532	232
记录媒介复制	233	342	10	2	7	6
文教、工美、体育和娱乐用品制造业	24	137040	609	1681	10955	772
文教办公用品制造	241	13188	82	91	674	64
乐器制造	242	3307	56	198	300	15
工艺美术及礼仪用品制造	243	84103	363	1198	5877	612
体育用品制造	244	14862	46	156	1953	66
玩具制造	245	17216	39	20	1844	9
游艺器材及娱乐用品制造	246	4364	23	18	307	6
石油、煤炭及其他燃料加工业	25	13238	131	189	982	868

单位：个

内蒙古	辽宁	吉林	黑龙江	上海	江苏	浙江	安徽	福建	江西	山东	河南	代码
4	17	8	121	3	184	85	92	14	87	58	56	173
2	151		2	16	386	1060	92	33	43	108	38	174
5	57	7	5	44	6286	4815	318	342	107	472	151	175
63	236	22	26	276	5472	9881	443	2142	429	1516	500	176
61	288	30	35	316	11262	6064	797	632	472	2975	743	177
57	396	38	44	410	5541	5241	1461	1152	273	3652	710	178
589	7057	446	309	3561	26412	35969	11029	10831	8020	21744	6968	18
226	4749	212	161	1509	11005	15959	5497	4276	2987	7977	2733	181
78	295	25	19	758	2791	8054	552	1504	879	2076	416	182
285	2013	209	129	1294	12616	11956	4980	5051	4154	11691	3819	183
185	662	67	209	571	4395	21045	2074	11679	2771	4452	3362	19
17	48	6	93	18	163	548	227	340	112	345	372	191
44	187	23	26	363	1483	5967	640	1738	914	1646	865	192
65	103	8	53	16	210	1209	74	38	53	460	295	193
41	37	14	4	24	336	360	475	49	141	149	190	194
18	287	16	33	150	2203	12961	658	9514	1551	1852	1640	195
1102	3140	1140	2430	1080	12593	8074	8682	6399	4762	46177	8677	20
763	1426	569	1597	379	4890	1404	5374	2248	2341	29216	5606	201
83	245	148	178	53	2509	598	880	698	374	10698	1013	202
205	1335	387	551	631	4825	4279	1705	1375	768	5579	1635	203
51	134	36	104	17	369	1793	723	2078	1279	684	423	204
262	1841	339	540	1192	10415	9286	4438	5581	6134	8879	4239	21
200	1417	272	425	772	8019	5621	3499	2907	5138	7215	3014	211
2	11	1			48	215	47	169	41	95	72	212
31	93	10	38	134	581	1656	225	955	302	360	620	213
6	13	4	8	7	39	197	39	59	16	87	33	214
23	307	52	69	279	1728	1597	628	1491	637	1122	500	219
254	1484	295	360	1974	10377	15638	2528	4062	1433	7515	2785	22
8	3	2	5		18	18	4	12	7	31	16	221
49	234	64	86	232	2394	1955	499	690	340	1859	696	222
197	1247	229	269	1742	7965	13665	2025	3360	1086	5625	2073	223
676	1963	612	715	1830	11149	12130	3303	3237	1686	8422	3236	23
554	1722	516	607	1622	10335	11413	2997	2909	1488	7741	2881	231
119	234	94	105	203	771	705	299	318	192	660	342	232
3	7	2	3	5	43	12	7	10	6	21	13	233
392	1580	284	400	1082	14719	27290	3939	10592	2662	14392	5142	24
42	174	47	86	259	1395	4524	329	310	516	865	361	241
18	56	8	17	69	525	296	43	82	65	321	436	242
302	1164	197	262	487	7840	14880	2189	8733	1528	9917	3518	243
23	115	20	26	99	2065	2889	404	1079	229	2119	210	244
6	32	6	5	127	2326	3379	856	326	246	937	276	245
1	39	6	4	41	568	1322	118	62	78	233	341	246
535	1139	229	632	88	703	517	468	289	418	1366	649	25

2-1 续表 5 (2020年)

行业中类	代码	湖北	湖南	广东	广西	海南
麻纺织及染整精加工	173	47	58	50	31	1
丝绢纺织及印染精加工	174	27	12	187	157	3
化纤织造及印染精加工	175	117	28	428	7	
针织或钩针编织物及其制品制造	176	210	86	2910	79	7
家用纺织制成品制造	177	504	344	2390	187	21
产业用纺织制成品制造	178	2290	196	2993	78	8
纺织服装、服饰业	18	6951	2091	41247	1482	110
机织服装制造	181	2833	809	19110	701	28
针织或钩针编织服装制造	182	184	102	6617	127	3
服饰制造	183	3934	1180	15520	654	79
皮革、毛皮、羽毛及其制品和制鞋业	19	1044	1804	22684	559	3
皮革鞣制加工	191	51	78	1571	39	1
皮革制品制造	192	176	855	11297	223	1
毛皮鞣制及制品加工	193	298	209	336	13	
羽毛(绒)加工及制品制造	194	25	36	148	170	1
制鞋业	195	494	626	9332	114	
木材加工和木、竹、藤、棕、草制品业	20	4509	3646	7987	9042	257
木材加工	201	2857	1511	2788	5907	173
人造板制造	202	305	352	869	2169	12
木质制品制造	203	1052	659	3639	657	62
竹、藤、棕、草等制品制造	204	295	1124	691	309	10
家具制造业	21	2236	1853	21014	1479	137
木质家具制造	211	1709	1388	11554	1164	75
竹、藤家具制造	212	14	40	174	14	
金属家具制造	213	100	100	2048	69	10
塑料家具制造	214	19	9	195	10	
其他家具制造	219	394	316	7043	222	52
造纸和纸制品业	22	1783	1339	21203	979	52
纸浆制造	221	15	6	119	24	
造纸	222	487	389	3531	272	15
纸制品制造	223	1281	944	17553	683	37
印刷和记录媒介复制业	23	2918	1941	17968	1391	221
印刷	231	2516	1651	16445	1199	182
装订及印刷相关服务	232	386	277	1413	185	37
记录媒介复制	233	16	13	110	7	2
文教、工美、体育和娱乐用品制造业	24	2180	1846	24730	1280	134
文教办公用品制造	241	276	229	2138	102	13
乐器制造	242	48	37	503	15	2
工艺美术及礼仪用品制造	243	1468	1127	12638	931	110
体育用品制造	244	145	236	2672	65	6
玩具制造	245	169	162	5870	141	2
游艺器材及娱乐用品制造	246	74	55	909	26	1
石油、煤炭及其他燃料加工业	25	392	345	866	200	16

单位：个

重庆	四川	贵州	云南	西藏	陕西	甘肃	青海	宁夏	新疆	代码
22	16	9	20		1	1			14	173
64	116	17	62		23	3	3	1	16	174
10	39	16	4		12	1		1	20	175
84	67	51	34	5	45	14	7	13	127	176
609	285	484	232	12	131	48	17	42	170	177
109	148	55	41	6	77	37	19	25	81	178
1818	1277	1396	453	132	725	238	176	156	1470	18
780	536	426	184	17	315	88	70	75	536	181
91	62	80	28	6	24	11	2	5	125	182
947	679	890	241	109	386	139	104	76	809	183
845	911	594	133	20	148	92	33	80	185	19
37	37	15	9	3	13	18	5	11	19	191
135	124	141	53	5	46	11	13	10	41	192
21	12	16	12	8	11	17	9	46	23	193
24	60	4	4	1	6	1		10	14	194
628	678	418	55	3	72	45	6	3	88	195
2092	2495	3588	2631	24	1399	336	256	227	809	20
897	1159	2460	1800	9	714	160	221	102	502	201
67	266	129	198	2	70	31	6	23	101	202
851	710	738	475	13	483	126	28	71	188	203
277	360	261	158		132	19	1	31	18	204
2161	3339	2478	1373	179	1108	305	87	189	461	21
1742	2539	1958	1093	164	857	201	70	131	315	211
17	20	36	6		4	1		1	1	212
94	147	91	65	3	80	38	7	10	51	213
10	13	9	8		9	1	1	1	14	214
298	620	384	201	12	158	64	9	46	80	219
904	1381	750	731	11	841	198	30	144	412	22
2	8	5	7		3	1		1	6	221
220	426	195	179	3	149	41	6	41	87	222
682	947	550	545	8	689	156	24	102	319	223
1428	2199	727	1168	24	1395	727	152	270	454	23
1191	1859	579	941	17	1158	437	104	217	352	231
234	331	146	220	7	226	289	48	51	100	232
3	9	2	7		11	1		2	2	233
1156	1233	3362	1546	224	1017	459	692	144	546	24
101	173	55	70	5	101	22	11	13	60	241
20	25	76	45	4	18	4			5	242
879	845	3095	1383	214	669	424	674	124	455	243
47	57	30	24		51	6	4	4	16	244
85	72	93	12		163	2	2	2	7	245
24	61	13	12	1	15	1	1	1	3	246
160	289	300	303	4	485	113	24	144	394	25

2-1 续表 6 (2020年)

行业中类	代码	企业单位数	北京	天津	河北	山西
精炼石油产品制造	251	5736	80	162	458	72
煤炭加工	252	4427	45	16	387	702
生物质燃料加工	254	3075	6	11	137	94
化学原料和化学制品制造业	26	127919	1136	1731	9229	2492
基础化学原料制造	261	17818	83	243	1433	409
肥料制造	262	17144	123	92	1326	735
农药制造	263	2351	22	28	219	53
涂料、油墨、颜料及类似产品制造	264	22132	248	460	1437	228
合成材料制造	265	14117	107	210	704	133
专用化学产品制造	266	31848	336	467	2457	726
炸药、火工及焰火产品制造	267	3071	3	1	32	28
日用化学产品制造	268	19438	214	230	1621	180
医药制造业	27	34947	586	381	1463	582
化学药品原料药制造	271	3509	20	53	208	63
化学药品制剂制造	272	2926	118	43	160	62
中药饮片加工	273	5917	63	37	273	88
中成药生产	274	4897	76	32	141	85
兽用药品制造	275	1968	43	30	136	113
生物药品制品制造	276	5044	168	85	186	46
卫生材料及医药用品制造	277	9886	86	89	326	116
药用辅料及包装材料	278	800	12	12	33	9
化学纤维制造业	28	7890	21	24	413	53
纤维素纤维原料及纤维制造	281	992	2	2	179	6
合成纤维制造	282	6046	15	21	204	23
生物基材料制造	283	852	4	1	30	24
橡胶和塑料制品业	29	224927	877	2332	17016	1342
橡胶制品业	291	38867	128	441	6436	267
塑料制品业	292	186060	749	1891	10580	1075
非金属矿物制品业	30	311621	1645	2077	22412	8269
水泥、石灰和石膏制造	301	15482	75	66	1277	805
石膏、水泥制品及类似制品制造	302	73878	466	600	5093	1772
砖瓦、石材等建筑材料制造	303	122146	611	891	8114	2901
玻璃制造	304	7126	85	62	478	104
玻璃制品制造	305	19616	133	163	1867	418
玻璃纤维和玻璃纤维增强塑料制品制造	306	7891	65	47	1593	96
陶瓷制品制造	307	27950	57	41	741	487
耐火材料制品制造	308	14197	65	62	1287	1042
石墨及其他非金属矿物制品制造	309	23335	88	145	1962	644
黑色金属冶炼和压延加工业	31	23868	109	1195	1884	490
炼铁	311	784	1	4	73	172
炼钢	312	483	5	12	57	15
钢压延加工	313	19199	100	1109	1454	204
铁合金冶炼	314	3402	3	70	300	99

单位：个

内蒙古	辽宁	吉林	黑龙江	上海	江苏	浙江	安徽	福建	江西	山东	河南	代码
104	743	89	138	79	383	284	96	137	84	807	269	251
373	181	41	145	3	96	50	83	57	180	267	272	252
58	215	99	349	6	224	183	289	95	154	292	108	254
2008	4959	1139	1753	2142	9490	9743	4813	3958	4332	15535	7118	26
523	783	170	217	184	1693	1020	585	434	609	2559	1118	261
578	932	352	806	58	609	295	659	367	316	2619	1347	262
36	75	28	41	24	252	92	119	38	79	362	220	263
208	849	154	173	533	1676	2379	978	775	595	2159	1005	264
130	343	78	57	319	1541	1503	790	594	309	1991	455	265
376	1459	267	332	560	2674	2725	1115	950	1018	4457	2215	266
31	32	6	9		15	24	28	14	889	35	39	267
126	486	84	118	464	1030	1705	539	786	517	1353	719	268
396	914	965	448	544	3594	2226	2298	1278	1519	3195	2933	27
61	103	47	51	71	413	266	151	83	193	383	238	271
35	124	78	58	93	310	163	131	63	109	278	170	272
94	231	410	82	22	121	120	776	88	198	310	389	273
65	104	226	106	35	143	115	275	106	209	266	616	274
26	58	23	32	17	147	62	43	28	87	337	233	275
46	116	103	61	155	562	292	229	192	118	576	253	276
68	163	68	54	120	1767	1078	650	701	588	935	989	277
1	15	10	4	31	131	130	43	17	17	110	45	278
37	123	44	39	70	2640	2082	195	274	101	633	185	28
10	10	8	10	5	275	80	11	30	24	111	42	281
14	82	19	12	59	2241	1896	111	204	64	381	92	282
13	31	17	17	6	124	106	73	40	13	141	51	283
964	4882	875	996	3857	30281	40430	7880	8404	2850	21060	6335	29
92	989	125	125	673	4907	4680	1129	1272	419	3731	884	291
872	3893	750	871	3184	25374	35750	6751	7132	2431	17329	5451	292
4767	10482	2424	2737	1795	25086	15617	13501	19428	13191	33956	23434	30
567	577	193	258	49	744	550	599	408	672	1408	989	301
1502	1883	752	870	409	6123	3526	3813	1927	2264	7488	5680	302
1897	3570	1012	1076	509	6756	5180	5614	7822	4798	15503	7960	303
57	183	34	32	96	794	485	383	235	232	684	345	304
80	369	80	84	389	2729	2364	1018	401	458	1978	760	305
56	216	53	65	57	1291	535	247	104	182	1470	522	306
61	304	40	45	84	2170	1232	392	7853	3277	1539	1191	307
86	2296	61	54	69	1530	666	281	115	154	1339	3436	308
461	1084	199	253	133	2949	1079	1154	563	1154	2547	2551	309
493	859	121	102	375	4040	2524	589	564	389	2267	1109	31
38	60	7	3	1	36	9	16	16	20	43	39	311
16	37	6	2	1	48	18	15	23	8	31	29	312
146	601	90	89	366	3699	2420	502	453	316	1890	744	313
293	161	18	8	7	257	77	56	72	45	303	297	314

2-1 续表 7 (2020年)

行业中类	代码	湖北	湖南	广东	广西	海南
精炼石油产品制造	251	202	100	676	94	14
煤炭加工	252	78	117	63	26	1
生物质燃料加工	254	112	128	127	80	1
化学原料和化学制品制造业	26	4928	4173	20309	2351	206
基础化学原料制造	261	778	538	1598	301	17
肥料制造	262	1039	379	580	617	50
农药制造	263	109	71	115	90	7
涂料、油墨、颜料及类似产品制造	264	827	518	4467	319	26
合成材料制造	265	382	282	3037	111	12
专用化学产品制造	266	1247	710	4224	483	45
炸药、火工及焰火产品制造	267	64	1293	28	104	6
日用化学产品制造	268	482	382	6260	326	43
医药制造业	27	2082	1103	2621	690	174
化学药品原料药制造	271	220	110	216	50	18
化学药品制剂制造	272	141	50	252	49	67
中药饮片加工	273	339	239	416	121	7
中成药生产	274	531	191	312	221	26
兽用药品制造	275	61	53	131	70	8
生物药品制品制造	276	324	186	551	70	27
卫生材料及医药用品制造	277	441	257	672	103	21
药用辅料及包装材料	278	25	17	71	6	
化学纤维制造业	28	99	60	506	37	1
纤维素纤维原料及纤维制造	281	30	9	74	14	
合成纤维制造	282	48	39	361	12	
生物基材料制造	283	21	12	71	11	1
橡胶和塑料制品业	29	4384	2357	53530	1721	145
橡胶制品业	291	617	381	9689	231	39
塑料制品业	292	3767	1976	43841	1490	106
非金属矿物制品业	30	13892	11065	26038	7826	692
水泥、石灰和石膏制造	301	933	638	742	652	40
石膏、水泥制品及类似制品制造	302	4202	3002	3288	2148	238
砖瓦、石材等建筑材料制造	303	6245	4894	9166	3683	315
玻璃制造	304	238	250	1278	129	22
玻璃制品制造	305	625	297	3440	172	42
玻璃纤维和玻璃纤维增强塑料制品制造	306	189	110	459	43	5
陶瓷制品制造	307	348	912	5335	364	12
耐火材料制品制造	308	309	228	383	64	1
石墨及其他非金属矿物制品制造	309	803	734	1947	571	17
黑色金属冶炼和压延加工业	31	620	507	2497	367	23
炼铁	311	29	19	35	8	
炼钢	312	31	9	42	13	
钢压延加工	313	488	273	2302	158	23
铁合金冶炼	314	72	206	118	188	

单位：个

重庆	四川	贵州	云南	西藏	陕西	甘肃	青海	宁夏	新疆	代码
64	109	42	38	3	137	38	9	51	174	251
67	117	204	184	1	326	59	14	84	188	252
29	63	54	81		22	16	1	9	32	254
1527	3179	1668	1891	120	2314	920	359	797	1599	26
197	643	201	267	10	368	220	99	263	255	261
173	598	323	619	7	471	212	141	143	578	262
19	59	8	27		71	30	3	24	30	263
442	521	344	196	6	246	117	13	65	168	264
138	258	62	144	3	248	37	14	35	90	265
321	650	356	342	6	586	180	39	212	313	266
20	95	108	34	2	96	9	2	3	21	267
217	355	266	262	86	228	115	48	52	144	268
482	1276	575	666	47	871	512	107	120	299	27
60	149	19	39	3	112	37	9	31	32	271
53	139	26	37	1	81	9	9	3	14	272
112	291	152	270	12	183	350	27	33	63	273
66	180	213	150	26	184	56	39	15	87	274
36	122	9	7	1	35	6	3	3	8	275
69	198	62	95	3	169	36	8	19	39	276
79	177	90	64	1	91	17	10	16	49	277
7	20	4	4		16	1	2		7	278
28	76	15	14	1	31	12	5	13	58	28
5	17	3	2	1	4			4	24	281
19	52	11	8		16	7	2	5	28	282
4	7	1	4		11	5	3	4	6	283
2207	2971	1243	1469	25	1546	679	98	425	1746	29
323	362	130	228	1	350	59	9	35	115	291
1884	2609	1113	1241	24	1196	620	89	390	1631	292
6049	10273	10782	6766	443	6445	3489	858	1630	4552	30
301	494	538	572	40	458	233	72	161	371	301
1620	2587	4940	2061	213	2179	958	266	490	1518	302
3081	4993	4244	3302	165	2865	1857	405	610	2107	303
143	241	158	112	7	119	51	13	19	57	304
408	611	226	117	3	159	74	24	36	91	305
74	181	35	32	2	58	25	8	14	57	306
202	435	185	278	4	214	55	11	19	62	307
73	223	90	71		88	40	11	20	53	308
147	508	366	221	9	305	196	48	261	236	309
428	557	358	420	11	364	173	75	174	184	31
2	19	18	54		6	17	3	10	26	311
3	17	6	14		8	3		7	7	312
351	395	160	253	10	271	110	26	68	128	313
72	126	174	99	1	79	43	46	89	23	314

2-1 续表 8 (2020年)

行业中类	代码	企业单位数	北京	天津	河北	山西
有色金属冶炼和压延加工业	32	31661	135	424	1534	475
常用有色金属冶炼	321	3976	6	30	290	159
贵金属冶炼	322	579	4	1	25	10
稀有稀土金属冶炼	323	921	5	1	14	18
有色金属合金制造	324	7780	53	75	393	111
有色金属压延加工	325	18405	67	317	812	177
金属制品业	33	388030	2559	5970	38209	4540
结构性金属制品制造	331	146255	1611	2547	10410	2024
金属工具制造	332	27640	90	256	1180	332
集装箱及金属包装容器制造	333	8405	82	202	515	71
金属丝绳及其制品制造	334	18889	26	463	11219	141
建筑、安全用金属制品制造	335	58403	217	704	5497	377
金属表面处理及热处理加工	336	15688	107	458	763	108
搪瓷制品制造	337	2761	5	19	74	5
金属制日用品制造	338	23944	121	197	651	77
铸造及其他金属制品制造	339	86045	300	1124	7900	1405
通用设备制造业	34	387358	2382	6136	30378	4162
锅炉及原动设备制造	341	10780	131	140	830	292
金属加工机械制造	342	59056	423	879	5029	782
物料搬运设备制造	343	16289	127	236	1731	170
泵、阀门、压缩机及类似机械制造	344	44728	274	1260	2753	546
轴承、齿轮和传动部件制造	345	23507	47	139	1793	35
烘炉、风机、包装等设备制造	346	38041	398	498	1984	216
文化、办公用机械制造	347	3425	65	30	69	8
通用零部件制造	348	155061	771	2413	14562	1911
其他通用设备制造业	349	36471	146	541	1627	202
专用设备制造业	35	281329	2241	3679	17574	2621
采矿、冶金、建筑专用设备制造	351	35572	205	528	3354	1261
化工、木材、非金属加工专用设备制造	352	77810	277	1124	2235	157
食品、饮料、烟草及饲料生产专用设备制造	353	8048	51	67	415	51
印刷、制药、日化及日用品生产专用设备制造	354	9949	139	118	611	53
纺织、服装和皮革加工专用设备制造	355	11991	29	59	315	92
电子和电工机械专用设备制造	356	17310	200	222	586	130
农、林、牧、渔专用机械制造	357	17592	59	128	1558	164
医疗仪器设备及器械制造	358	26553	615	360	1649	216
环保、邮政、社会公共服务及其他专用设备制造	359	76504	666	1073	6851	497
汽车制造业	36	92075	629	1237	6810	426
汽车整车制造	361	1709	19	19	91	31
汽车用发动机制造	362	484	10	2	24	6
改装汽车制造	363	1291	38	12	69	15
低速汽车制造	364	116			7	4
电车制造	365	562		8	54	6
汽车车身、挂车制造	366	7516	7	40	863	79
汽车零部件及配件制造	367	80397	555	1156	5702	285

单位：个

内蒙古	辽宁	吉林	黑龙江	上海	江苏	浙江	安徽	福建	江西	山东	河南	代码
470	1046	98	86	450	4846	3418	863	727	1591	2140	1996	32
139	193	23	14	5	336	131	77	86	207	218	272	321
26	34	2	5	2	29	14	11	14	22	32	33	322
67	62	7	2	3	68	19	18	18	201	34	98	323
103	276	23	27	106	1184	808	252	272	264	514	485	324
135	481	43	38	334	3229	2446	505	337	897	1342	1108	325
2182	8441	1254	1727	7773	58366	47516	11484	13018	5067	35184	10206	33
1439	4064	753	1028	3508	21110	10318	6005	3949	2452	16078	5407	331
82	423	60	117	626	6950	5206	894	671	284	2173	450	332
48	294	32	63	217	1633	830	263	248	99	1028	324	333
89	169	20	37	133	2162	1044	306	108	95	865	317	334
160	577	114	173	747	5522	13312	1091	3227	648	3175	969	335
56	584	49	62	375	2797	2862	457	448	162	1658	273	336
1	33	1	6	23	133	553	58	954	52	204	68	337
24	222	31	58	438	2157	4965	356	1303	242	3567	364	338
283	2075	194	183	1706	15902	8426	2054	2110	1033	6436	2034	339
1288	15302	1609	2377	8084	89838	61770	10103	8497	3064	53040	15107	34
179	616	142	369	172	2067	686	290	120	87	1798	408	341
252	2178	252	330	1260	12637	6158	1921	1619	548	9406	1871	342
57	447	63	69	445	3133	2137	406	232	126	2189	2286	343
78	1946	96	84	1340	9155	14447	1051	1792	334	3538	1627	344
12	927	31	81	302	3854	5937	420	272	146	7067	743	345
96	870	158	163	1136	7912	7170	832	635	325	5957	1286	346
7	47	6	7	84	420	522	72	148	63	195	56	347
519	7112	653	1025	2772	38778	21886	4333	3018	1017	19211	5816	348
88	1159	208	249	573	11882	2827	778	661	418	3679	1014	349
1225	6961	1363	2146	5271	61339	32721	8387	8073	3954	34949	11284	35
357	1861	248	739	302	5759	1365	1201	1022	540	6390	3334	351
53	1392	232	114	1800	16668	13257	2075	2639	508	5061	1013	352
45	192	47	104	177	1161	836	339	247	54	2014	565	353
12	214	37	32	318	1902	1282	240	251	140	940	301	354
3	90	3	11	301	4004	3783	139	465	87	1185	199	355
49	352	63	80	433	3823	1128	671	540	352	1696	444	356
272	495	229	526	137	1965	1236	636	383	267	3983	1580	357
185	527	170	155	633	4890	4418	777	834	959	2026	1062	358
249	1838	334	385	1170	21167	5416	2309	1692	1047	11654	2786	359
232	1776	1516	299	1912	14800	19130	3765	1860	1363	9307	3388	36
27	55	21	19	14	170	87	78	49	68	234	98	361
4	25	7	5	12	60	45	14	9	4	61	21	362
16	44	19	15	24	109	31	73	29	15	229	66	363
2	1	1		1	13	2	3	5	3	31	10	364
2	10	6	3		55	12	22	12	10	160	72	365
41	154	81	39	38	1329	296	473	168	144	1624	472	366
140	1487	1381	218	1823	13064	18657	3102	1588	1119	6968	2649	367

2-1 续表 9 (2020年)

行业中类	代码	湖北	湖南	广东	广西	海南
有色金属冶炼和压延加工业	32	726	1360	4310	486	35
常用有色金属冶炼	321	87	344	205	135	4
贵金属冶炼	322	11	113	27	14	3
稀有稀土金属冶炼	323	16	108	35	24	1
有色金属合金制造	324	229	405	1065	92	12
有色金属压延加工	325	383	390	2978	221	15
金属制品业	33	8709	6636	88484	2897	351
结构性金属制品制造	331	4876	3857	25979	1559	232
金属工具制造	332	490	414	5328	138	10
集装箱及金属包装容器制造	333	256	101	1275	84	11
金属丝绳及其制品制造	334	95	67	867	36	
建筑、安全用金属制品制造	335	1136	446	17664	334	35
金属表面处理及热处理加工	336	227	235	2982	88	7
搪瓷制品制造	337	51	22	359	32	6
金属制日用品制造	338	374	252	7346	204	15
铸造及其他金属制品制造	339	1204	1242	26684	422	35
通用设备制造业	34	7411	5439	39022	1838	84
锅炉及原动设备制造	341	256	147	1030	85	2
金属加工机械制造	342	1548	1012	7258	312	10
物料搬运设备制造	343	313	206	1162	105	11
泵、阀门、压缩机及类似机械制造	344	524	435	2090	107	5
轴承、齿轮和传动部件制造	345	192	152	727	36	1
烘炉、风机、包装等设备制造	346	671	391	5410	254	20
文化、办公用机械制造	347	77	42	1358	22	6
通用零部件制造	348	2941	2483	12597	770	22
其他通用设备制造业	349	889	571	7390	147	7
专用设备制造业	35	7583	4203	47742	2482	189
采矿、冶金、建筑专用设备制造	351	1462	838	1073	562	23
化工、木材、非金属加工专用设备制造	352	1703	470	23699	340	13
食品、饮料、烟草及饲料生产专用设备制造	353	259	177	664	106	13
印刷、制药、日化及日用品生产专用设备制造	354	221	149	2518	63	3
纺织、服装和皮革加工专用设备制造	355	126	55	857	13	
电子和电工机械专用设备制造	356	652	361	4287	152	11
农、林、牧、渔专用机械制造	357	441	372	1226	315	10
医疗仪器设备及器械制造	358	663	401	4129	345	49
环保、邮政、社会公共服务及其他专用设备制造	359	2056	1380	9289	586	67
汽车制造业	36	7917	1212	5130	1387	53
汽车整车制造	361	131	51	177	40	4
汽车用发动机制造	362	70	7	28	3	
改装汽车制造	363	230	28	71	16	2
低速汽车制造	364	3	3	6	9	
电车制造	365	34	5	41	17	
汽车车身、挂车制造	366	548	100	284	97	3
汽车零部件及配件制造	367	6901	1018	4523	1205	44

单位：个

重庆	四川	贵州	云南	西藏	陕西	甘肃	青海	宁夏	新疆	代码
568	632	477	668	24	1459	194	113	111	199	32
63	118	145	375	2	122	40	34	28	88	321
1	7	28	43		33	19	2		14	322
2	18	8	26		31	7	2	5	3	323
255	192	162	52	11	219	56	28	25	31	324
247	297	134	172	11	1054	72	47	53	63	325
5902	5396	3514	3432	108	3527	1588	620	1200	2170	33
3444	2774	2562	2284	68	2093	1167	321	931	1405	331
556	309	182	96	6	156	42	23	25	71	332
110	210	72	91	1	100	36	8	23	78	333
73	135	35	91	3	42	26	159	11	55	334
518	528	210	236	6	371	76	39	64	230	335
330	187	42	82	6	196	35	10	13	29	336
17	26	14	11		12	6			16	337
239	225	115	149	7	102	56	11	25	51	338
615	1002	282	392	11	455	144	49	108	235	339
4793	6219	1161	1154	20	5222	477	164	493	724	34
145	250	28	29	3	193	69	35	42	139	341
546	955	209	371	6	918	87	37	113	129	342
135	169	56	59	1	111	17	7	21	62	343
211	601	49	50		238	33	3	19	42	344
223	134	96	15		62	9	2	46	6	345
383	462	145	113	4	383	46	11	37	75	346
22	36	6	9		24	5	2	4	13	347
2812	3148	506	429	4	2934	188	59	173	198	348
316	464	66	79	2	359	23	8	38	60	349
3532	4113	895	1090	43	3405	512	123	359	1270	35
330	694	205	294	12	1026	116	24	106	341	351
1376	880	105	107	3	343	58	8	40	60	352
41	160	26	71	6	95	17	3	9	36	353
75	118	28	29		106	10	3	5	31	354
30	30	10	2	2	69	6	1	2	23	355
195	315	69	43	5	332	21	13	19	66	356
452	278	90	144	4	207	97	19	58	261	357
356	437	132	134	6	261	45	15	29	75	358
677	1201	230	266	5	966	142	37	91	377	359
4628	1751	262	276		707	54	22	65	161	36
44	65	23	23		37	5	1	6	22	361
29	10	5	3		8		2	2	8	362
23	33	8	4		33	10	1	11	17	363
2		1	1			4		1	3	364
4	8	5	4		3	2	1	3	3	365
360	76	25	42		69	6	7	9	42	366
4166	1559	195	199		557	27	10	33	66	367

2-1 续表 10 (2020年)

行业中类	代码	企业单位数	北京	天津	河北	山西
铁路、船舶、航空航天和其他运输设备制造业	37	34565	247	1586	2876	181
铁路运输设备制造	371	4263	109	88	615	120
城市轨道交通设备制造	372	670	11	12	45	6
船舶及相关装置制造	373	9625	12	71	111	8
航空、航天器及设备制造	374	2196	94	61	96	25
摩托车制造	375	6734	2	22	390	10
自行车和残疾人座车制造	376	4033	3	814	1175	3
助动车制造	377	4686	5	379	361	5
非公路休闲车及零配件制造	378	1178	6	124	42	1
潜水救捞及其他未列明运输设备制造	379	1180	5	15	41	3
电气机械和器材制造业	38	222275	1521	2106	10850	1090
电机制造	381	17466	90	186	547	89
输配电及控制设备制造	382	76742	760	936	3707	450
电线、电缆、光缆及电工器材制造	383	30094	188	401	3696	177
电池制造	384	8193	38	94	221	74
家用电力器具制造	385	28791	116	120	803	65
非电力家用器具制造	386	5782	83	55	449	47
照明器具制造	387	40242	124	111	544	87
其他电气机械及器材制造	389	14965	122	203	883	101
计算机、通信和其他电子设备制造业	39	154742	1293	1284	2826	593
计算机制造	391	13408	212	104	280	240
通信设备制造	392	12041	167	90	440	28
广播电视设备制造	393	3006	111	26	140	15
雷达及配套设备制造	394	319	13	5	14	1
非专业视听设备制造	395	7050	35	23	35	4
智能消费设备制造	396	8851	79	61	148	37
电子器件制造	397	26919	202	166	418	63
电子元件及电子专用材料制造	398	63853	354	635	914	165
其他电子设备制造	399	19295	120	174	437	40
仪器仪表制造业	40	52597	900	925	2296	322
通用仪器仪表制造	401	35158	532	668	1595	219
专用仪器仪表制造	402	7319	212	115	374	54
钟表与计时仪器制造	403	3288	8	17	33	5
光学仪器制造	404	2817	43	25	34	5
衡器制造	405	1125	11	7	75	20
其他仪器仪表制造业	409	2890	94	93	185	19
其他制造业	41	51820	139	355	2861	313
日用杂品制造	411	18274	22	93	652	40
其他未列明制造业	419	33546	117	262	2209	273
废弃资源综合利用业	42	20782	39	258	1533	636
金属废料和碎屑加工处理	421	9962	20	217	885	268
非金属废料和碎屑加工处理	422	10820	19	41	648	368

单位：个

内蒙古	辽宁	吉林	黑龙江	上海	江苏	浙江	安徽	福建	江西	山东	河南	代码
45	1209	177	147	476	7630	4852	902	1023	714	2876	1053	37
19	340	125	64	30	656	182	165	15	32	463	255	371
1	23	20	3	6	144	33	46	4	10	89	21	372
4	660	10	22	254	3255	1055	229	566	462	1141	61	373
9	124	8	44	49	289	103	63	18	92	101	84	374
3	9	4	2	52	715	1458	58	320	46	142	330	375
1	5	2	2	36	511	630	53	44	12	97	42	376
3	13	4	3	27	1646	748	250	30	46	408	216	377
2	6		3	13	137	544	6	10	6	53	23	378
3	29	4	4	9	277	99	32	16	8	382	21	379
570	4306	624	770	3508	37595	46510	6306	5325	3636	12453	6221	38
79	365	45	90	341	3551	3867	399	1660	197	1664	597	381
229	2087	290	354	1415	14258	21209	2272	1289	1266	4417	2252	382
85	727	97	118	616	5100	3400	1336	384	582	1601	1376	383
36	136	16	18	55	942	607	417	197	387	483	546	384
21	200	46	50	294	2093	8473	680	714	213	1588	386	385
37	101	26	24	65	621	891	178	90	75	672	171	386
39	342	45	50	367	6740	6554	599	655	680	790	444	387
44	348	59	66	355	4290	1509	425	336	236	1238	449	389
275	1516	236	224	1838	22358	13508	4431	3946	3976	6318	2544	39
45	145	12	25	193	1229	659	252	236	246	630	226	391
15	149	31	26	187	1487	1082	255	409	260	454	258	392
10	45	3	6	27	512	267	203	69	61	105	43	393
	14		2	3	55	13	21	6	2	16	4	394
7	23	5	1	37	358	577	75	98	149	126	44	395
24	90	23	28	87	1332	852	465	258	269	568	187	396
23	231	55	28	385	4274	2095	1085	898	1029	1030	493	397
122	573	64	84	749	10335	7169	1688	1429	1449	2596	994	398
29	246	43	24	170	2776	794	387	543	511	793	295	399
104	1614	255	267	1509	11292	7200	2252	1160	692	4083	1956	40
57	1191	163	189	984	8377	5452	1778	634	297	2869	1223	401
24	205	41	40	228	1433	825	236	138	100	675	257	402
2	42	1	5	42	59	176	18	233	32	95	17	403
1	26	34	4	101	588	307	39	75	202	45	282	404
18	28	7	13	29	178	217	33	32	15	99	74	405
2	122	9	16	125	657	223	148	48	46	300	103	409
224	977	251	286	529	6398	7920	2280	2347	1886	5201	1953	41
25	163	20	19	144	1768	6179	1405	1231	328	906	689	411
199	814	231	267	385	4630	1741	875	1116	1558	4295	1264	419
358	621	172	208	118	1848	988	1439	880	1048	1874	1869	42
168	350	63	75	67	813	424	469	341	536	932	1016	421
190	271	109	133	51	1035	564	970	539	512	942	853	422

2-1 续表 11 (2020年)

行业中类	代码	湖北	湖南	广东	广西	海南
铁路、船舶、航空航天和其他运输设备制造业	37	699	619	2809	346	59
铁路运输设备制造	371	134	289	106	32	1
城市轨道交通设备制造	372	25	39	34	6	
船舶及相关装置制造	373	335	164	787	174	44
航空、航天器及设备制造	374	91	54	131	17	6
摩托车制造	375	33	21	665	28	1
自行车和残疾人座车制造	376	15	8	527	16	1
助动车制造	377	35	16	267	65	3
非公路休闲车及零配件制造	378	10	5	163	1	
潜水救捞及其他未列明运输设备制造	379	21	23	129	7	3
电气机械和器材制造业	38	3878	2882	60709	1349	128
电机制造	381	309	257	2327	114	6
输配电及控制设备制造	382	1444	1083	12363	476	53
电线、电缆、光缆及电工器材制造	383	604	384	7324	234	22
电池制造	384	310	269	2721	86	7
家用电力器具制造	385	256	215	11624	119	8
非电力家用器具制造	386	170	89	1369	65	3
照明器具制造	387	380	314	20213	168	22
其他电气机械及器材制造	389	405	271	2768	87	7
计算机、通信和其他电子设备制造业	39	3692	2749	71876	1421	78
计算机制造	391	739	179	6576	148	21
通信设备制造	392	400	212	4941	112	11
广播电视设备制造	393	59	57	1056	34	4
雷达及配套设备制造	394	6	10	78	3	
非专业视听设备制造	395	62	64	5095	62	3
智能消费设备制造	396	325	168	3271	98	13
电子器件制造	397	715	485	11520	280	7
电子元件及电子专用材料制造	398	978	1142	29239	550	9
其他电子设备制造	399	408	432	10100	134	10
仪器仪表制造业	40	1408	656	10312	311	25
通用仪器仪表制造	401	918	402	5631	172	13
专用仪器仪表制造	402	259	136	1350	65	8
钟表与计时仪器制造	403	30	17	2388	22	1
光学仪器制造	404	87	37	499	18	1
衡器制造	405	21	22	121	18	
其他仪器仪表制造业	409	93	42	323	16	2
其他制造业	41	1304	1172	12383	235	40
日用杂品制造	411	283	202	3467	83	5
其他未列明制造业	419	1021	970	8916	152	35
废弃资源综合利用业	42	914	879	1722	499	35
金属废料和碎屑加工处理	421	373	486	931	281	14
非金属废料和碎屑加工处理	422	541	393	791	218	21

单位：个

重庆	四川	贵州	云南	西藏	陕西	甘肃	青海	宁夏	新疆	代码
2503	669	117	74	1	554	41	10	15	55	37
23	186	6	16		156	18	4		14	371
20	50	1	4		13	3		1		372
110	37	15	17	1	13	4		2	1	373
25	210	40	4		332	5	5	5	11	374
2278	86	27	12		8	2	1	1	8	375
7	14	2	2		4	1		1	5	376
26	71	17	11		13	5		2	11	377
7	5	1	2		5	2			1	378
7	10	8	6		10	1		3	4	379
1697	2748	942	837	22	2142	384	150	228	788	38
226	188	45	33	1	123	20	5	10	35	381
572	1141	266	307	5	1138	189	65	97	352	382
244	495	121	191	4	306	49	20	46	166	383
73	160	95	51	2	76	19	18	14	25	384
166	196	135	39	5	89	21	7	7	42	385
46	82	87	123	3	67	32	16	23	22	386
241	243	151	53	2	141	25	12	12	94	387
129	243	42	40		202	29	7	19	52	389
1886	2423	779	412	10	1715	127	48	82	278	39
410	204	47	78	2	194	12	13	13	38	391
215	394	112	52	1	173	14	2	8	56	392
18	66	13	9	1	38	2	1	1	4	393
4	28				19	1			1	394
38	48	32	21		21	2			5	395
103	110	46	30	2	120	17	3	9	28	396
384	473	136	82		286	19	3	11	43	397
586	860	268	93	3	618	47	24	34	82	398
128	240	125	47	1	246	13	2	6	21	399
769	737	111	288	1	897	72	12	82	89	40
506	426	54	90	1	563	45	9	56	44	401
75	147	30	45		194	13	2	14	24	402
15	7	5	6		9	1		1	1	403
82	97	11	120		49	3			2	404
14	19	6	15		15	3	1	6	8	405
77	41	5	12		67	7		5	10	409
378	480	789	366	28	319	97	55	91	163	41
153	111	118	59	4	45	19	7	4	30	411
225	369	671	307	24	274	78	48	87	133	419
313	536	401	531	21	487	206	46	100	203	42
140	217	155	266	6	206	86	25	41	91	421
173	319	246	265	15	281	120	21	59	112	422

2-1 续表 12 (2020年)

行业中类	代码	企业单位数	北京	天津	河北	山西
金属制品、机械和设备修理业	43	43381	1389	1225	2047	1872
金属制品修理	431	934	11	27	34	20
通用设备修理	432	7116	246	204	404	295
专用设备修理	433	7454	332	157	443	402
铁路、船舶、航空航天等运输设备修理	434	7034	72	219	234	39
电气设备修理	435	4449	150	115	242	316
仪器仪表修理	436	909	90	36	32	19
其他机械和设备修理业	439	15485	488	467	658	781
电力、热力、燃气及水生产和供应业	D	**119005**	**1419**	**943**	**5674**	**5502**
电力、热力生产和供应业	44	81872	1014	582	3619	4202
电力生产	441	65585	202	228	2371	3368
电力供应	442	6582	170	66	390	348
热力生产和供应	443	9705	642	288	858	486
燃气生产和供应业	45	9712	95	101	922	583
燃气生产和供应业	451	9001	82	95	853	541
生物质燃气生产和供应业	452	711	13	6	69	42
水的生产和供应业	46	27421	310	260	1133	717
自来水生产和供应	461	16591	78	81	494	374
污水处理及其再生利用	462	10087	222	164	599	326
海水淡化处理	463	62		7	5	
其他水的处理、利用与分配	469	681	10	8	35	17
建筑业	E	**1901663**	**42143**	**26463**	**120241**	**58195**
房屋建筑业	47	411997	8589	4852	26324	12079
住宅房屋建筑	471	340629	5804	3730	21364	10460
体育场馆建筑	472	986	20	12	71	18
其他房屋建筑业	479	70382	2765	1110	4889	1601
土木工程建筑业	48	411482	7117	6402	28692	14185
铁路、道路、隧道和桥梁工程建筑	481	149514	1595	1635	9868	5462
水利和水运工程建筑	482	19463	137	233	1211	701
海洋工程建筑	483	536	3	78	25	1
工矿工程建筑	484	6839	73	53	423	655
架线和管道工程建筑	485	26956	676	690	2468	957
节能环保工程施工	486	9344	205	177	461	379
电力工程施工	487	10139	289	176	606	362
其他土木工程建筑	489	188691	4139	3360	13630	5668
建筑安装业	49	244179	4113	4743	16013	6337
电气安装	491	65134	1691	1245	3084	1621
管道和设备安装	492	62747	1344	1260	4929	2582
其他建筑安装业	499	116298	1078	2238	8000	2134
建筑装饰、装修和其他建筑业	50	834005	22324	10466	49212	25594
建筑装饰和装修业	501	586809	19315	8504	37801	17026
建筑物拆除和场地准备活动	502	39248	885	322	3161	1387
提供施工设备服务	503	18717	637	142	652	689
其他未列明建筑业	509	189231	1487	1498	7598	6492

单位：个

内蒙古	辽宁	吉林	黑龙江	上海	江苏	浙江	安徽	福建	江西	山东	河南	代码
871	2011	325	483	1262	4965	2884	1601	1261	722	5081	1508	43
18	32	5	7	38	105	54	16	37	17	101	36	431
151	306	67	90	241	895	402	263	168	75	720	294	432
192	290	80	134	189	614	326	287	152	126	810	312	433
23	550	10	41	248	967	1265	158	366	96	1114	85	434
137	188	34	54	105	456	202	185	148	54	506	175	435
5	34	7	14	64	84	43	21	19	5	62	23	436
345	611	122	143	377	1844	592	671	371	349	1768	583	439
3337	**3627**	**1736**	**2686**	**245**	**5177**	**6276**	**5873**	**6841**	**5586**	**7578**	**5187**	D
2445	2751	1296	2036	100	2850	4498	3695	5481	4180	4871	3311	44
1589	1461	655	1030	63	2060	4016	3338	5095	3802	3372	2480	441
121	232	64	147	16	467	303	237	237	295	475	394	442
735	1058	577	859	21	323	179	120	149	83	1024	437	443
268	253	161	231	31	457	347	299	178	268	804	548	45
250	234	136	204	28	418	335	263	166	242	732	506	451
18	19	25	27	3	39	12	36	12	26	72	42	452
624	623	279	419	114	1870	1431	1879	1182	1138	1903	1328	46
341	305	170	254	38	777	554	1449	786	893	883	796	461
253	292	100	159	59	1025	766	405	376	225	921	505	462
	3		1		2	4		3		24	1	463
30	23	9	5	17	66	107	25	17	20	75	26	469
34692	**46855**	**13886**	**17456**	**21317**	**195165**	**87747**	**107387**	**55581**	**54839**	**245177**	**114702**	E
6395	7869	3146	4192	2652	42409	13790	25577	17425	16591	44501	26078	47
4002	6537	2683	3611	1814	32362	11987	22501	15918	13895	35209	22934	471
11	15	7	16	39	117	22	45	48	78	141	65	472
2382	1317	456	565	799	9930	1781	3031	1459	2618	9151	3079	479
11501	10680	3052	3651	3739	40824	19484	20843	10652	11375	61290	23051	48
3557	3241	1269	1638	1200	12786	8299	8707	4808	5013	18291	9397	481
545	619	284	353	195	1730	1046	1182	688	637	2054	1101	482
2	24		1	11	53	53	11	35	3	137	9	483
402	304	50	49	43	489	261	283	169	126	658	654	484
970	1153	289	509	415	2053	1166	1154	588	395	3021	1815	485
156	307	69	61	188	971	540	351	264	140	899	517	486
245	348	87	118	181	764	367	526	293	216	1151	597	487
5624	4684	1004	922	1506	21978	7752	8629	3807	4845	35079	8961	489
4704	8150	2434	2850	4362	31352	9611	11806	4375	4998	37894	11278	49
1203	2788	628	841	1468	7990	3514	3740	1420	1224	6077	3293	491
1410	2034	617	733	1191	7606	2533	2512	1016	844	10638	3251	492
2091	3328	1189	1276	1703	15756	3564	5554	1939	2930	21179	4734	499
12092	20156	5254	6763	10564	80580	44862	49161	23129	21875	101492	54295	50
9286	16151	4043	5370	8013	56512	34315	35814	17543	14076	58734	34463	501
964	1083	125	286	230	3605	5725	2046	642	657	3975	1614	502
312	355	63	92	162	3255	1380	1383	496	597	2714	861	503
1530	2567	1023	1015	2159	17208	3442	9918	4448	6545	36069	17357	509

2-1 续表 13 (2020年)

行业中类	代码	湖北	湖南	广东	广西	海南
金属制品、机械和设备修理业	43	1402	860	5164	851	219
金属制品修理	431	37	11	215	9	1
通用设备修理	432	244	147	909	131	25
专用设备修理	433	224	165	797	158	33
铁路、船舶、航空航天等运输设备修理	434	160	58	817	130	69
电气设备修理	435	140	87	381	96	25
仪器仪表修理	436	33	19	166	14	6
其他机械和设备修理业	439	564	373	1879	313	60
电力、热力、燃气及水生产和供应业	D	**5634**	**7241**	**10465**	**3718**	**492**
电力、热力生产和供应业	44	3515	5404	7461	2626	309
电力生产	441	3149	4936	6765	2313	262
电力供应	442	232	360	440	258	37
热力生产和供应	443	134	108	256	55	10
燃气生产和供应业	45	394	304	614	249	50
燃气生产和供应业	451	352	285	576	227	47
生物质燃气生产和供应业	452	42	19	38	22	3
水的生产和供应业	46	1725	1533	2390	843	133
自来水生产和供应	461	1289	1219	1255	606	76
污水处理及其再生利用	462	407	301	1080	229	51
海水淡化处理	463		1	8		2
其他水的处理、利用与分配	469	29	12	47	8	4
建筑业	E	**102993**	**51859**	**139563**	**38743**	**12249**
房屋建筑业	47	24725	11746	22791	7449	1490
住宅房屋建筑	471	21168	9685	19292	6447	1113
体育场馆建筑	472	36	24	69	14	1
其他房屋建筑业	479	3521	2037	3430	988	376
土木工程建筑业	48	24405	10544	20690	6577	1852
铁路、道路、隧道和桥梁工程建筑	481	10426	4657	5702	2446	410
水利和水运工程建筑	482	983	578	1281	399	104
海洋工程建筑	483	11	4	47	7	7
工矿工程建筑	484	318	152	300	105	30
架线和管道工程建筑	485	1158	693	1562	440	120
节能环保工程施工	486	379	188	1125	182	88
电力工程施工	487	589	241	537	233	66
其他土木工程建筑	489	10541	4031	10136	2765	1027
建筑安装业	49	10637	5634	23612	3241	1664
电气安装	491	3021	1662	7615	1129	538
管道和设备安装	492	2446	1534	4779	670	334
其他建筑安装业	499	5170	2438	11218	1442	792
建筑装饰、装修和其他建筑业	50	43226	23935	72470	21476	7243
建筑装饰和装修业	501	26073	12571	60411	17614	5962
建筑物拆除和场地准备活动	502	2324	788	2829	863	472
提供施工设备服务	503	1022	555	755	540	66
其他未列明建筑业	509	13807	10021	8475	2459	743

单位：个

重庆	四川	贵州	云南	西藏	陕西	甘肃	青海	宁夏	新疆	代码
806	1143	427	545	51	1344	314	103	248	397	43
13	22	7	7		22	7	4	9	12	431
148	185	63	73	2	233	23	14	35	63	432
150	248	91	121	30	349	80	20	49	93	433
100	61	19	32		63	19	6	3	10	434
75	154	48	70	4	129	38	16	62	57	435
14	17	5	10		46	3	1	9	8	436
306	456	194	232	15	502	144	42	81	154	439
2365	**6007**	**2428**	**3338**	**293**	**3622**	**1707**	**854**	**716**	**2438**	**D**
1380	3526	1508	2179	238	2359	1328	718	553	1837	44
1251	3246	1312	1924	145	1876	981	614	417	1264	441
112	235	161	235	82	201	67	38	41	121	442
17	45	35	20	11	282	280	66	95	452	443
245	829	273	284	14	430	130	50	56	244	45
234	811	244	268	13	402	121	49	51	236	451
11	18	29	16	1	28	9	1	5	8	452
740	1652	647	875	41	833	249	86	107	357	46
559	1203	450	651	33	500	173	53	45	206	461
175	432	189	204	6	314	71	32	60	139	462
					1					463
6	17	8	20	2	18	5	1	2	12	469
25288	**65208**	**33578**	**52690**	**7846**	**79521**	**16077**	**8543**	**8913**	**16746**	**E**
5805	20498	6051	10621	5506	20223	4391	2313	2253	3666	47
5188	17869	5099	8983	1945	18145	3865	2071	1822	3126	471
6	29	7	17	2	34	2	3	6	11	472
611	2600	945	1621	3559	2044	524	239	425	529	479
3749	11158	6069	12987	1249	22098	4377	2428	2554	4207	48
1475	4707	2672	6811	388	8008	1607	851	788	1800	481
93	461	243	669	44	830	354	147	182	379	482
2	4		1		6				1	483
55	192	67	189	13	436	61	23	28	178	484
199	863	274	894	27	1267	262	166	310	402	485
117	389	84	271	6	629	64	24	29	84	486
95	444	191	431	16	563	131	67	50	159	487
1713	4098	2538	3721	755	10359	1898	1150	1167	1204	489
3108	7022	4045	4250	186	9254	2109	794	1051	2552	49
958	2053	739	1203	30	2660	382	207	371	739	491
865	1852	623	674	43	2586	639	215	290	697	492
1285	3117	2683	2373	113	4008	1088	372	390	1116	499
12626	26530	17413	24832	905	27946	5200	3008	3055	6321	50
9504	18545	10392	17124	590	18150	4070	1922	2387	4528	501
404	654	506	958	11	1792	207	210	164	359	502
299	346	173	346	14	465	79	57	73	137	503
2419	6985	6342	6404	290	7539	844	819	431	1297	509

2-1 续表 14 (2020年)

行业中类	代码	企业单位数	北京	天津	河北	山西
批发和零售业	F	**8236639**	**307060**	**95333**	**406106**	**219788**
批发业	51	4477381	125971	66726	211742	111960
农、林、牧、渔产品批发	511	175383	2632	1269	7361	2438
食品、饮料及烟草制品批发	512	441230	19368	5397	19481	8471
纺织、服装及家庭用品批发	513	709280	16532	5251	24801	6760
文化、体育用品及器材批发	514	165511	7579	2098	7365	2562
医药及医疗器材批发	515	152239	7312	1884	8329	3109
矿产品、建材及化工产品批发	516	1270795	26317	22656	71988	45124
机械设备、五金产品及电子产品批发	517	1009962	37022	17832	48468	33434
贸易经纪与代理	518	177632	3081	2663	7692	1987
其他批发业	519	375349	6128	7676	16257	8075
零售业	52	3759258	181089	28607	194364	107828
综合零售	521	492262	22411	3872	35079	21980
食品、饮料及烟草制品专门零售	522	376756	23883	2755	14185	9829
纺织、服装及日用品专门零售	523	424410	30285	2828	20660	8002
文化、体育用品及器材专门零售	524	209750	17886	1689	9590	5383
医药及医疗器材专门零售	525	278491	5490	2812	16966	7622
汽车、摩托车、零配件和燃料及其他动力销售	526	392037	8841	3893	27745	12555
家用电器及电子产品专门零售	527	427946	24577	2597	17132	11539
五金、家具及室内装饰材料专门零售	528	542142	28106	4399	29482	19149
货摊、无店铺及其他零售业	529	615464	19610	3762	23525	11769
交通运输、仓储和邮政业	G	**737940**	**20595**	**15987**	**36760**	**20799**
铁路运输业	53	2021	56	23	89	121
铁路旅客运输	531	311	7	6	9	7
铁路货物运输	532	1196	28	13	55	85
铁路运输辅助活动	533	514	21	4	25	29
道路运输业	54	470788	12995	6838	27612	16135
城市公共交通运输	541	16981	331	120	714	459
公路旅客运输	542	11169	115	126	472	268
道路货物运输	543	417214	11130	6340	24815	14503
道路运输辅助活动	544	25424	1419	252	1611	905
水上运输业	55	16109	72	308	452	36
水上旅客运输	551	1506	2	5	67	20
水上货物运输	552	9538	31	156	143	4
水上运输辅助活动	553	5065	39	147	242	12
航空运输业	56	3606	251	99	133	129
航空客货运输	561	1168	60	20	34	38
通用航空服务	562	1474	112	26	70	61
航空运输辅助活动	563	964	79	53	29	30
管道运输业	57	456	13	15	14	14
海底管道运输	571	40	1		1	1
陆地管道运输	572	416	12	15	13	13

单位：个

内蒙古	辽宁	吉林	黑龙江	上海	江苏	浙江	安徽	福建	江西	山东	河南	代码
106796	**205319**	**54961**	**77209**	**161577**	**725541**	**746010**	**298383**	**400107**	**196745**	**876984**	**490231**	**F**
49784	123715	24064	43260	117309	465588	438091	144213	220786	96688	527498	228693	51
4820	7376	2633	6510	1316	12825	6525	10654	5242	3591	21472	13336	511
4659	12577	2998	4933	10631	31041	24920	16926	29858	7223	58459	22808	512
2153	10941	1612	2829	17557	76265	142492	13329	68915	9032	64328	25000	513
953	3068	666	974	4526	13574	26330	3834	8508	2052	19326	7657	514
1772	4887	2069	2687	4706	11311	10159	7157	3816	7708	15791	11104	515
20360	39707	6067	11636	31476	129244	96200	48682	45426	35151	162240	73712	516
10668	26884	4953	8294	35359	131885	79279	26438	33051	12202	116284	50637	517
1260	7051	906	1827	4592	20033	19485	3487	12801	10496	14790	3508	518
3139	11224	2160	3570	7146	39410	32701	13706	13169	9233	54808	20931	519
57012	81604	30897	33949	44268	259953	307919	154170	179321	100057	349486	261538	52
12096	8695	2870	3442	3895	32209	11880	26171	10589	13790	63544	57764	521
5210	9360	3410	3281	5344	26349	20401	17523	20230	7591	34223	24132	522
3271	8156	2084	2240	7175	31716	48483	13835	29412	9709	36165	23705	523
2439	3764	1088	1044	3597	18565	14520	7384	8797	4122	20036	16435	524
5717	13130	5484	8206	2387	18085	14491	11175	6935	8407	21417	18553	525
8401	10625	6270	5946	3908	23591	20491	19078	12088	11826	39086	28429	526
5708	7988	2881	2897	4742	27684	20318	16092	10045	9815	31913	31266	527
9226	11002	3246	3345	7844	36500	32721	24497	18165	15038	48486	37355	528
4944	8884	3564	3548	5376	45254	124614	18415	63060	19759	54616	23899	529
13819	**26139**	**6730**	**10413**	**20133**	**73414**	**47952**	**31572**	**23312**	**24687**	**81889**	**31362**	**G**
165	49	21	34	16	158	39	42	73	64	318	99	53
6	10	4	5	4	12	7	17	20	9	44	14	531
140	25	14	21	6	96	18	20	39	47	159	57	532
19	14	3	8	6	50	14	5	14	8	115	28	533
10155	16553	4312	6578	5803	52180	29733	23135	13425	20170	51086	22046	54
674	749	345	593	220	732	652	439	428	367	3629	757	541
212	532	171	384	94	626	544	471	494	394	552	542	542
8771	14581	3503	5237	5231	49333	27030	21044	11642	18627	44578	19072	543
498	691	293	364	258	1489	1507	1181	861	782	2327	1675	544
21	612	19	78	444	2199	1638	1230	1395	396	1508	212	55
8	72	9	26	15	59	104	46	50	39	168	26	551
9	272	7	33	281	1260	1074	987	907	292	651	139	552
4	268	3	19	148	880	460	197	438	65	689	47	553
112	179	32	53	86	187	209	60	147	63	284	113	56
22	48	14	16	53	65	81	8	53	13	75	20	561
45	65	10	24	11	81	89	33	39	35	130	68	562
45	66	8	13	22	41	39	19	55	15	79	25	563
12	11	6	1	78	29	9	9	8	9	64	27	57
1	1	2			2	3	2		4	6	1	571
11	10	4	1	78	27	6	7	8	5	58	26	572

2-1 续表 15 (2020年)

行业中类	代码	湖北	湖南	广东	广西	海南
批发和零售业	F	**288297**	**180627**	**1093265**	**194368**	**29557**
批发业	51	134147	95005	642130	95911	14260
农、林、牧、渔产品批发	511	10755	6469	11087	6158	570
食品、饮料及烟草制品批发	512	15113	11933	49426	11466	2311
纺织、服装及家庭用品批发	513	13984	9691	150588	8145	1598
文化、体育用品及器材批发	514	3777	2918	31829	2445	478
医药及医疗器材批发	515	5369	4384	12486	3652	714
矿产品、建材及化工产品批发	516	45303	30812	115099	35281	3904
机械设备、五金产品及电子产品批发	517	26377	18086	171237	17245	1980
贸易经纪与代理	518	2739	3330	35732	5667	1733
其他批发业	519	10730	7382	64646	5852	972
零售业	52	154150	85622	451135	98457	15297
综合零售	521	26579	10694	20078	14745	1623
食品、饮料及烟草制品专门零售	522	15788	10610	31461	12578	2171
纺织、服装及日用品专门零售	523	13106	8014	69651	7495	1501
文化、体育用品及器材专门零售	524	6962	3856	26779	4940	1016
医药及医疗器材专门零售	525	11544	8798	23033	10609	1173
汽车、摩托车、零配件和燃料及其他动力销售	526	16973	12439	37040	12363	1393
家用电器及电子产品专门零售	527	17300	9364	92459	12351	2108
五金、家具及室内装饰材料专门零售	528	22124	11302	68879	14646	2931
货摊、无店铺及其他零售业	529	23774	10545	81755	8730	1381
交通运输、仓储和邮政业	G	**30051**	**16979**	**82218**	**20002**	**2879**
铁路运输业	53	77	33	114	75	4
铁路旅客运输	531	31	5	30	18	2
铁路货物运输	532	25	22	62	41	2
铁路运输辅助活动	533	21	6	22	16	
道路运输业	54	20363	10983	36956	13135	1419
城市公共交通运输	541	659	598	903	425	98
公路旅客运输	542	838	470	780	374	104
道路货物运输	543	17717	9057	33491	11538	1151
道路运输辅助活动	544	1149	858	1782	798	66
水上运输业	55	782	448	2132	802	221
水上旅客运输	551	114	108	140	48	32
水上货物运输	552	416	236	1366	564	139
水上运输辅助活动	553	252	104	626	190	50
航空运输业	56	104	81	460	82	54
航空客货运输	561	34	18	218	26	17
通用航空服务	562	42	43	142	43	25
航空运输辅助活动	563	28	20	100	13	12
管道运输业	57	21	8	23	8	4
海底管道运输	571	2		2	2	1
陆地管道运输	572	19	8	21	6	3

单位：个

重庆	四川	贵州	云南	西藏	陕西	甘肃	青海	宁夏	新疆	代码
185062	**210771**	**118377**	**198627**	**6067**	**164916**	**58496**	**21567**	**34446**	**84046**	F
76102	111413	46658	89757	2037	70990	26266	9183	16693	50741	51
5609	5760	2147	6129	104	3998	2200	393	897	3107	511
10707	17290	8738	13585	289	8506	3433	1396	1601	5686	512
5535	9092	4356	5929	134	5299	1723	605	888	3916	513
1682	2596	1051	2237	115	2082	971	473	361	1424	514
3201	5914	1391	3654	193	3135	1547	377	737	1684	515
27738	38778	16533	30501	709	23033	9906	3410	7136	16666	516
15954	22788	6477	13858	282	19437	4627	1570	3697	13657	517
1207	1894	770	5209	40	1167	262	95	363	1765	518
4469	7301	5195	8655	171	4333	1597	864	1013	2836	519
108960	99358	71719	108870	4030	93926	32230	12384	17753	33305	52
11254	10452	11965	22727	658	13720	5067	2236	3556	6621	521
16393	12064	9695	15842	570	11340	3421	2005	2022	3090	522
11782	9284	4627	7599	248	7302	2084	776	973	2242	523
4941	4168	2529	6828	418	5475	1949	1068	892	1590	524
7300	17492	7198	8855	248	7303	3041	651	1037	3332	525
10214	11616	10583	14576	451	8939	3840	1403	2417	5017	526
13611	11604	7256	9634	485	13264	3959	1228	2160	3969	527
22371	13476	11483	13907	484	17320	5538	1750	2833	4537	528
11094	9202	6383	8902	468	9263	3331	1267	1863	2907	529
14222	**21807**	**10247**	**16226**	**578**	**14422**	**5072**	**1980**	**4351**	**11343**	G
29	68	19	35		79	15	9	15	82	53
5	7	2	6		8	4	2	3	7	531
16	42	12	19		47	10	3	7	65	532
8	19	5	10		24	1	4	5	10	533
9148	15661	7434	10674	364	10149	3217	1410	3257	7862	54
204	645	457	454	30	545	282	77	94	301	541
177	555	427	404	39	328	212	75	154	235	542
8226	13567	5975	9010	253	8516	2399	1129	2885	6863	543
541	894	575	806	42	760	324	129	124	463	544
390	327	114	136		81	12	7	9	28	55
33	97	70	67		62	7	4	3	5	551
293	169	32	42		8		3	5	19	552
64	61	12	27		11	5		1	4	553
79	133	63	133	14	103	33	13	21	96	56
27	47	21	64	10	25	10	1	4	26	561
35	58	25	43	1	42	16	7	12	41	562
17	28	17	26	3	36	7	5	5	29	563
5	12	5	15		13	5			18	57
	1		6						1	571
5	11	5	9		13	5			17	572

2-1 续表 16 (2020年)

行业中类	代码	企业单位数	北京	天津	河北	山西
多式联运和运输代理业	58	137025	3972	5920	3939	1408
多式联运	581	6251	14	79	361	78
运输代理业	582	130774	3958	5841	3578	1330
装卸搬运和仓储业	59	79054	2559	2468	3800	2485
装卸搬运	591	32545	548	553	1583	1254
通用仓储	592	13054	965	687	533	413
低温仓储	593	3578	38	46	117	108
危险品仓储	594	799	11	24	29	15
谷物、棉花等农产品仓储	595	10279	103	53	559	340
中药材仓储	596	139	2	1	3	3
其他仓储业	599	18660	892	1104	976	352
邮政业	60	28881	677	316	721	471
邮政基本服务	601	1345	16	28	23	23
快递服务	602	26904	623	275	686	428
其他寄递服务	609	632	38	13	12	20
住宿和餐饮业	**H**	**512622**	**35730**	**5664**	**17430**	**12272**
住宿业	61	144866	5817	1247	4667	3579
旅游饭店	611	39935	1565	317	1151	694
一般旅馆	612	83087	3176	718	2751	2165
民宿服务	613	6684	281	37	179	188
露营地服务	614	213	7		5	4
其他住宿业	619	14947	788	175	581	528
餐饮业	62	367756	29913	4417	12763	8693
正餐服务	621	285969	22614	3275	10537	7296
快餐服务	622	23794	2728	374	826	373
饮料及冷饮服务	623	11148	1028	92	183	99
餐饮配送及外卖送餐服务	624	10400	357	249	304	165
其他餐饮业	629	36445	3186	427	913	760
信息传输、软件和信息技术服务业	**I**	**1277390**	**76154**	**17743**	**49170**	**36078**
电信、广播电视和卫星传输服务	63	28266	1616	315	883	897
电信	631	24597	1390	291	726	761
广播电视传输服务	632	3080	159	22	134	123
卫星传输服务	633	589	67	2	23	13
互联网和相关服务	64	180956	7998	1546	6055	5488
互联网接入及相关服务	641	16815	554	164	590	683
互联网信息服务	642	84464	3325	658	3118	1685
互联网平台	643	17535	1627	221	504	356
互联网安全服务	644	1740	148	32	32	35
互联网数据服务	645	9354	1017	98	146	1986
其他互联网服务	649	51048	1327	373	1665	743
软件和信息技术服务业	65	1068168	66540	15882	42232	29693
软件开发	651	618356	35324	10621	27998	19417
集成电路设计	652	23362	329	145	898	355

单位：个

内蒙古	辽宁	吉林	黑龙江	上海	江苏	浙江	安徽	福建	江西	山东	河南	代码
1007	4781	449	911	10231	10806	10501	2863	5240	1372	18493	3431	58
46	114	43	110	89	807	106	313	192	141	1297	388	581
961	4667	406	801	10142	9999	10395	2550	5048	1231	17196	3043	582
1909	2843	1399	2192	2561	6629	4057	3096	1971	1689	8659	4214	59
1056	784	192	560	354	3537	2043	1269	893	814	3183	1420	591
182	666	131	153	1105	971	911	288	353	115	1084	540	592
57	264	65	83	66	114	110	305	62	30	978	240	593
8	46	3	4	28	105	66	7	32	11	78	23	594
371	568	833	1151	34	434	144	604	170	388	815	1022	595
8	4	3	3	1	3	2	35	4	2	11	9	596
227	511	172	238	973	1465	781	588	457	329	2510	960	599
438	1111	492	566	914	1226	1766	1137	1053	924	1477	1220	60
24	41	21	40	8	57	36	51	56	50	64	68	601
399	1050	463	526	868	1151	1719	1064	976	869	1376	1131	602
15	20	8		38	18	11	22	21	5	37	21	609
4846	**10098**	**2746**	**2962**	**20581**	**32148**	**33756**	**21290**	**16861**	**10081**	**41308**	**24341**	H
2121	3686	1015	1152	4693	7278	11244	5224	5433	3666	8192	6965	61
760	872	368	367	719	1740	2641	1444	1809	1124	2501	1986	611
1018	2318	496	665	3595	4527	6679	3052	2902	1938	4332	4064	612
45	141	23	12	158	166	1558	196	261	138	287	128	613
6	3	2	2	4	10	25	12	6	5	15	11	614
292	352	126	106	217	835	341	520	455	461	1057	776	619
2725	6412	1731	1810	15888	24870	22512	16066	11428	6415	33116	17376	62
2340	4714	1340	1370	10724	18820	17155	12911	8321	5193	24259	13972	621
123	606	116	177	1562	1760	1678	928	644	226	3402	1271	622
29	158	38	28	1231	564	982	239	512	135	415	132	623
96	261	94	103	267	762	766	332	589	234	1070	370	624
137	673	143	132	2104	2964	1931	1656	1362	627	3970	1631	629
11012	**33562**	**6753**	**12419**	**27939**	**112504**	**112152**	**45026**	**69955**	**31309**	**104590**	**66491**	I
681	1141	319	688	488	1839	1217	1069	693	687	1435	1309	63
609	927	270	601	400	1644	1041	888	617	611	1280	1047	631
62	197	45	83	54	168	157	174	59	71	132	183	632
10	17	4	4	34	27	19	7	17	5	23	79	633
2162	3318	1087	1655	3240	13713	10778	7878	21050	5249	16117	9069	64
326	481	174	175	286	886	452	688	957	405	1699	857	641
880	1633	507	905	1223	8476	6660	4157	5197	3001	7655	4528	642
394	286	98	173	647	885	1139	422	894	248	1691	591	643
38	39	5	11	74	119	152	74	118	21	123	89	644
147	123	22	42	266	475	700	638	283	102	543	264	645
377	756	281	349	744	2872	1675	1899	13601	1472	4406	2740	649
8169	29103	5347	10076	24211	96952	100157	36079	48212	25373	87038	56113	65
3599	20618	3200	6942	11587	56651	63490	19313	25434	12255	39171	34112	651
112	305	47	105	524	3144	642	1006	1158	729	3952	1546	652

2-1 续表 17 (2020年)

行业中类	代码	湖北	湖南	广东	广西	海南
多式联运和运输代理业	58	3660	2565	30144	3126	633
多式联运	581	431	73	567	220	15
运输代理业	582	3229	2492	29577	2906	618
装卸搬运和仓储业	59	3547	1853	8032	1959	293
装卸搬运	591	1856	936	4699	874	86
通用仓储	592	476	187	1061	273	38
低温仓储	593	52	67	121	42	17
危险品仓储	594	20	38	96	21	3
谷物、棉花等农产品仓储	595	366	180	303	292	37
中药材仓储	596	7	3	9	2	
其他仓储业	599	770	442	1743	455	112
邮政业	60	1497	1008	4357	815	251
邮政基本服务	601	67	65	137	42	8
快递服务	602	1384	933	4108	748	230
其他寄递服务	609	46	10	112	25	13
住宿和餐饮业	**H**	**19782**	**14381**	**59772**	**12679**	**3649**
住宿业	61	6077	4758	15619	4469	1799
旅游饭店	611	1592	1404	4327	1737	884
一般旅馆	612	3411	2509	9191	2038	552
民宿服务	613	405	177	401	149	88
露营地服务	614	5	7	11	5	2
其他住宿业	619	664	661	1689	540	273
餐饮业	62	13705	9623	44153	8210	1850
正餐服务	621	11615	7691	32549	5727	1433
快餐服务	622	558	365	3069	679	52
饮料及冷饮服务	623	230	504	1792	222	118
餐饮配送及外卖送餐服务	624	241	268	1774	528	80
其他餐饮业	629	1061	795	4969	1054	167
信息传输、软件和信息技术服务业	**I**	**63676**	**33294**	**179914**	**27399**	**7811**
电信、广播电视和卫星传输服务	63	1182	1102	4351	731	334
电信	631	1024	816	3920	683	299
广播电视传输服务	632	134	267	343	33	30
卫星传输服务	633	24	19	88	15	5
互联网和相关服务	64	7054	5786	22907	4133	1821
互联网接入及相关服务	641	912	641	2572	533	180
互联网信息服务	642	3491	2879	10687	1993	840
互联网平台	643	989	820	1986	425	234
互联网安全服务	644	47	42	224	51	24
互联网数据服务	645	243	125	963	180	83
其他互联网服务	649	1372	1279	6475	951	460
软件和信息技术服务业	65	55440	26406	152656	22535	5656
软件开发	651	36051	12443	91775	12055	2987
集成电路设计	652	947	604	2723	628	133

单位：个

重庆	四川	贵州	云南	西藏	陕西	甘肃	青海	宁夏	新疆	代码
2361	2156	621	2392	40	1371	457	202	419	1554	58
209	57	55	161		93	13	14	55	110	581
2152	2099	566	2231	40	1278	444	188	364	1444	582
1515	2288	1012	1455	72	1865	885	238	342	1167	59
676	920	438	652	20	465	218	94	197	371	591
330	483	167	167	10	350	128	21	23	243	592
27	78	39	73	1	216	71	5	16	70	593
17	21	17	16	1	16	7	2	5	29	594
40	272	107	97	22	404	307	42	34	187	595
2	6	1	1	2	2	6	1		3	596
423	508	243	449	16	412	148	73	67	264	599
695	1162	979	1386	88	761	448	101	288	536	60
58	77	37	47	25	47	48	15	8	58	601
625	1063	929	1316	62	687	392	85	272	466	602
12	22	13	23	1	27	8	1	8	12	609
25828	**18849**	**18538**	**17946**	**984**	**13605**	**6086**	**2528**	**2079**	**3802**	H
6353	7059	5602	6250	654	4639	2499	1036	652	1421	61
1879	1990	1297	1513	262	1250	709	261	197	575	611
3379	4235	3374	3783	277	2786	1511	611	400	634	612
612	260	243	263	7	175	43	21	9	33	613
4	20	7	7		11	8	5	1	3	614
479	554	681	684	108	417	228	138	45	176	619
19475	11790	12936	11696	330	8966	3587	1492	1427	2381	62
17054	9397	11250	9530	255	7294	3080	1308	1227	1718	621
596	416	215	274	5	368	144	32	43	184	622
445	882	260	444	22	203	92	16	17	36	623
233	227	199	361	6	191	68	36	35	134	624
1147	868	1012	1087	42	910	203	100	105	309	629
27549	**37721**	**11651**	**26640**	**1045**	**25809**	**4464**	**2805**	**3852**	**10903**	I
666	948	431	598	232	1370	340	173	119	412	63
613	848	371	524	226	1245	312	164	107	342	631
44	85	54	64	5	105	20	6	10	57	632
9	15	6	10	1	20	8	3	2	13	633
3589	4549	2576	3255	107	5037	1175	454	623	1487	64
256	455	259	438	9	657	196	79	73	178	641
1906	2407	1077	1585	41	2368	440	213	311	618	642
365	575	299	333	13	858	97	37	56	272	643
55	42	23	29		41	12	2	8	30	644
160	209	135	108	4	132	22	19	19	100	645
847	861	783	762	40	981	408	104	156	289	649
23294	32224	8644	22787	706	19402	2949	2178	3110	9004	65
15402	22334	4294	13395	275	11022	1345	945	1628	2673	651
589	411	110	1102	4	499	31	126	148	310	652

2-1 续表 18 (2020年)

行业中类	代码	企业单位数	北京	天津	河北	山西
信息系统集成和物联网技术服务	653	68364	3923	643	2941	2695
运行维护服务	654	10722	1168	141	287	199
信息处理和存储支持服务	655	7636	567	137	250	126
信息技术咨询服务	656	241269	17804	2742	6783	4966
数字内容服务	657	15535	729	148	290	162
其他信息技术服务业	659	82924	6696	1305	2785	1773
金融业	**J**	**140384**	**7753**	**4718**	**4310**	**2788**
货币金融服务	66	39433	1037	3206	1492	1244
货币银行服务	662	11532	132	282	493	366
非货币银行服务	663	27818	900	2924	991	876
银行理财服务	664	83	5		8	2
资本市场服务	67	64499	4912	1120	940	300
证券市场服务	671	780	46	11	8	10
公开募集证券投资基金	672	1293	61	5	33	1
非公开募集证券投资基金	673	14563	906	301	83	65
期货市场服务	674	733	23	16	16	4
资本投资服务	676	25084	2426	458	649	184
其他资本市场服务	679	22046	1450	329	151	36
保险业	68	19204	918	192	1250	581
人身保险	681	6040	89	41	310	181
财产保险	682	6546	72	32	319	233
再保险	683	29	9	1	1	
商业养老金	684	254	11	3	14	6
保险中介服务	685	4266	509	79	468	120
保险资产管理	686	102	18		7	2
其他保险活动	689	1967	210	36	131	39
其他金融业	69	17248	886	200	628	663
金融信托与管理服务	691	1785	40	18	83	112
控股公司服务	692	2942	267	13	14	13
非金融机构支付服务	693	339	59	4	14	6
金融信息服务	694	4266	235	10	171	267
金融资产管理公司	695	831	42	13	28	14
其他未列明金融业	699	7085	243	142	318	251
房地产业	**K**	**929057**	**30025**	**13687**	**51139**	**24188**
房地产业	70	929057	30025	13687	51139	24188
房地产开发经营	701	257247	4625	2380	17486	7125
物业管理	702	297322	11545	5108	16532	9811
房地产中介服务	703	276514	7188	4481	15545	5008
房地产租赁经营	704	81626	5952	1541	1243	2077
其他房地产业	709	16348	715	177	333	167
租赁和商务服务业	**L**	**3113303**	**212164**	**46995**	**121126**	**69172**
租赁业	71	329285	13343	5202	18769	10922
机械设备经营租赁	711	320758	12574	5137	18552	10750

单位：个

内蒙古	辽宁	吉林	黑龙江	上海	江苏	浙江	安徽	福建	江西	山东	河南	代码
829	1131	292	480	1569	6891	4425	2154	3957	2471	6640	2627	653
431	178	67	76	394	858	428	404	489	422	1150	436	654
83	175	34	65	257	731	726	272	408	153	556	274	655
2052	4947	1199	1765	6722	19611	25386	9085	11972	7204	23340	11443	656
151	351	74	102	429	1347	1158	641	598	216	1124	1042	657
912	1398	434	541	2729	7719	3902	3204	4196	1923	11105	4633	659
1698	**3840**	**1349**	**1523**	**9593**	**5915**	**16276**	**3398**	**4713**	**1980**	**9751**	**2835**	J
954	2078	716	738	1337	1777	1713	1189	1408	810	2392	1107	66
328	477	287	313	256	539	509	384	390	413	754	504	662
625	1598	429	424	1079	1236	1200	802	1014	396	1628	599	663
1	3		1	2	2	4	3	4	1	10	4	664
157	478	208	157	6985	2323	12257	751	2133	440	4148	345	67
6	12	7	5	57	43	27	23	41	14	48	12	671
1	11	13	14	75	63	36	31	37	14	149	17	672
44	90	50	33	4906	434	1527	58	528	84	1377	34	673
4	25	3	8	64	78	16	5	34	15	104	14	674
62	244	95	77	1210	1096	3051	304	918	217	1668	197	676
40	96	40	20	673	609	7600	330	575	96	802	71	679
434	868	301	493	508	1151	836	862	529	474	1645	1019	68
149	303	119	194	66	443	248	294	164	170	513	404	681
213	295	121	181	79	335	290	323	190	175	554	379	682
	1			7						3		683
4	10	5	6	8	16	11	11	15	7	22	13	684
48	203	42	64	231	278	223	118	116	83	364	129	685
	2		1	11	12	6		9	5	13	1	686
20	54	14	47	106	67	58	116	35	34	176	93	689
153	416	124	135	763	664	1470	596	643	256	1566	364	69
7	18	18	8	19	77	208	43	55	36	99	44	691
10	35	1	6	36	91	514	29	19	9	114	20	692
5	5	2	2	49	18	23	10	11	2	20	5	693
30	69	28	18	470	188	318	269	167	93	351	137	694
5	12	7	1	32	31	36	21	58	16	223	15	695
96	277	68	100	157	259	371	224	333	100	759	143	699
14833	**27045**	**8070**	**10796**	**23317**	**72373**	**63595**	**34347**	**25933**	**21080**	**73548**	**54327**	K
14833	27045	8070	10796	23317	72373	63595	34347	25933	21080	73548	54327	70
4360	7436	2901	3138	4221	16851	14543	8911	7937	7714	19946	18724	701
6227	9586	2922	4723	6256	22357	13759	11002	7862	6118	28152	18788	702
3485	7903	1800	2342	6124	26195	25130	11953	7164	5951	21000	13616	703
680	1849	375	481	6384	5900	9487	1915	2461	919	3051	2393	704
81	271	72	112	332	1070	676	566	509	378	1399	806	709
39615	**73023**	**18379**	**25936**	**82531**	**240323**	**213900**	**134033**	**120884**	**84906**	**281999**	**152270**	L
6483	6962	2520	4633	3295	17990	17260	17737	9337	9688	32667	21560	71
6302	6767	2463	4593	3041	17502	16597	17520	8987	9560	31988	21183	711

2-1 续表 19 (2020年)

行业中类	代码	湖北	湖南	广东	广西	海南
信息系统集成和物联网技术服务	653	3783	2709	6675	1464	487
运行维护服务	654	376	247	1032	291	61
信息处理和存储支持服务	655	250	194	1198	184	33
信息技术咨询服务	656	10536	7641	34104	5919	1419
数字内容服务	657	582	475	4105	285	103
其他信息技术服务业	659	2915	2093	11044	1709	433
金融业	**J**	**3233**	**2209**	**30469**	**3134**	**807**
货币金融服务	66	1320	865	4990	820	380
货币银行服务	662	403	470	843	311	109
非货币银行服务	663	913	394	4140	507	271
银行理财服务	664	4	1	7	2	
资本市场服务	67	932	629	19283	1000	236
证券市场服务	671	11	20	273	18	8
公开募集证券投资基金	672	17	52	495	29	51
非公开募集证券投资基金	673	175	214	2610	80	34
期货市场服务	674	19	10	60	47	8
资本投资服务	676	485	242	8472	410	93
其他资本市场服务	679	225	91	7373	416	42
保险业	68	666	536	1855	464	128
人身保险	681	275	241	518	151	33
财产保险	682	263	220	483	224	46
再保险	683	1		3		
商业养老金	684	7	9	20	9	3
保险中介服务	685	94	42	458	65	34
保险资产管理	686	1		7	4	
其他保险活动	689	25	24	366	11	12
其他金融业	69	315	179	4341	850	63
金融信托与管理服务	691	42	31	538	70	7
控股公司服务	692	38	16	1147	464	6
非金融机构支付服务	693	6	5	41	13	6
金融信息服务	694	55	26	824	94	16
金融资产管理公司	695	15	7	137	8	4
其他未列明金融业	699	159	94	1654	201	24
房地产业	**K**	**39582**	**26106**	**130521**	**29811**	**13098**
房地产业	70	39582	26106	130521	29811	13098
房地产开发经营	701	11267	10134	27833	10356	4222
物业管理	702	14162	8039	43166	6171	2268
房地产中介服务	703	10701	6700	36728	10296	5561
房地产租赁经营	704	2582	905	18929	2017	777
其他房地产业	709	870	328	3865	971	270
租赁和商务服务业	**L**	**140355**	**85210**	**420066**	**85407**	**19568**
租赁业	71	15427	12878	28695	9333	2587
机械设备经营租赁	711	15101	12606	27497	9068	2492

单位：个

重庆	四川	贵州	云南	西藏	陕西	甘肃	青海	宁夏	新疆	代码
1131	2383	470	1797	103	1665	278	308	267	1176	653
267	302	150	275	14	256	60	38	55	170	654
139	264	109	142	1	150	23	13	27	95	655
4450	4598	2025	3818	195	3994	881	461	718	3489	656
272	390	106	135	9	366	43	13	21	68	657
1044	1542	1380	2123	105	1450	288	274	246	1023	659
2012	**3411**	**1613**	**3400**	**309**	**2566**	**1099**	**351**	**749**	**2582**	**J**
1021	1142	777	1466	107	1102	643	222	383	997	66
537	547	314	394	65	331	273	92	105	311	662
479	591	462	1070	42	770	370	128	277	683	663
5	4	1	2		1		2	1	3	664
563	785	315	1166	152	500	87	22	190	985	67
14	18	6	15		13	3		3	8	671
24	34	1	8	1	8	1	1	3	7	672
105	426	74	76	5	162	18	8	12	44	673
91	5	1	24		24	2	1	4	8	674
113	213	155	839	33	186	25	4	131	827	676
216	89	78	204	113	107	38	8	37	91	679
270	950	294	569	41	569	313	65	97	326	68
97	376	74	138	6	186	96	17	35	109	681
76	362	148	239	31	213	188	43	45	174	682
			1		2					683
4	12	3	7		6	6	1	2	3	684
73	139	26	103	2	97	12	3	13	30	685
	1	1						1		686
20	60	42	81	2	65	11	1	1	10	689
158	534	227	199	9	395	56	42	79	274	69
12	60	26	14	1	63	6	1	16	13	691
7	17	3	13	1	12	1	2	3	21	692
7	5	4	6		4	1		2	4	693
16	114	40	41	1	154	4	1	18	41	694
1	24	17	10	1	34	2	1	4	12	695
115	314	137	115	5	128	42	37	36	183	699
19966	**30486**	**15396**	**24604**	**674**	**23617**	**7855**	**3426**	**3517**	**12095**	**K**
19966	30486	15396	24604	674	23617	7855	3426	3517	12095	70
3726	9990	6217	7781	204	7850	2810	815	1007	4737	701
4993	8511	4458	6615	195	8257	2929	1343	1342	4125	702
9792	9578	3374	8530	100	4918	1361	977	945	2068	703
1122	1993	897	1372	149	2008	687	263	204	1013	704
333	414	450	306	26	584	68	28	19	152	709
70973	**101999**	**47484**	**76243**	**5170**	**67407**	**19831**	**13255**	**13839**	**29240**	**L**
11379	13929	6449	10044	591	8269	3625	1623	2378	3710	71
11097	13504	6305	9838	581	8020	3558	1595	2334	3646	711

2-1 续表 20 (2020年)

行业中类	代码	企业单位数	北京	天津	河北	山西
文体设备和用品出租	712	7631	685	56	205	153
日用品出租	713	896	84	9	12	19
商务服务业	72	2784018	198821	41793	102357	58250
组织管理服务	721	465353	51001	6988	11326	4961
综合管理服务	722	83648	3956	1924	3183	1696
法律服务	723	65850	829	503	2697	1013
咨询与调查	724	899795	80849	16807	31517	22077
广告业	725	451267	21406	5232	21585	11520
人力资源服务	726	297797	6678	4614	13111	6422
安全保护服务	727	37946	1228	447	1768	978
会议、展览及相关服务	728	77268	16789	1013	3244	2421
其他商务服务业	729	405094	16085	4265	13926	7162
科学研究和技术服务业	**M**	**1600249**	**220177**	**42087**	**68108**	**31959**
研究和试验发展	73	220580	7720	2646	9522	2035
自然科学研究和试验发展	731	11671	251	151	660	56
工程和技术研究和试验发展	732	156907	3092	1847	6011	1453
农业科学研究和试验发展	733	17663	364	122	1310	266
医学研究和试验发展	734	32445	3883	515	1512	243
社会人文科学研究	735	1894	130	11	29	17
专业技术服务业	74	661386	46708	9469	20378	14320
气象服务	741	1306	43	19	61	28
地震服务	742	521	27	1	22	8
海洋服务	743	1139	26	57	20	5
测绘地理信息服务	744	14130	290	127	973	451
质检技术服务	745	51236	2159	953	2482	1474
环境与生态监测检测服务	746	13929	305	200	814	482
地质勘查	747	8958	282	58	512	492
工程技术与设计服务	748	314750	19463	3814	9221	7701
工业与专业设计及其他专业技术服务	749	255417	24113	4240	6273	3679
科技推广和应用服务业	75	718283	165749	29972	38208	15604
技术推广服务	751	513250	93127	26570	29600	13066
知识产权服务	752	28557	3346	460	1123	393
科技中介服务	753	14729	1364	422	835	360
创业空间服务	754	10714	518	322	640	366
其他科技推广服务业	759	151033	67394	2198	6010	1419
水利、环境和公共设施管理业	**N**	**178904**	**7221**	**1785**	**10162**	**5649**
水利管理业	76	7009	103	37	289	295
防洪除涝设施管理	761	882	5	3	29	30
水资源管理	762	1911	40	10	78	80
天然水收集与分配	763	579	7	5	11	27
水文服务	764	281	6	1	18	18
其他水利管理业	769	3356	45	18	153	140
生态保护和环境治理业	77	24374	1071	227	1006	955

单位：个

内蒙古	辽宁	吉林	黑龙江	上海	江苏	浙江	安徽	福建	江西	山东	河南	代码
167	171	50	35	211	415	587	190	314	122	639	339	712
14	24	7	5	43	73	76	27	36	6	40	38	713
33132	66061	15859	21303	79236	222333	196640	116296	111547	75218	249332	130710	72
2989	9324	1650	2375	16054	38411	50056	13634	23046	14301	32325	10080	721
1408	2996	617	919	2120	8581	8272	2651	3738	1229	6896	3194	722
580	1658	432	415	2574	8034	909	4080	2046	2276	10865	4798	723
10622	24191	4376	6395	30942	62534	69710	30560	26445	22914	81812	45811	724
5937	9942	3489	3610	9930	39772	29449	23084	19331	11295	36502	23503	725
5471	6314	1884	3094	4564	28924	11464	24566	5939	9964	27912	14739	726
621	1089	335	439	468	2868	2121	1809	1780	1089	3430	1667	727
1114	1623	267	552	3167	5040	3775	1488	2052	1361	5423	4524	728
4390	8924	2809	3504	9417	28169	20884	14424	27170	10789	44167	22394	729
17314	**34556**	**8233**	**16094**	**36826**	**174326**	**100361**	**53487**	**51350**	**24595**	**140827**	**75785**	M
731	7019	1330	2397	2926	44632	15468	7358	10259	1710	19141	5448	73
35	537	64	132	79	2180	407	271	999	78	1423	183	731
421	4933	748	1504	1829	35283	12114	5354	6892	878	12562	2910	732
160	712	232	493	66	1957	729	549	1250	196	2112	691	733
95	778	275	250	938	4791	2178	1130	1053	535	2930	1576	734
20	59	11	18	14	421	40	54	65	23	114	88	735
8489	14886	4095	6641	19240	71360	44525	26434	19573	14327	60533	30796	74
20	41	15	20	6	78	43	55	15	59	76	59	741
5	19	2	10	1	47	18	39	37	18	69	45	742
2	72		1	141	80	83	18	80	5	251	7	743
456	391	218	344	82	873	655	553	392	611	1071	970	744
1060	1735	622	907	1310	4842	3609	1874	1515	1141	4393	2630	745
383	352	113	186	122	1674	959	629	454	417	1434	663	746
499	307	85	220	29	225	146	288	185	366	1060	492	747
4308	6188	1768	2440	7289	34549	22450	14193	9809	7910	26429	13178	748
1756	5781	1272	2513	10260	28992	16562	8785	7086	3800	25750	12752	749
8094	12651	2808	7056	14660	58334	40368	19695	21518	8558	61153	39541	75
5484	10552	2200	5785	8147	42426	32149	15788	12080	6241	49821	34498	751
159	389	119	156	745	3205	2576	1140	1213	525	2171	910	752
315	354	86	138	235	1125	1214	531	673	285	1024	357	753
50	156	49	211	210	536	437	149	3997	87	532	288	754
2086	1200	354	766	5323	11042	3992	2087	3555	1420	7605	3488	759
3855	**3697**	**1231**	**1677**	**2103**	**13870**	**11179**	**8853**	**6546**	**4529**	**18788**	**12663**	N
156	191	70	73	130	466	465	446	275	179	759	438	76
4	21	4	12	11	81	87	71	65	18	131	52	761
53	56	20	18	18	89	121	69	60	57	190	146	762
12	25	10	7	6	19	52	21	43	7	53	22	763
14	7	3	3	2	18	18	12	13	2	29	24	764
73	82	33	33	93	259	187	273	94	95	356	194	769
575	464	156	202	294	2123	2090	760	1059	670	2033	1286	77

2-1 续表 21 (2020年)

行业中类	代码	湖北	湖南	广东	广西	海南
文体设备和用品出租	712	288	243	1071	246	92
日用品出租	713	38	29	127	19	3
商务服务业	72	124928	72332	391371	76074	16981
组织管理服务	721	11872	10182	86295	16118	2738
综合管理服务	722	2892	2772	9393	2160	411
法律服务	723	2770	1959	5774	1828	435
咨询与调查	724	35675	20933	151882	20394	3904
广告业	725	20782	12232	45747	14499	3108
人力资源服务	726	27044	9870	17241	7884	1310
安全保护服务	727	1639	1137	3854	1367	580
会议、展览及相关服务	728	3098	1435	6064	1193	887
其他商务服务业	729	19156	11812	65121	10631	3608
科学研究和技术服务业	**M**	**58381**	**41438**	**203740**	**31915**	**6635**
研究和试验发展	73	7175	7700	47105	2886	559
自然科学研究和试验发展	731	322	257	2917	67	23
工程和技术研究和试验发展	732	5039	5809	37709	1750	235
农业科学研究和试验发展	733	587	762	1714	461	128
医学研究和试验发展	734	1137	817	4347	576	157
社会人文科学研究	735	90	55	418	32	16
专业技术服务业	74	32013	17722	91372	14001	3740
气象服务	741	52	38	185	39	18
地震服务	742	19	13	34	20	3
海洋服务	743	31	6	166	20	31
测绘地理信息服务	744	598	435	994	486	154
质检技术服务	745	1559	1227	6220	1069	311
环境与生态监测检测服务	746	533	431	1236	276	89
地质勘查	747	352	272	405	225	37
工程技术与设计服务	748	18993	8781	38091	7945	2091
工业与专业设计及其他专业技术服务	749	9876	6519	44041	3921	1006
科技推广和应用服务业	75	19193	16016	65263	15028	2336
技术推广服务	751	16228	13363	36578	12385	1861
知识产权服务	752	575	558	5560	366	105
科技中介服务	753	388	426	2707	422	145
创业空间服务	754	258	122	1155	77	22
其他科技推广服务业	759	1744	1547	19263	1778	203
水利、环境和公共设施管理业	**N**	**8696**	**5669**	**11429**	**6739**	**1212**
水利管理业	76	362	266	407	153	51
防洪除涝设施管理	761	54	31	54	23	1
水资源管理	762	82	79	112	43	10
天然水收集与分配	763	30	26	28	13	7
水文服务	764	18	9	9	10	3
其他水利管理业	769	178	121	204	64	30
生态保护和环境治理业	77	964	974	2267	548	196

单位：个

重庆	四川	贵州	云南	西藏	陕西	甘肃	青海	宁夏	新疆	代码
257	379	119	183	8	222	59	28	40	57	712
25	46	25	23	2	27	8		4	7	713
59594	88070	41035	66199	4579	59138	16206	11632	11461	25530	72
5385	14030	4910	10593	1759	5080	970	820	919	5161	721
1968	3654	1047	2485	87	1412	500	249	324	914	722
2061	874	855	2241	15	1631	178	438	394	688	723
17503	24420	8361	18259	869	15252	3015	2004	2753	7009	724
14294	18172	9255	10607	705	13720	4439	1601	2056	4463	725
9482	12828	7429	7611	352	9020	3376	3815	2871	2004	726
711	1157	814	1294	38	1289	471	350	281	827	727
1706	2543	759	2249	62	1771	308	280	291	769	728
6484	10392	7605	10860	692	9963	2949	2075	1572	3695	729
22713	**40737**	**11941**	**27547**	**1159**	**29143**	**6323**	**4415**	**4275**	**13802**	M
1647	5729	560	2328	112	3079	352	200	222	584	73
78	186	26	116	7	93	9	11	22	31	731
958	3791	220	916	38	1944	169	105	105	288	732
185	737	150	875	28	454	101	41	56	175	733
412	986	150	394	38	535	63	35	34	82	734
14	29	14	27	1	53	10	8	5	8	735
14445	19817	7969	13707	694	17793	4090	2730	2312	7207	74
11	44	34	64	6	90	25	19	13	30	741
8	12	4	14		12	4	1	2	7	742
19	4	1			5	2		3	3	743
181	725	344	644	21	555	143	70	88	235	744
617	1694	827	1235	62	1574	519	235	322	1059	745
236	412	184	334	19	449	146	105	85	207	746
130	295	211	527	42	570	131	145	64	306	747
8176	11043	3967	7201	419	9151	2209	1525	1081	3367	748
5067	5588	2397	3688	125	5387	911	630	654	1993	749
6621	15191	3412	11512	353	8271	1881	1485	1741	6011	75
4795	12202	2478	9978	276	6744	1407	1297	1472	4652	751
631	728	203	396	4	458	89	37	72	145	752
229	364	91	208	30	172	40	14	37	138	753
86	179	25	49	10	92	32	11	7	41	754
880	1718	615	881	33	805	313	126	153	1035	759
4826	**5667**	**3513**	**5224**	**154**	**6269**	**1342**	**1171**	**894**	**2291**	N
158	198	199	251	8	245	72	37	37	193	76
8	18	9	19		26	5	2		8	761
59	68	83	77	5	71	29	7	11	70	762
21	23	23	30		22	5	1	3	20	763
4	8	4	7		11	2	2	2	4	764
66	81	80	118	3	115	31	25	21	91	769
879	903	379	591	29	756	185	286	133	313	77

2-1 续表 22

(2020年)

行业中类	代码	企业单位数	北京	天津	河北	山西
生态保护	771	2098	37	10	67	89
环境治理业	772	22276	1034	217	939	866
公共设施管理业	78	116498	5918	1485	6710	4087
市政设施管理	781	13185	182	145	530	259
环境卫生管理	782	19663	589	178	1144	571
城乡市容管理	783	2264	51	24	119	48
绿化管理	784	57064	4607	940	2982	2075
城市公园管理	785	1273	68	11	44	32
游览景区管理	786	23049	421	187	1891	1102
土地管理业	79	31023	129	36	2157	312
土地整治服务	791	13621	58	10	1323	208
土地调查评估服务	792	4160	10	8	65	42
土地登记服务	793	721	6		80	7
土地登记代理服务	794	5185	33	3	371	26
其他土地管理服务	799	7336	22	15	318	29
居民服务、修理和其他服务业	**O**	**568820**	**37305**	**8895**	**23849**	**15729**
居民服务业	80	239136	18499	3673	9210	6851
家庭服务	801	58205	2506	1170	3644	2639
托儿所服务	802	6341	94	66	61	89
洗染服务	803	8030	834	170	444	165
理发及美容服务	804	48348	8423	769	1369	1049
洗浴和保健养生服务	805	41189	2878	332	1331	862
摄影扩印服务	806	21442	2196	282	482	533
婚姻服务	807	18247	764	159	743	605
殡葬服务	808	7799	233	82	258	178
其他居民服务业	809	29535	571	643	878	731
机动车、电子产品和日用产品修理业	81	216769	8823	2983	9590	5762
汽车、摩托车等修理与维护	811	163288	4316	2059	7888	4458
计算机和办公设备维修	812	23312	2016	388	649	647
家用电器修理	813	22921	1879	389	856	480
其他日用产品修理业	819	7248	612	147	197	177
其他服务业	82	112915	9983	2239	5049	3116
清洁服务	821	71522	5306	1117	3752	1949
宠物服务	822	6907	657	106	281	108
其他未列明服务业	829	34486	4020	1016	1016	1059
教育	**P**	**284838**	**14900**	**4300**	**6844**	**6168**
教育	83	284838	14900	4300	6844	6168
学前教育	831	17909	436	336	760	352
初等教育	832	3229	63	23	104	119
中等教育	833	2257	37	11	127	66
高等教育	834	294	4	2	11	5
特殊教育	835	473	14	3	13	16
技能培训、教育辅助及其他教育	839	260676	14346	3925	5829	5610

单位：个

内蒙古	辽宁	吉林	黑龙江	上海	江苏	浙江	安徽	福建	江西	山东	河南	代码
111	34	17	28	16	106	125	78	95	48	144	111	771
464	430	139	174	278	2017	1965	682	964	622	1889	1175	772
2837	2367	847	1195	1600	7850	7943	6035	4331	2922	11070	8551	78
262	331	158	201	246	1218	1062	642	428	465	1685	739	781
308	465	168	247	297	1405	2076	1213	859	625	1204	1339	782
40	52	7	25	73	197	202	95	92	77	180	236	783
1890	949	351	522	921	3765	2725	3177	1577	947	6105	4539	784
10	34	7	18	30	136	70	36	50	24	140	92	785
327	536	156	182	33	1129	1808	872	1325	784	1756	1606	786
287	675	158	207	79	3431	681	1612	881	758	4926	2388	79
137	278	72	111	11	1423	431	880	458	348	2217	1225	791
35	71	31	28	4	364	78	96	73	48	414	117	792
6	22	1	4	1	86	15	52	23	24	90	63	793
27	142	24	28	12	784	67	275	122	172	906	464	794
82	162	30	36	51	774	90	309	205	166	1299	519	799
8071	**13448**	**4240**	**4788**	**16886**	**40432**	**35906**	**23933**	**19938**	**12095**	**45608**	**26183**	O
3309	5988	1691	1907	9113	14791	16623	9155	8564	4382	18190	11085	80
1499	1328	590	529	842	3919	4002	2532	2782	1207	4872	3223	801
48	123	14	12	107	519	584	106	294	107	339	96	802
109	209	57	75	303	478	534	340	228	141	449	349	803
249	857	189	174	3725	2533	3164	1248	1307	638	2574	1486	804
291	1380	276	300	2297	2746	2863	1860	1472	651	3248	2115	805
179	491	79	94	928	1030	1915	624	804	307	1519	879	806
325	488	108	146	381	1296	1410	1101	555	336	1692	1291	807
170	398	106	164	195	516	562	491	335	228	488	370	808
439	714	272	413	335	1754	1589	853	787	767	3009	1276	809
3448	5466	1610	1705	5892	16263	12818	10708	7853	4590	17613	9846	81
2678	4357	1311	1283	3747	12595	10019	8264	6198	3740	13524	7527	811
384	472	142	221	949	1417	1111	920	677	366	1587	991	812
255	442	109	150	891	1628	1340	1240	787	336	1755	1027	813
131	195	48	51	305	623	348	284	191	148	747	301	819
1314	1994	939	1176	1881	9378	6465	4070	3521	3123	9805	5252	82
818	1175	505	864	1333	5715	5272	3120	2591	1795	4388	3731	821
79	308	53	62	310	562	368	223	166	76	990	352	822
417	511	381	250	238	3101	825	727	764	1252	4427	1169	829
4558	**7019**	**2501**	**2878**	**3815**	**23015**	**32855**	**11903**	**8132**	**5838**	**29634**	**12560**	P
4558	7019	2501	2878	3815	23015	32855	11903	8132	5838	29634	12560	83
205	731	404	420	332	725	967	777	720	429	1553	530	831
100	126	29	24	26	209	120	167	64	63	493	293	832
96	115	25	28	13	149	80	108	45	43	320	147	833
4	13	1	6	5	11	33	14	5	2	48	15	834
20	32	10	5	2	19	12	33	19	9	66	23	835
4133	6002	2032	2395	3437	21902	31643	10804	7279	5292	27154	11552	839

2-1 续表 23 (2020年)

行业中类	代码	湖北	湖南	广东	广西	海南
生态保护	771	111	79	189	52	33
环境治理业	772	853	895	2078	496	163
公共设施管理业	78	5487	3730	7793	2669	782
市政设施管理	781	631	426	952	329	124
环境卫生管理	782	776	840	1169	447	92
城乡市容管理	783	142	63	113	55	16
绿化管理	784	2258	1615	4551	1054	311
城市公园管理	785	89	54	79	28	16
游览景区管理	786	1591	732	929	756	223
土地管理业	79	1883	699	962	3369	183
土地整治服务	791	625	298	299	525	64
土地调查评估服务	792	89	45	101	1972	26
土地登记服务	793	36	15	35	34	2
土地登记代理服务	794	176	145	233	211	59
其他土地管理服务	799	957	196	294	627	32
居民服务、修理和其他服务业	**O**	**22269**	**15304**	**65573**	**19315**	**3779**
居民服务业	80	8551	6698	27229	10988	1601
家庭服务	801	2341	1854	3701	1544	299
托儿所服务	802	151	101	576	1880	24
洗染服务	803	300	207	727	142	44
理发及美容服务	804	1202	1140	7933	1068	224
洗浴和保健养生服务	805	1145	1334	6658	1006	320
摄影扩印服务	806	703	523	3454	391	336
婚姻服务	807	874	410	1263	365	132
殡葬服务	808	338	282	350	163	34
其他居民服务业	809	1497	847	2567	4429	188
机动车、电子产品和日用产品修理业	81	8177	4818	25286	5684	1343
汽车、摩托车等修理与维护	811	6203	3516	17020	4128	848
计算机和办公设备维修	812	853	515	3871	704	230
家用电器修理	813	832	596	3469	736	210
其他日用产品修理业	819	289	191	926	116	55
其他服务业	82	5541	3788	13058	2643	835
清洁服务	821	2969	2439	9704	1847	600
宠物服务	822	214	104	721	168	23
其他未列明服务业	829	2358	1245	2633	628	212
教育	**P**	**10125**	**9168**	**33245**	**8336**	**1707**
教育	83	10125	9168	33245	8336	1707
学前教育	831	945	1301	1804	723	101
初等教育	832	160	98	461	110	22
中等教育	833	123	139	163	47	13
高等教育	834	10	15	28	10	1
特殊教育	835	18	10	48	14	3
技能培训、教育辅助及其他教育	839	8869	7605	30741	7432	1567

单位：个

重庆	四川	贵州	云南	西藏	陕西	甘肃	青海	宁夏	新疆	代码
32	73	46	76	8	71	55	105	14	38	771
847	830	333	515	21	685	130	181	119	275	772
2632	3951	2376	3300	114	4393	990	689	537	1307	78
261	389	266	313	11	435	117	69	51	258	781
602	882	349	661	15	661	125	104	78	174	782
35	51	51	63	3	75	23	9	10	37	783
1145	1565	723	1640	64	2232	506	381	323	624	784
22	40	27	39	1	50	7	3	5	11	785
567	1024	960	584	20	940	212	123	70	203	786
1157	615	559	1082	3	875	95	159	187	478	79
586	368	283	503	1	457	50	79	121	172	791
68	56	39	123		57	16	13	7	64	792
26	7	16	28		26	1	6	1	8	793
232	68	95	223		184	6	17	30	50	794
245	116	126	205	2	151	22	44	28	184	799
17376	**20431**	**17085**	**18153**	**587**	**15276**	**5780**	**2090**	**2709**	**5787**	**O**
8674	7574	6345	6862	190	5596	2169	842	985	1801	80
2050	2187	1770	1823	33	1567	557	314	357	524	801
190	277	96	211		93	20	13	23	27	802
462	334	297	232	7	218	69	45	18	43	803
1917	1429	1110	1017	18	886	256	79	92	223	804
1105	943	1134	1020	39	880	311	75	94	223	805
833	609	457	722	24	472	276	63	71	166	806
1048	695	312	449	9	613	300	90	130	157	807
330	307	283	457		203	102	41	58	77	808
739	793	886	931	60	664	278	122	142	361	809
6081	9083	7756	8313	300	6927	2899	860	1163	3109	81
4382	7010	6951	7331	244	5255	2415	711	924	2386	811
679	998	382	542	29	751	240	76	114	391	812
822	853	321	266	7	703	183	43	81	235	813
198	222	102	174	20	218	61	30	44	97	819
2621	3774	2984	2978	97	2753	712	388	561	877	82
1991	2593	1304	1623	43	1527	466	229	305	451	821
228	210	103	154		148	18	8	69	38	822
402	971	1577	1201	54	1078	228	151	187	388	829
7803	**10883**	**6123**	**7034**	**153**	**6013**	**2636**	**565**	**1881**	**2246**	**P**
7803	10883	6123	7034	153	6013	2636	565	1881	2246	83
239	1033	926	580	12	297	94	13	78	86	831
63	71	65	60	3	46	15	5	7	20	832
27	82	87	60	1	53	6	12	10	24	833
2	25	10	4		7			1	2	834
15	10	8	11	1	12	4	1	12	10	835
7457	9662	5027	6319	136	5598	2517	534	1773	2104	839

2-1　续表 24　(2020年)

行业中类	代码	企业单位数	北京	天津	河北	山西
卫生和社会工作	Q	**94161**	**4943**	**1532**	**3198**	**3297**
卫生	84	75737	3978	1342	2256	2604
医院	841	25734	616	319	934	1058
基层医疗卫生服务	842	42217	2742	933	1099	1263
专业公共卫生服务	843	2163	45	22	65	82
其他卫生活动	849	5623	575	68	158	201
社会工作	85	18424	965	190	942	693
提供住宿社会工作	851	16621	797	160	893	642
不提供住宿社会工作	852	1803	168	30	49	51
文化、体育和娱乐业	R	**612730**	**80903**	**8969**	**24797**	**15856**
新闻和出版业	86	6870	1436	83	302	179
新闻业	861	1395	51	12	151	43
出版业	862	5475	1385	71	151	136
广播、电视、电影和录音制作业	87	90221	11153	1440	4630	1947
广播	871	13271	716	64	1068	270
电视	872	1842	285	18	97	51
影视节目制作	873	49887	8660	1026	2083	1059
广播电视集成播控	874	735	30	2	37	14
电影和广播电视节目发行	875	3388	876	102	76	45
电影放映	876	11062	285	91	432	345
录音制作	877	10036	301	137	837	163
文化艺术业	88	179113	40925	3568	6115	5883
文艺创作与表演	881	50411	4754	465	2583	2437
艺术表演场馆	882	1561	67	14	67	48
图书馆与档案馆	883	2857	49	20	96	51
文物及非物质文化遗产保护	884	1810	97	6	63	112
博物馆	885	530	34	11	17	21
烈士陵园、纪念馆	886	89	1		1	6
群众文体活动	887	16589	2807	468	1037	1238
其他文化艺术业	889	105266	33116	2584	2251	1970
体育	89	59356	4943	979	2911	1630
体育组织	891	16319	1434	300	1114	551
体育场地设施管理	892	3703	223	29	98	84
健身休闲活动	893	34088	2836	586	1366	767
其他体育	899	5246	450	64	333	228
娱乐业	90	277170	22446	2899	10839	6217
室内娱乐活动	901	124820	2051	1007	4689	3166
游乐园	902	4827	174	32	224	153
休闲观光活动	903	19756	171	24	491	300
彩票活动	904	369	27	2	33	17
文化体育娱乐活动与经纪代理服务	905	123590	19842	1808	5269	2508
其他娱乐业	909	3808	181	26	133	73

单位：个

内蒙古	辽宁	吉林	黑龙江	上海	江苏	浙江	安徽	福建	江西	山东	河南	代码
1050	**4848**	**997**	**1466**	**1991**	**6895**	**6711**	**2936**	**3062**	**1868**	**7792**	**4381**	Q
757	4139	670	1169	1775	5489	5336	2213	2372	1494	6112	3060	84
412	908	357	535	219	1821	1322	699	685	679	2406	1637	841
236	2927	232	510	1349	3194	3740	1190	1438	615	2864	1052	842
22	91	30	60	51	131	93	73	73	58	199	130	843
87	213	51	64	156	343	181	251	176	142	643	241	849
293	709	327	297	216	1406	1375	723	690	374	1680	1321	85
269	660	311	281	179	1268	1269	640	625	337	1529	1235	851
24	49	16	16	37	138	106	83	65	37	151	86	852
6871	**12796**	**3342**	**5947**	**12119**	**38845**	**47761**	**21109**	**27763**	**12872**	**43405**	**31687**	R
81	204	88	73	202	441	263	231	178	155	484	247	86
9	30	7	7	14	171	57	92	31	50	123	87	861
72	174	81	66	188	270	206	139	147	105	361	160	862
1054	1765	486	625	1541	5856	10668	2726	4575	1674	7562	4145	87
101	273	65	137	104	956	968	719	1037	439	1444	1260	871
14	62	10	15	55	97	243	45	185	41	84	76	872
610	877	230	218	884	2642	7964	1086	2554	498	3438	1345	873
12	27	1	5	7	62	39	31	56	17	76	46	874
21	69	13	14	74	216	373	61	183	48	217	70	875
201	276	132	154	324	901	848	402	354	398	638	565	876
95	181	35	82	93	982	233	382	206	233	1665	783	877
2325	3219	661	1251	2057	11505	10239	5557	8820	4002	12193	8960	88
1003	983	251	469	388	2569	4366	2413	2994	1004	3285	3139	881
22	32	13	15	33	172	84	67	65	63	140	76	882
41	52	10	10	23	198	355	161	147	88	131	126	883
36	22	9	14	10	159	108	69	90	41	126	167	884
9	28	9	8	14	40	39	10	25	8	49	16	885
2	5				6	5	9	4	2	8	6	886
183	283	60	130	144	946	980	421	483	248	1190	753	887
1029	1814	309	605	1445	7415	4302	2407	5012	2548	7264	4677	889
696	1473	324	431	2464	4120	4666	1682	3305	1126	4254	2439	89
276	477	83	133	178	1194	1072	442	915	351	1232	716	891
44	77	46	22	137	219	327	97	241	66	157	73	892
303	808	177	253	2011	2306	3099	1007	1848	628	2114	1422	893
73	111	18	23	138	401	168	136	301	81	751	228	899
2715	6135	1783	3567	5855	16923	21925	10913	10885	5915	18912	15896	90
1650	3516	1179	2365	2376	7263	7498	6549	3270	3783	6736	8716	901
53	121	54	64	73	264	279	186	228	152	326	274	902
135	390	125	48	26	1555	957	1205	1259	645	1981	1583	903
	6	3	4	7	17	17	7	13	19	45	15	904
828	2029	393	1048	3308	7561	13101	2842	5954	1199	9446	5179	905
49	73	29	38	65	263	73	124	161	117	378	129	909

2-1 续表 25 (2020年)

行业中类	代码	湖北	湖南	广东	广西	海南
卫生和社会工作	Q	**4063**	**3080**	**9034**	**1870**	**605**
卫生	84	3284	2257	8008	1537	482
医院	841	1174	1083	1145	581	271
基层医疗卫生服务	842	1795	951	6018	756	115
专业公共卫生服务	843	117	87	248	91	30
其他卫生活动	849	198	136	597	109	66
社会工作	85	779	823	1026	333	123
提供住宿社会工作	851	711	767	824	290	114
不提供住宿社会工作	852	68	56	202	43	9
文化、体育和娱乐业	R	**22660**	**24861**	**62226**	**12242**	**3990**
新闻和出版业	86	350	175	599	147	71
新闻业	861	42	52	115	49	16
出版业	862	308	123	484	98	55
广播、电视、电影和录音制作业	87	2547	2406	7555	2077	906
广播	871	544	257	780	392	108
电视	872	43	46	125	55	16
影视节目制作	873	1150	787	4436	970	556
广播电视集成播控	874	28	14	57	17	11
电影和广播电视节目发行	875	56	76	286	41	31
电影放映	876	447	521	1193	288	94
录音制作	877	279	705	678	314	90
文化艺术业	88	5309	4709	17716	2707	891
文艺创作与表演	881	1410	1750	4572	889	331
艺术表演场馆	882	67	59	193	42	17
图书馆与档案馆	883	325	110	254	80	16
文物及非物质文化遗产保护	884	63	82	82	34	10
博物馆	885	17	18	47	10	3
烈士陵园、纪念馆	886	12	6	5	3	
群众文体活动	887	518	710	1544	235	47
其他文化艺术业	889	2897	1974	11019	1414	467
体育	89	1775	1861	7527	1398	585
体育组织	891	455	586	1647	442	241
体育场地设施管理	892	149	129	732	132	46
健身休闲活动	893	1051	906	4563	741	269
其他体育	899	120	240	585	83	29
娱乐业	90	12679	15710	28829	5913	1537
室内娱乐活动	901	5895	7966	12117	2900	559
游乐园	902	207	258	469	116	42
休闲观光活动	903	2133	1610	608	402	193
彩票活动	904	18	19	44	7	9
文化体育娱乐活动与经纪代理服务	905	4284	5743	15237	2419	658
其他娱乐业	909	142	114	354	69	76

单位：个

重庆	四川	贵州	云南	西藏	陕西	甘肃	青海	宁夏	新疆	代码
3141	**6376**	**2155**	**2461**	**94**	**2184**	**671**	**279**	**373**	**808**	Q
2336	5312	1902	2123	87	1856	582	216	304	685	84
1065	1691	1191	1132	45	700	297	134	216	402	841
1115	3241	563	780	31	969	207	68	47	177	842
48	107	32	57	3	55	22	2	10	29	843
108	273	116	154	8	132	56	12	31	77	849
805	1064	253	338	7	328	89	63	69	123	85
753	994	222	303	5	254	77	53	61	98	851
52	70	31	35	2	74	12	10	8	25	852
15587	**23416**	**8736**	**15603**	**715**	**13304**	**5142**	**1695**	**2146**	**5365**	R
123	190	72	101	8	223	53	28	45	38	86
30	28	14	22	1	56	6	9	9	11	861
93	162	58	79	7	167	47	19	36	27	862
1896	2395	803	2203	124	2521	580	394	447	1520	87
431	185	73	332	3	295	26	44	57	123	871
22	32	9	18	6	42	8	4	5	33	872
903	1369	412	952	78	1300	330	251	220	999	873
13	15	2	27		54	4	8	6	17	874
40	37	19	46	1	115	14	14	17	137	875
232	566	211	317	27	398	174	50	59	139	876
255	191	77	511	9	317	24	23	83	72	877
4378	4635	1519	3515	158	2983	1549	448	454	862	88
2303	1993	536	1078	34	1174	656	147	149	286	881
36	40	13	38	3	34	20	5	7	9	882
88	179	58	71	1	68	21	10	7	11	883
20	59	33	75	5	128	44	23	13	10	884
10	23	5	14		20	13	7		5	885
	3		3		2					886
434	552	101	515	10	250	135	62	30	75	887
1487	1786	773	1721	105	1307	660	194	248	466	889
1440	2423	777	1741	29	1180	421	155	238	363	89
381	568	207	614	6	315	135	67	79	108	891
144	185	52	80	3	57	12	7	4	31	892
809	1516	410	911	18	719	251	74	137	182	893
106	154	108	136	2	89	23	7	18	42	899
7750	13773	5565	8043	396	6397	2539	670	962	2582	90
4106	9017	3754	4903	317	3059	1759	421	720	1513	901
162	279	170	161	4	161	50	6	27	58	902
1426	686	731	283	3	446	185	22	68	65	903
7		8	15		6				4	904
1990	3663	762	2562	64	2634	472	213	134	440	905
59	128	140	119	8	91	73	8	13	502	909

2-2 按行业(中类)、东中西部以及东北地区分组的企业法人单位数

(2020年) 单位：个

行业中类	代码	企业单位数	东部地区	中部地区	西部地区	东北地区
总 计	—	**25055456**	**14474130**	**5145714**	**4401317**	**1034295**
农、林、牧、渔业	A	**841656**	**218594**	**238474**	**344091**	**40497**
农业	01	380171	104118	108559	150503	16991
谷物种植	011	79115	22233	37763	11322	7797
豆类、油料和薯类种植	012	7712	1944	2215	2730	823
棉、麻、糖、烟草种植	013	2960	418	396	2078	68
蔬菜、食用菌及园艺作物种植	014	131976	45268	33525	49126	4057
水果种植	015	76040	16596	13592	43968	1884
坚果、含油果、香料和饮料作物种植	016	23173	5713	4628	12702	130
中药材种植	017	32622	4239	7523	19479	1381
草种植及割草	018	1765	300	298	1073	94
其他农业	019	24808	7407	8619	8025	757
林业	02	70173	22727	20970	23186	3290
林木育种和育苗	021	59115	19724	17933	18810	2648
造林和更新	022	5742	1514	1611	2442	175
森林经营、管护和改培	023	3305	903	857	1169	376
木材和竹材采运	024	1233	453	301	402	77
林产品采集	025	778	133	268	363	14
畜牧业	03	249330	47717	63390	124666	13557
牲畜饲养	031	169489	30783	41477	87987	9242
家禽饲养	032	63705	14215	19294	26689	3507
狩猎和捕捉动物	033	129	40	30	50	9
其他畜牧业	039	16007	2679	2589	9940	799
渔业	04	62378	19654	16400	23405	2919
水产养殖	041	60871	18581	16204	23291	2795
水产捕捞	042	1507	1073	196	114	124
农、林、牧、渔专业及辅助性活动	05	79604	24378	29155	22331	3740
农业专业及辅助性活动	051	63490	18934	23486	18117	2953
林业专业及辅助性活动	052	6571	2210	2385	1770	206
畜牧专业及辅助性活动	053	5608	1536	1952	1729	391
渔业专业及辅助性活动	054	3935	1698	1332	715	190
采矿业	B	**80579**	**14387**	**22496**	**36594**	**7102**
煤炭开采和洗选业	06	13730	846	5260	6623	1001
烟煤和无烟煤开采洗选	061	12658	757	4982	6032	887
褐煤开采洗选	062	298	19	40	199	40
其他煤炭采选	069	774	70	238	392	74
石油和天然气开采业	07	599	78	109	312	100
石油开采	071	372	58	25	206	83
天然气开采	072	227	20	84	106	17
黑色金属矿采选业	08	10975	3953	2421	3232	1369

2-2 续表 1 (2020年) 单位：个

行业中类	代码	企业单位数	东部地区	中部地区	西部地区	东北地区
铁矿采选	081	9973	3870	2181	2631	1291
锰矿、铬矿采选	082	647	31	169	387	60
其他黑色金属矿采选	089	355	52	71	214	18
有色金属矿采选业	09	7417	1012	1979	3651	775
常用有色金属矿采选	091	5122	464	1248	2895	515
贵金属矿采选	092	1459	423	332	516	188
稀有稀土金属矿采选	093	836	125	399	240	72
非金属矿采选业	10	39814	7405	11551	17551	3307
土砂石开采	101	34844	6414	10198	15528	2704
化学矿开采	102	1055	58	340	590	67
采盐	103	291	189	19	72	11
石棉及其他非金属矿采选	109	3624	744	994	1361	525
开采专业及辅助性活动	11	5314	653	421	3809	431
煤炭开采和洗选专业及辅助性活动	111	448	64	176	172	36
石油和天然气开采专业及辅助性活动	112	4390	460	140	3432	358
其他开采专业及辅助性活动	119	476	129	105	205	37
其他采矿业	12	2730	440	755	1416	119
其他采矿业	120	2730	440	755	1416	119
制造业	**C**	**3825516**	**2645895**	**618536**	**409665**	**151420**
农副食品加工业	13	145871	57199	37708	35111	15853
谷物磨制	131	24078	5456	8851	4544	5227
饲料加工	132	16033	7459	3608	3065	1901
植物油加工	133	10988	3051	3448	3681	808
制糖业	134	1128	390	96	602	40
屠宰及肉类加工	135	26448	10959	5676	7826	1987
水产品加工	136	12213	8961	923	504	1825
蔬菜、菌类、水果和坚果加工	137	22088	10034	4440	5746	1868
其他农副食品加工	139	32895	10889	10666	9143	2197
食品制造业	14	84785	41143	19848	18570	5224
焙烤食品制造	141	20839	10138	5020	4473	1208
糖果、巧克力及蜜饯制造	142	5590	3889	825	748	128
方便食品制造	143	15172	5796	4051	4424	901
乳制品制造	144	1968	659	321	809	179
罐头食品制造	145	2994	1644	677	476	197
调味品、发酵制品制造	146	9537	3752	2150	3026	609
其他食品制造	149	28685	15265	6804	4614	2002
酒、饮料和精制茶制造业	15	64523	20978	15604	24085	3856
酒的制造	151	22474	5870	4563	9830	2211
饮料制造	152	20492	7175	5807	5911	1599
精制茶加工	153	21557	7933	5234	8344	46

2-2 续表 2 (2020年) 单位：个

行业中类	代码	企业单位数	东部地区	中部地区	西部地区	东北地区
烟草制品业	16	226	84	62	61	19
烟叶复烤	161	51	10	16	19	6
卷烟制造	162	76	26	19	21	10
其他烟草制品制造	169	99	48	27	21	3
纺织业	17	165481	135994	19968	7466	2053
棉纺织及印染精加工	171	54102	42611	8647	2365	479
毛纺织及染整精加工	172	8658	7429	334	804	91
麻纺织及染整精加工	173	1040	430	346	118	146
丝绢纺织及印染精加工	174	2652	1813	222	464	153
化纤织造及印染精加工	175	13518	12601	733	115	69
针织或钩针编织物及其制品制造	176	25438	22854	1711	589	284
家用纺织制成品制造	177	33166	27554	2981	2278	353
产业用纺织制成品制造	178	26907	20702	4994	733	478
纺织服装、服饰业	18	202097	148669	35704	9912	7812
机织服装制造	181	88162	63969	15117	3954	5122
针织或钩针编织服装制造	182	25588	22441	2169	639	339
服饰制造	183	88347	62259	18418	5319	2351
皮革、毛皮、羽毛及其制品和制鞋业	19	91458	75519	11216	3785	938
皮革鞣制加工	191	4974	3748	856	223	147
皮革制品制造	192	31749	27152	3515	846	236
毛皮鞣制及制品加工	193	7777	6405	955	253	164
羽毛(绒)加工及制品制造	194	2609	1346	873	335	55
制鞋业	195	44349	36868	5017	2128	336
木材加工和木、竹、藤、棕、草制品业	20	152725	90898	31116	24001	6710
木材加工	201	81322	44887	18149	14694	3592
人造板制造	202	23125	16431	2978	3145	571
木质制品制造	203	36659	23719	6122	4545	2273
竹、藤、棕、草等制品制造	204	11619	5861	3867	1617	274
家具制造业	21	100117	64468	19508	13421	2720
木质家具制造	211	69032	41262	15222	10434	2114
竹、藤家具制造	212	1062	732	216	102	12
金属家具制造	213	9442	7213	1402	686	141
塑料家具制造	214	861	636	118	82	25
其他家具制造	219	19720	14625	2550	2117	428
造纸和纸制品业	22	86281	67071	10436	6635	2139
纸浆制造	221	341	212	54	65	10
造纸	222	16298	11731	2515	1668	384
纸制品制造	223	69642	55128	7867	4902	1745
印刷和记录媒介复制业	23	89887	61723	14263	10611	3290
印刷	231	80393	56466	12474	8608	2845

2-2 续表 3 (2020年) 单位：个

行业中类	代码	企业单位数	东部地区	中部地区	西部地区	东北地区
装订及印刷相关服务	232	9152	5035	1728	1956	433
记录媒介复制	233	342	222	61	47	12
文教、工美、体育和娱乐用品制造业	24	137040	106184	16541	12051	2264
文教办公用品制造	241	13188	10351	1775	755	307
乐器制造	242	3307	2352	644	230	81
工艺美术及礼仪用品制造	243	84103	62043	10442	9995	1623
体育用品制造	244	14862	13084	1290	327	161
玩具制造	245	17216	14870	1718	585	43
游艺器材及娱乐用品制造	246	4364	3484	672	159	49
石油、煤炭及其他燃料加工业	25	13238	5147	3140	2951	2000
精炼石油产品制造	251	5736	3080	823	863	970
煤炭加工	252	4427	985	1432	1643	367
生物质燃料加工	254	3075	1082	885	445	663
化学原料和化学制品制造业	26	127919	73479	27856	18733	7851
基础化学原料制造	261	17818	9264	4037	3347	1170
肥料制造	262	17144	6119	4475	4460	2090
农药制造	263	2351	1159	651	397	144
涂料、油墨、颜料及类似产品制造	264	22132	14160	4151	2645	1176
合成材料制造	265	14117	10018	2351	1270	478
专用化学产品制造	266	31848	18895	7031	3864	2058
炸药、火工及焰火产品制造	267	3071	158	2341	525	47
日用化学产品制造	268	19438	13706	2819	2225	688
医药制造业	27	34947	16062	10517	6041	2327
化学药品原料药制造	271	3509	1731	975	602	201
化学药品制剂制造	272	2926	1547	663	456	260
中药饮片加工	273	5917	1457	2029	1708	723
中成药生产	274	4897	1252	1907	1302	436
兽用药品制造	275	1968	939	590	326	113
生物药品制品制造	276	5044	2794	1156	814	280
卫生材料及医药用品制造	277	9886	5795	3041	765	285
药用辅料及包装材料	278	800	547	156	68	29
化学纤维制造业	28	7890	6664	693	327	206
纤维素纤维原料及纤维制造	281	992	758	122	84	28
合成纤维制造	282	6046	5382	377	174	113
生物基材料制造	283	852	524	194	69	65
橡胶和塑料制品业	29	224927	177932	25148	15094	6753
橡胶制品业	291	38867	31996	3697	1935	1239
塑料制品业	292	186060	145936	21451	13159	5514
非金属矿物制品业	30	311621	148746	83352	63880	15643
水泥、石灰和石膏制造	301	15482	5359	4636	4459	1028

2-2 续表 4 (2020年) 单位：个

行业中类	代码	企业单位数	东部地区	中部地区	西部地区	东北地区
石膏、水泥制品及类似制品制造	302	73878	29158	20733	20482	3505
砖瓦、石材等建筑材料制造	303	122146	54867	32412	29209	5658
玻璃制造	304	7126	4219	1552	1106	249
玻璃制品制造	305	19616	13506	3576	2001	533
玻璃纤维和玻璃纤维增强塑料制品制造	306	7891	5626	1346	585	334
陶瓷制品制造	307	27950	19064	6607	1890	389
耐火材料制品制造	308	14197	5517	5450	819	2411
石墨及其他非金属矿物制品制造	309	23335	11430	7040	3329	1536
黑色金属冶炼和压延加工业	31	23868	15478	3704	3604	1082
炼铁	311	784	218	295	201	70
炼钢	312	483	237	107	94	45
钢压延加工	313	19199	13816	2527	2076	780
铁合金冶炼	314	3402	1207	775	1233	187
有色金属冶炼和压延加工业	32	31661	18019	7011	5401	1230
常用有色金属冶炼	321	3976	1311	1146	1289	230
贵金属冶炼	322	579	151	200	187	41
稀有稀土金属冶炼	323	921	198	459	193	71
有色金属合金制造	324	7780	4482	1746	1226	326
有色金属压延加工	325	18405	11877	3460	2506	562
金属制品业	33	388030	297430	46642	32536	11422
结构性金属制品制造	331	146255	95742	24621	20047	5845
金属工具制造	332	27640	22490	2864	1686	600
集装箱及金属包装容器制造	333	8405	6041	1114	861	389
金属丝绳及其制品制造	334	18889	16887	1021	755	226
建筑、安全用金属制品制造	335	58403	50100	4667	2772	864
金属表面处理及热处理加工	336	15688	12457	1462	1074	695
搪瓷制品制造	337	2761	2330	256	135	40
金属制日用品制造	338	23944	20760	1665	1208	311
铸造及其他金属制品制造	339	86045	70623	8972	3998	2452
通用设备制造业	34	387358	299231	45286	23553	19288
锅炉及原动设备制造	341	10780	6976	1480	1197	1127
金属加工机械制造	342	59056	44679	7682	3935	2760
物料搬运设备制造	343	16289	11403	3507	800	579
泵、阀门、压缩机及类似机械制造	344	44728	36654	4517	1431	2126
轴承、齿轮和传动部件制造	345	23507	20139	1688	641	1039
烘炉、风机、包装等设备制造	346	38041	31120	3721	2009	1191
文化、办公用机械制造	347	3425	2897	318	150	60
通用零部件制造	348	155061	116030	18501	11740	8790
其他通用设备制造业	349	36471	29333	3872	1650	1616
专用设备制造业	35	281329	213778	38032	19049	10470

2-2 续表 5 (2020年) 单位：个

行业中类	代码	企业单位数	东部地区	中部地区	西部地区	东北地区
采矿、冶金、建筑专用设备制造	351	35572	20021	8636	4067	2848
化工、木材、非金属加工专用设备制造	352	77810	66773	5926	3373	1738
食品、饮料、烟草及饲料生产专用设备制造	353	8048	5645	1445	615	343
印刷、制药、日化及日用品生产专用设备制造	354	9949	8082	1104	480	283
纺织、服装和皮革加工专用设备制造	355	11991	10998	698	191	104
电子和电工机械专用设备制造	356	17310	12926	2610	1279	495
农、林、牧、渔专用机械制造	357	17592	10685	3460	2197	1250
医疗仪器设备及器械制造	358	26553	19603	4078	2020	852
环保、邮政、社会公共服务及其他专用设备制造	359	76504	59045	10075	4827	2557
汽车制造业	36	92075	60868	18071	9545	3591
汽车整车制造	361	1709	864	457	293	95
汽车用发动机制造	362	484	251	122	74	37
改装汽车制造	363	1291	614	427	172	78
低速汽车制造	364	116	65	26	23	2
电车制造	365	562	342	149	52	19
汽车车身、挂车制造	366	7516	4652	1816	774	274
汽车零部件及配件制造	367	80397	54080	15074	8157	3086
铁路、船舶、航空航天和其他运输设备制造业	37	34565	24434	4168	4430	1533
铁路运输设备制造	371	4263	2265	995	474	529
城市轨道交通设备制造	372	670	378	147	99	46
船舶及相关装置制造	373	9625	7296	1259	378	692
航空、航天器及设备制造	374	2196	948	409	663	176
摩托车制造	375	6734	3767	498	2454	15
自行车和残疾人座车制造	376	4033	3838	133	53	9
助动车制造	377	4686	3874	568	224	20
非公路休闲车及零配件制造	378	1178	1092	51	26	9
潜水救捞及其他未列明运输设备制造	379	1180	976	108	59	37
电气机械和器材制造业	38	222275	180705	24013	11857	5700
电机制造	381	17466	14239	1848	879	500
输配电及控制设备制造	382	76742	60407	8767	4837	2731
电线、电缆、光缆及电工器材制造	383	30094	22732	4459	1961	942
电池制造	384	8193	5365	2003	655	170
家用电力器具制造	385	28791	25833	1815	847	296
非电力家用器具制造	386	5782	4298	730	603	151
照明器具制造	387	40242	36120	2504	1181	437
其他电气机械及器材制造	389	14965	11711	1887	894	473
计算机、通信和其他电子设备制造业	39	154742	125325	17985	9456	1976
计算机制造	391	13408	10140	1882	1204	182
通信设备制造	392	12041	9268	1413	1154	206
广播电视设备制造	393	3006	2317	438	197	54

2-2 续表 6 (2020年) 单位：个

行业中类	代码	企业单位数	东部地区	中部地区	西部地区	东北地区
雷达及配套设备制造	394	319	203	44	56	16
非专业视听设备制造	395	7050	6387	398	236	29
智能消费设备制造	396	8851	6669	1451	590	141
电子器件制造	397	26919	20995	3870	1740	314
电子元件及电子专用材料制造	398	63853	53429	6416	3287	721
其他电子设备制造	399	19295	15917	2073	992	313
仪器仪表制造业	40	52597	39702	7286	3473	2136
通用仪器仪表制造	401	35158	26755	4837	2023	1543
专用仪器仪表制造	402	7319	5358	1042	633	286
钟表与计时仪器制造	403	3288	3052	119	69	48
光学仪器制造	404	2817	1718	652	383	64
衡器制造	405	1125	769	185	123	48
其他仪器仪表制造业	409	2890	2050	451	242	147
其他制造业	41	51820	38173	8908	3225	1514
日用杂品制造	411	18274	14467	2947	658	202
其他未列明制造业	419	33546	23706	5961	2567	1312
废弃资源综合利用业	42	20782	9295	6785	3701	1001
金属废料和碎屑加工处理	421	9962	4644	3148	1682	488
非金属废料和碎屑加工处理	422	10820	4651	3637	2019	513
金属制品、机械和设备修理业	43	43381	25497	7965	7100	2819
金属制品修理	431	934	623	137	130	44
通用设备修理	432	7116	4214	1318	1121	463
专用设备修理	433	7454	3853	1516	1581	504
铁路、船舶、航空航天等运输设备修理	434	7034	5371	596	466	601
电气设备修理	435	4449	2330	957	886	276
仪器仪表修理	436	909	602	120	132	55
其他机械和设备修理业	439	15485	8504	3321	2784	876
电力、热力、燃气及水生产和供应业	**D**	**119005**	**45110**	**35023**	**30823**	**8049**
电力、热力生产和供应业	44	81872	30785	24307	20697	6083
电力生产	441	65585	24434	21073	16932	3146
电力供应	442	6582	2601	1866	1672	443
热力生产和供应	443	9705	3750	1368	2093	2494
燃气生产和供应业	45	9712	3599	2396	3072	645
燃气生产和供应业	451	9001	3332	2189	2906	574
生物质燃气生产和供应业	452	711	267	207	166	71
水的生产和供应业	46	27421	10726	8320	7054	1321
自来水生产和供应	461	16591	5022	6020	4820	729
污水处理及其再生利用	462	10087	5263	2169	2104	551
海水淡化处理	463	62	55	2	1	4
其他水的处理、利用与分配	469	681	386	129	129	37

2-2 续表 7 (2020年) 单位：个

行业中类	代码	企业单位数	东部地区	中部地区	西部地区	东北地区
建筑业	E	**1901663**	**945646**	**489975**	**387845**	**78197**
房屋建筑业	47	411997	184823	116796	95171	15207
住宅房屋建筑	471	340629	148593	100643	78562	12831
体育场馆建筑	472	986	540	266	142	38
其他房屋建筑业	479	70382	35690	15887	16467	2338
土木工程建筑业	48	411482	200742	104403	88954	17383
铁路、道路、隧道和桥梁工程建筑	481	149514	64594	43662	35110	6148
水利和水运工程建筑	482	19463	8679	5182	4346	1256
海洋工程建筑	483	536	449	39	23	25
工矿工程建筑	484	6839	2499	2188	1749	403
架线和管道工程建筑	485	26956	12759	6172	6074	1951
节能环保工程施工	486	9344	4918	1954	2035	437
电力工程施工	487	10139	4430	2531	2625	553
其他土木工程建筑	489	188691	102414	42675	36992	6610
建筑安装业	49	244179	137739	50690	42316	13434
电气安装	491	65134	34642	14561	11674	4257
管道和设备安装	492	62747	35630	13169	10564	3384
其他建筑安装业	499	116298	67467	22960	20078	5793
建筑装饰、装修和其他建筑业	50	834005	422342	218086	161404	32173
建筑装饰和装修业	501	586809	307110	140023	114112	25564
建筑物拆除和场地准备活动	502	39248	21846	8816	7092	1494
提供施工设备服务	503	18717	10259	5107	2841	510
其他未列明建筑业	509	189231	83127	64140	37359	4605
批发和零售业	F	**8236639**	**4841540**	**1674071**	**1383539**	**337489**
批发业	51	4477381	2830101	810706	645535	191039
农、林、牧、渔产品批发	511	175383	70299	47243	41322	16519
食品、饮料及烟草制品批发	512	441230	250892	82474	87356	20508
纺织、服装及家庭用品批发	513	709280	568327	77796	47775	15382
文化、体育用品及器材批发	514	165511	121613	22800	16390	4708
医药及医疗器材批发	515	152239	76508	38831	27257	9643
矿产品、建材及化工产品批发	516	1270795	704550	278784	230051	57410
机械设备、五金产品及电子产品批发	517	1009962	672397	167174	130260	40131
贸易经纪与代理	518	177632	122602	25547	19699	9784
其他批发业	519	375349	242913	70057	45425	16954
零售业	52	3759258	2011439	863365	738004	146450
综合零售	521	492262	205180	156978	115097	15007
食品、饮料及烟草制品专门零售	522	376756	181002	85473	94230	16051
纺织、服装及日用品专门零售	523	424410	277876	76371	57683	12480
文化、体育用品及器材专门零售	524	209750	122475	44142	37237	5896
医药及医疗器材专门零售	525	278491	112789	66099	72783	26820

2-2 续表 8 (2020年) 单位：个

行业中类	代码	企业单位数	东部地区	中部地区	西部地区	东北地区
汽车、摩托车、零配件和燃料及其他动力销售	526	392037	178076	101300	89820	22841
家用电器及电子产品专门零售	527	427946	233575	95376	85229	13766
五金、家具及室内装饰材料专门零售	528	542142	277513	129465	117571	17593
货摊、无店铺及其他零售业	529	615464	422953	108161	68354	15996
交通运输、仓储和邮政业	**G**	**737940**	**405139**	**155450**	**134069**	**43282**
铁路运输业	53	2021	890	436	591	104
铁路旅客运输	531	311	141	83	68	19
铁路货物运输	532	1196	478	256	402	60
铁路运输辅助活动	533	514	271	97	121	25
道路运输业	54	470788	238047	112832	92466	27443
城市公共交通运输	541	16981	7827	3279	4188	1687
公路旅客运输	542	11169	3907	2983	3192	1087
道路货物运输	543	417214	214741	100020	79132	23321
道路运输辅助活动	544	25424	11572	6550	5954	1348
水上运输业	55	16109	10369	3104	1927	709
水上旅客运输	551	1506	642	353	404	107
水上货物运输	552	9538	6008	2074	1144	312
水上运输辅助活动	553	5065	3719	677	379	290
航空运输业	56	3606	1910	550	882	264
航空客货运输	561	1168	676	131	283	78
通用航空服务	562	1474	725	282	368	99
航空运输辅助活动	563	964	509	137	231	87
管道运输业	57	456	257	88	93	18
海底管道运输	571	40	16	10	11	3
陆地管道运输	572	416	241	78	82	15
多式联运和运输代理业	58	137025	99879	15299	15706	6141
多式联运	581	6251	3527	1424	1033	267
运输代理业	582	130774	96352	13875	14673	5874
装卸搬运和仓储业	59	79054	41029	16884	14707	6434
装卸搬运	591	32545	17479	7549	5981	1536
通用仓储	592	13054	7708	2019	2377	950
低温仓储	593	3578	1669	802	695	412
危险品仓储	594	799	472	114	160	53
谷物、棉花等农产品仓储	595	10279	2652	2900	2175	2552
中药材仓储	596	139	36	59	34	10
其他仓储业	599	18660	11013	3441	3285	921
邮政业	60	28881	12758	6257	7697	2169
邮政基本服务	601	1345	433	324	486	102
快递服务	602	26904	12012	5809	7044	2039
其他寄递服务	609	632	313	124	167	28

2-2 续表 9 (2020年) 单位：个

行业中类	代码	企业单位数	东部地区	中部地区	西部地区	东北地区
住宿和餐饮业	H	**512622**	**266899**	**102147**	**127770**	**15806**
住宿业	61	144866	65989	30269	42755	5853
旅游饭店	611	39935	17654	8244	12430	1607
一般旅馆	612	83087	38423	17139	24046	3479
民宿服务	613	6684	3416	1232	1860	176
露营地服务	614	213	85	44	77	7
其他住宿业	619	14947	6411	3610	4342	584
餐饮业	62	367756	200910	71878	85015	9953
正餐服务	621	285969	149687	58678	70180	7424
快餐服务	622	23794	16095	3721	3079	899
饮料及冷饮服务	623	11148	6917	1339	2668	224
餐饮配送及外卖送餐服务	624	10400	6218	1610	2114	458
其他餐饮业	629	36445	21993	6530	6974	948
信息传输、软件和信息技术服务业	I	**1277390**	**757932**	**275874**	**190850**	**52734**
电信、广播电视和卫星传输服务	63	28266	13171	6246	6701	2148
电信	631	24597	11608	5147	6044	1798
广播电视传输服务	632	3080	1258	952	545	325
卫星传输服务	633	589	305	147	112	25
互联网和相关服务	64	180956	105225	40524	29147	6060
互联网接入及相关服务	641	16815	8340	4186	3459	830
互联网信息服务	642	84464	47839	19741	13839	3045
互联网平台	643	17535	9828	3426	3724	557
互联网安全服务	644	1740	1046	308	331	55
互联网数据服务	645	9354	4574	3358	1235	187
其他互联网服务	649	51048	33598	9505	6559	1386
软件和信息技术服务业	65	1068168	639536	229104	155002	44526
软件开发	651	618356	365038	133591	88967	30760
集成电路设计	652	23362	13648	5187	4070	457
信息系统集成和物联网技术服务	653	68364	38151	16439	11871	1903
运行维护服务	654	10722	6008	2084	2309	321
信息处理和存储支持服务	655	7636	4863	1269	1230	274
信息技术咨询服务	656	241269	149883	50875	32600	7911
数字内容服务	657	15535	10031	3118	1859	527
其他信息技术服务业	659	82924	51914	16541	12096	2373
金融业	J	**140384**	**94305**	**16443**	**22924**	**6712**
货币金融服务	66	39433	19732	6535	9634	3532
货币银行服务	662	11532	4307	2540	3608	1077
非货币银行服务	663	27818	15383	3980	6004	2451
银行理财服务	664	83	42	15	22	4
资本市场服务	67	64499	54337	3397	5922	843

2-2 续表 10 (2020年) 单位：个

行业中类	代码	企业单位数	东部地区	中部地区	西部地区	东北地区
证券市场服务	671	780	562	90	104	24
公开募集证券投资基金	672	1293	1005	132	118	38
非公开募集证券投资基金	673	14563	12706	630	1054	173
期货市场服务	674	733	419	67	211	36
资本投资服务	676	25084	20041	1629	2998	416
其他资本市场服务	679	22046	19604	849	1437	156
保险业	68	19204	9012	4138	4392	1662
人身保险	681	6040	2425	1565	1434	616
财产保险	682	6546	2400	1593	1956	597
再保险	683	29	24	1	3	1
商业养老金	684	254	123	53	57	21
保险中介服务	685	4266	2760	586	611	309
保险资产管理	686	102	83	9	7	3
其他保险活动	689	1967	1197	331	324	115
其他金融业	69	17248	11224	2373	2976	675
金融信托与管理服务	691	1785	1144	308	289	44
控股公司服务	692	2942	2221	125	554	42
非金融机构支付服务	693	339	245	34	51	9
金融信息服务	694	4266	2750	847	554	115
金融资产管理公司	695	831	604	88	119	20
其他未列明金融业	699	7085	4260	971	1409	445
房地产业	**K**	**929057**	**497236**	**199630**	**186280**	**45911**
房地产业	70	929057	497236	199630	186280	45911
房地产开发经营	701	257247	120044	63875	59853	13475
物业管理	702	297322	157005	67920	55166	17231
房地产中介服务	703	276514	155116	53929	55424	12045
房地产租赁经营	704	81626	55725	10791	12405	2705
其他房地产业	709	16348	9346	3115	3432	455
租赁和商务服务业	**L**	**3113303**	**1759556**	**665946**	**570463**	**117338**
租赁业	71	329285	149145	88212	77813	14115
机械设备经营租赁	711	320758	144367	86720	75848	13823
文体设备和用品出租	712	7631	4275	1335	1765	256
日用品出租	713	896	503	157	200	36
商务服务业	72	2784018	1610411	577734	492650	103223
组织管理服务	721	465353	318240	65030	68734	13349
综合管理服务	722	83648	48474	14434	16208	4532
法律服务	723	65850	34666	16896	11783	2505
咨询与调查	724	899795	556402	177970	130461	34962
广告业	725	451267	232062	102416	99748	17041
人力资源服务	726	297797	121757	92605	72143	11292

2-2 续表 11 (2020年) 单位：个

行业中类	代码	企业单位数	东部地区	中部地区	西部地区	东北地区
安全保护服务	727	37946	18544	8319	9220	1863
会议、展览及相关服务	728	77268	47454	14327	13045	2442
其他商务服务业	729	405094	232812	85737	71308	15237
科学研究和技术服务业	**M**	**1600249**	**1044437**	**285645**	**211284**	**58883**
研究和试验发展	73	220580	159978	31426	18430	10746
自然科学研究和试验发展	731	11671	9090	1167	681	733
工程和技术研究和试验发展	732	156907	117574	21443	10705	7185
农业科学研究和试验发展	733	17663	9752	3051	3423	1437
医学研究和试验发展	734	32445	22304	5438	3400	1303
社会人文科学研究	735	**1894**	**1258**	**327**	**221**	**88**
专业技术服务业	74	661386	386898	135612	113254	25622
气象服务	741	1306	544	291	395	76
地震服务	742	521	259	142	89	31
海洋服务	743	1139	935	72	59	73
测绘地理信息服务	744	14130	5611	3618	3948	953
质检技术服务	745	51236	27794	9905	10273	3264
环境与生态监测检测服务	746	13929	7287	3155	2836	651
地质勘查	747	8958	2939	2262	3145	612
工程技术与设计服务	748	314750	173206	70756	60392	10396
工业与专业设计及其他专业技术服务	749	255417	168323	45411	32117	9566
科技推广和应用服务业	75	718283	497561	118607	79600	22515
技术推广服务	751	513250	332359	99184	63170	18537
知识产权服务	752	28557	20504	4101	3288	664
科技中介服务	753	14729	9744	2347	2060	578
创业空间服务	754	10714	8369	1270	659	416
其他科技推广服务业	759	151033	126585	11705	10423	2320
水利、环境和公共设施管理业	**N**	**178904**	**84295**	**46059**	**41945**	**6605**
水利管理业	76	7009	2982	1986	1707	334
防洪除涝设施管理	761	882	467	256	122	37
水资源管理	762	1911	728	513	576	94
天然水收集与分配	763	579	231	133	173	42
水文服务	764	281	117	83	68	13
其他水利管理业	769	3356	1439	1001	768	148
生态保护和环境治理业	77	24374	12366	5609	5577	822
生态保护	771	2098	822	516	681	79
环境治理业	772	22276	11544	5093	4896	743
公共设施管理业	78	116498	55482	30812	25795	4409
市政设施管理	781	13185	6572	3162	2761	690
环境卫生管理	782	19663	9013	5364	4406	880
城乡市容管理	783	2264	1067	661	452	84

2-2 续表 12 (2020年) 单位：个

行业中类	代码	企业单位数	东部地区	中部地区	西部地区	东北地区
绿化管理	784	57064	28484	14611	12147	1822
城市公园管理	785	1273	644	327	243	59
游览景区管理	786	23049	9702	6687	5786	874
土地管理业	79	31023	13465	7652	8866	1040
土地整治服务	791	13621	6294	3584	3282	461
土地调查评估服务	792	4160	1143	437	2450	130
土地登记服务	793	721	338	197	159	27
土地登记代理服务	794	5185	2590	1258	1143	194
其他土地管理服务	799	7336	3100	2176	1832	228
居民服务、修理和其他服务业	**O**	**568820**	**298171**	**115513**	**132660**	**22476**
居民服务业	80	239136	127493	46722	55335	9586
家庭服务	801	58205	27737	13796	14225	2447
托儿所服务	802	6341	2664	650	2878	149
洗染服务	803	8030	4211	1502	1976	341
理发及美容服务	804	48348	32021	6763	8344	1220
洗浴和保健养生服务	805	41189	24145	7967	7121	1956
摄影扩印服务	806	21442	12946	3569	4263	664
婚姻服务	807	18247	8395	4617	4493	742
殡葬服务	808	7799	3053	1887	2191	668
其他居民服务业	809	29535	12321	5971	9844	1399
机动车、电子产品和日用产品修理业	81	216769	108464	43901	55623	8781
汽车、摩托车等修理与维护	811	163288	78214	33708	44415	6951
计算机和办公设备维修	812	23312	12895	4292	5290	835
家用电器修理	813	22921	13204	4511	4505	701
其他日用产品修理业	819	7248	4151	1390	1413	294
其他服务业	82	112915	62214	24890	21702	4109
清洁服务	821	71522	39778	16003	13197	2544
宠物服务	822	6907	4184	1077	1223	423
其他未列明服务业	829	34486	18252	7810	7282	1142
教育	**P**	**284838**	**158447**	**55762**	**58231**	**12398**
教育	83	284838	158447	55762	58231	12398
学前教育	831	17909	7734	4334	4286	1555
初等教育	832	3229	1585	900	565	179
中等教育	833	2257	958	626	505	168
高等教育	834	294	148	61	65	20
特殊教育	835	473	199	109	118	47
技能培训、教育辅助及其他教育	839	260676	147823	49732	52692	10429
卫生和社会工作	**Q**	**94161**	**45763**	**19625**	**21462**	**7311**
卫生	84	75737	37150	14912	17697	5978
医院	841	25734	9738	6330	7866	1800

2-2 续表 13 (2020年) 单位：个

行业中类	代码	企业单位数	东部地区	中部地区	西部地区	东北地区
基层医疗卫生服务	842	**42217**	**23492**	**6866**	**8190**	**3669**
专业公共卫生服务	843	2163	957	547	478	181
其他卫生活动	849	5623	2963	1169	1163	328
社会工作	85	18424	8613	4713	3765	1333
提供住宿社会工作	851	16621	7658	4332	3379	1252
不提供住宿社会工作	852	1803	955	381	386	81
文化、体育和娱乐业	R	**612730**	**350778**	**129045**	**110822**	**22085**
新闻和出版业	86	6870	4059	1337	1109	365
新闻业	861	1395	741	366	244	44
出版业	862	5475	3318	971	865	321
广播、电视、电影和录音制作业	87	90221	55886	15445	16014	2876
广播	871	13271	7245	3489	2062	475
电视	872	1842	1205	302	248	87
影视节目制作	873	49887	34243	5925	8394	1325
广播电视集成播控	874	735	377	150	175	33
电影和广播电视节目发行	875	3388	2434	356	502	96
电影放映	876	11062	5160	2678	2662	562
录音制作	877	10036	5222	2545	1971	298
文化艺术业	88	179113	114029	34420	25533	5131
文艺创作与表演	881	50411	26307	12153	10248	1703
艺术表演场馆	882	1561	852	380	269	60
图书馆与档案馆	883	2857	1289	861	635	72
文物及非物质文化遗产保护	884	1810	751	534	480	45
博物馆	885	530	279	90	116	45
烈士陵园、纪念馆	886	89	30	41	13	5
群众文体活动	887	16589	9646	3888	2582	473
其他文化艺术业	889	105266	74875	16473	11190	2728
体育	89	59356	35754	10513	10861	2228
体育组织	891	16319	9327	3101	3198	693
体育场地设施管理	892	3703	2209	598	751	145
健身休闲活动	893	34088	20998	5781	6071	1238
其他体育	899	5246	3220	1033	841	152
娱乐业	90	277170	141050	67330	57305	11485
室内娱乐活动	901	124820	47566	36075	34119	7060
游乐园	902	4827	2111	1230	1247	239
休闲观光活动	903	19756	7265	7476	4452	563
彩票活动	904	369	214	95	47	13
文化体育娱乐活动与经纪代理服务	905	123590	82184	21755	16181	3470
其他娱乐业	909	3808	1710	699	1259	140

2-3 按行业(大类)、直辖市和省会城市

(2020年)

行业大类	代码	企业单位数	北京	天津	石家庄	太原	呼和浩特
总　计	--	**10475663**	**1127720**	**341215**	**268957**	**193738**	**48386**
农、林、牧、渔业	A	**178136**	**4142**	**3121**	**5787**	**1904**	**1221**
农业	01	85514	2350	1277	2880	803	517
林业	02	15428	529	338	813	364	148
畜牧业	03	43414	870	922	1520	584	401
渔业	04	19941	143	399	51	15	10
农、林、牧、渔专业及辅助性活动	05	13839	250	185	523	138	145
采矿业	B	**6840**	**70**	**80**	**347**	**394**	**109**
煤炭开采和洗选业	06	865	6	5	33	235	17
石油和天然气开采业	07	114	4	8	1	8	
黑色金属矿采选业	08	630	11	5	134	52	10
有色金属矿采选业	09	449	5	1	9	3	8
非金属矿采选业	10	3997	20	18	160	71	67
开采专业及辅助性活动	11	445	22	38	6	17	2
其他采矿业	12	340	2	5	4	8	5
制造业	C	**998886**	**25016**	**42913**	**30895**	**6845**	**2792**
农副食品加工业	13	28855	607	1180	1308	207	374
食品制造业	14	21796	658	934	761	296	203
酒、饮料和精制茶制造业	15	9813	281	219	312	89	98
烟草制品业	16	83	1	1	3	1	1
纺织业	17	26018	324	624	2502	44	79
纺织服装、服饰业	18	51516	1351	1073	1304	86	97
皮革、毛皮、羽毛及其制品和制鞋业	19	19783	181	223	2251	12	15
木材加工和木、竹、藤、棕、草制品业	20	24179	444	819	1733	82	70
家具制造业	21	25612	738	793	861	115	26
造纸和纸制品业	22	26956	605	1335	585	76	48
印刷和记录媒介复制业	23	29818	1238	917	649	301	112
文教、工美、体育和娱乐用品制造业	24	32284	609	1681	742	93	38
石油、煤炭及其他燃料加工业	25	2563	131	189	128	100	18
化学原料和化学制品制造业	26	36263	1136	1731	2864	229	145
医药制造业	27	9607	586	381	435	83	88
化学纤维制造业	28	1414	21	24	110	8	2
橡胶和塑料制品业	29	61253	877	2332	1291	167	86
非金属矿物制品业	30	59239	1645	2077	3273	707	404
黑色金属冶炼和压延加工业	31	5964	109	1195	111	70	13
有色金属冶炼和压延加工业	32	7248	135	424	176	72	25

以及计划单列市分组的企业法人单位数

单位：个

沈阳	长春	哈尔滨	上海	南京	杭州	合肥	福州	南昌	济南	郑州	武汉	长沙	代码
195865	**71935**	**96697**	**497979**	**297716**	**514634**	**326032**	**187013**	**90653**	**335482**	**414408**	**360837**	**223028**	——
3358	**2272**	**2535**	**1279**	**1100**	**4792**	**7626**	**5753**	**3048**	**2099**	**3461**	**2848**	**6482**	A
1624	1066	1413	749	418	2655	3646	2791	1347	853	1971	1011	3432	01
231	144	150	231	173	792	1239	473	365	221	453	430	615	02
1011	728	585	100	87	450	979	523	652	386	543	198	1007	03
214	107	77	95	171	544	1259	1489	427	52	57	548	656	04
278	227	310	104	251	351	503	477	257	587	437	661	772	05
102	**125**	**305**	**5**	**27**	**143**	**77**	**69**	**38**	**211**	**370**	**79**	**151**	B
28	14	7			2		2		19	160		5	06
	7	2	2	1					3	1	4	1	07
7		8		2	6	9	4		70	6	5	8	08
2	2	8		3	10	20		2	6	30	3	12	09
53	91	257	2	16	121	37	55	25	98	158	59	113	10
8	6	13		4	2	5	4	5	7	9	3	5	11
4	5	10	1	1	2	6	4	6	8	6	5	7	12
24103	**8863**	**11396**	**55722**	**23030**	**53742**	**23387**	**15497**	**10677**	**26749**	**21197**	**25126**	**16573**	C
1257	795	1643	478	313	852	830	897	623	946	590	671	682	13
651	346	592	835	484	810	762	571	383	659	671	582	592	14
289	188	310	144	101	498	209	278	126	294	241	151	249	15
1	1	4	2	1	1	2	2	1	4	3	6	2	16
234	33	101	1372	243	4555	526	1707	343	559	204	449	178	17
386	135	141	3561	1029	4733	979	544	1190	488	350	924	225	18
141	17	47	571	127	1019	238	558	82	71	74	79	57	19
778	259	815	1080	304	1057	1338	531	322	1200	450	1437	600	20
1013	187	236	1192	492	1056	956	613	322	456	360	494	489	21
486	128	137	1974	283	2230	486	354	204	378	458	485	355	22
681	309	399	1830	875	1314	799	526	369	770	715	903	682	23
428	94	164	1082	571	2262	414	1179	423	600	390	422	358	24
144	70	126	88	23	85	41	39	18	99	68	92	35	25
935	327	547	2142	559	1778	657	405	379	853	1122	828	1235	26
220	202	195	544	369	426	206	147	294	314	303	390	264	27
22	14	13	70	33	363	34	72	6	66	21	10	8	28
1256	434	416	3857	904	3317	1242	783	451	908	711	1004	580	29
1723	827	896	1795	1249	2538	2034	1287	945	1802	4403	2074	1640	30
97	37	43	375	89	273	111	81	39	193	115	199	63	31
234	35	47	450	184	336	101	62	182	137	455	106	182	32

2-3　续表 1　(2020年)

行业大类	代码	企　业单位数	北京	天津	石家庄	太原	呼和浩特
金属制品业	33	102324	2559	5970	2086	655	248
通用设备制造业	34	110513	2382	6136	2351	1032	137
专用设备制造业	35	84437	2241	3679	1676	705	136
汽车制造业	36	29256	629	1237	424	88	25
铁路、船舶、航空航天和其他运输设备制造业	37	12032	247	1586	74	58	2
电气机械和器材制造业	38	64101	1521	2106	1398	307	111
计算机、通信和其他电子设备制造业	39	61525	1293	1284	394	306	49
仪器仪表制造业	40	20960	900	925	210	196	21
其他制造业	41	11372	139	355	376	60	24
废弃资源综合利用业	42	3699	39	258	171	43	21
金属制品、机械和设备修理业	43	18403	1389	1225	336	557	76
电力、热力、燃气及水生产和供应业	**D**	**18730**	**1419**	**943**	**772**	**485**	**276**
电力、热力生产和供应业	44	11458	1014	582	487	330	204
燃气生产和供应业	45	1925	95	101	120	76	14
水的生产和供应业	46	5347	310	260	165	79	58
建筑业	**E**	**701313**	**42143**	**26463**	**25826**	**18970**	**4627**
房屋建筑业	47	133672	8589	4852	5479	3870	840
土木工程建筑业	48	145193	7117	6402	5615	4095	1209
建筑安装业	49	97649	4113	4743	4135	2194	816
建筑装饰、装修和其他建筑业	50	324799	22324	10466	10597	8811	1762
批发和零售业	**F**	**3453801**	**307060**	**95333**	**93091**	**67177**	**14981**
批发业	51	2052146	125971	66726	58635	37877	5405
零售业	52	1401655	181089	28607	34456	29300	9576
交通运输、仓储和邮政业	**G**	**284131**	**20595**	**15987**	**7422**	**3675**	**1460**
铁路运输业	53	740	56	23	14	27	31
道路运输业	54	157120	12995	6838	5693	2548	1049
水上运输业	55	5268	72	308	11	6	
航空运输业	56	2063	251	99	38	56	18
管道运输业	57	226	13	15	2	4	
多式联运和运输代理业	58	76538	3972	5920	739	413	83
装卸搬运和仓储业	59	31031	2559	2468	798	511	193
邮政业	60	11145	677	316	127	110	86
住宿和餐饮业	**H**	**244545**	**35730**	**5664**	**3006**	**5181**	**774**
住宿业	61	61295	5817	1247	738	1277	269
餐饮业	62	183250	29913	4417	2268	3904	505
信息传输、软件和信息技术服务业	**I**	**771025**	**76154**	**17743**	**16851**	**20822**	**3100**
电信、广播电视和卫星传输服务	63	13938	1616	315	260	208	117
互联网和相关服务	64	79928	7998	1546	1238	1217	339
软件和信息技术服务业	65	677159	66540	15882	15353	19397	2644

单位：个

沈阳	长春	哈尔滨	上海	南京	杭州	合肥	福州	南昌	济南	郑州	武汉	长沙	代码
2247	608	881	7773	2544	5809	2325	878	922	2539	1441	2840	1874	33
4404	844	1422	8084	3249	5785	2165	757	597	5145	2330	2035	1740	34
1904	628	740	5271	2662	3123	1975	848	741	4047	2454	2679	1479	35
632	1218	193	1912	669	1750	792	323	384	680	452	1274	512	36
265	141	96	476	384	468	94	101	72	139	107	236	83	37
1727	334	472	3508	1621	3247	1592	595	434	1029	1152	1297	679	38
507	152	145	1838	1602	2002	1042	531	358	541	490	1653	622	39
424	171	183	1509	1065	1092	529	225	107	619	360	800	298	40
497	129	138	529	492	403	193	183	174	531	212	315	230	41
78	54	51	118	98	158	153	129	43	119	120	117	131	42
442	146	203	1262	411	402	562	291	143	563	375	574	449	43
552	**363**	**428**	**245**	**328**	**753**	**543**	**688**	**194**	**580**	**466**	**370**	**471**	D
439	243	292	100	164	469	333	470	98	338	261	181	277	44
29	50	49	31	48	67	33	26	31	79	57	43	39	45
84	70	87	114	116	217	177	192	65	163	148	146	155	46
14848	**5301**	**7091**	**21317**	**26217**	**24284**	**36869**	**14295**	**9244**	**29017**	**37181**	**41172**	**15347**	E
1699	945	1211	2652	5450	3085	6444	6049	2203	4630	6404	8863	2934	47
3673	1175	1543	3739	6474	5377	7952	2605	1652	7993	6939	10608	2785	48
2970	1210	1263	4362	4043	2517	4850	828	1138	3756	3694	4103	1997	49
6506	1971	3074	10564	10250	13305	17623	4813	4251	12638	20144	17598	7631	50
67231	**24846**	**29789**	**161577**	**77382**	**173290**	**98034**	**63993**	**27929**	**130139**	**159792**	**101857**	**60781**	F
45138	11664	17853	117309	43253	105218	46887	45705	19504	89668	94477	49806	37458	51
22093	13182	11936	44268	34129	68072	51147	18288	8425	40471	65315	52051	23323	52
6343	**2829**	**3548**	**20133**	**7624**	**10222**	**7872**	**4927**	**2377**	**6146**	**7120**	**8808**	**5103**	G
17	9	9	16	25	9	20	20	9	52	30	29	17	53
4662	1885	2364	5803	5185	7428	5677	2806	1609	4219	4821	5284	3075	54
6	7	31	444	243	124	97	646	42	32	4	159	51	55
83	25	31	86	31	75	23	31	22	53	29	44	46	56
4	4		78	4	2	2	2	1	12	4	10	2	57
532	181	369	10231	1363	1415	1041	833	241	877	1023	1581	1169	58
671	521	568	2561	614	723	778	392	321	724	1001	1245	523	59
368	197	176	914	159	446	234	197	132	177	208	456	220	60
2314	**1221**	**1502**	**20581**	**6805**	**12273**	**7519**	**3664**	**1570**	**5995**	**6927**	**6707**	**5150**	H
727	399	601	4693	1578	3725	1457	1210	636	988	2076	2028	1484	61
1587	822	901	15888	5227	8548	6062	2454	934	5007	4851	4679	3666	62
14715	**4168**	**6905**	**27939**	**35798**	**60175**	**26320**	**16744**	**6201**	**23699**	**32996**	**41390**	**18953**	I
483	137	189	488	472	634	372	146	127	326	410	422	289	63
1107	501	763	3240	3829	4762	3143	2114	669	2296	2546	2750	2294	64
13125	3530	5953	24211	31497	54779	22805	14484	5405	21077	30040	38218	16370	65

2-3 续表 2 (2020年)

行业大类	代码	企业单位数	北京	天津	石家庄	太原	呼和浩特
金融业	J	**84397**	**7753**	**4718**	**1370**	**1035**	**287**
货币金融服务	66	18867	1037	3206	245	284	134
资本市场服务	67	47257	4912	1120	386	146	43
保险业	68	7171	918	192	425	161	88
其他金融业	69	11102	886	200	314	444	22
房地产业	K	**387790**	**30025**	**13687**	**12491**	**8109**	**2526**
房地产业	70	387790	30025	13687	12491	8109	2526
租赁和商务服务业	L	**1626737**	**212164**	**46995**	**34540**	**32122**	**7778**
租赁业	71	137665	13343	5202	2998	3085	1044
商务服务业	72	1489072	198821	41793	31542	29037	6734
科学研究和技术服务业	M	**927234**	**220177**	**42087**	**22571**	**13602**	**4416**
研究和试验发展	73	121914	7720	2646	4785	1282	180
专业技术服务业	74	365167	46708	9469	5939	5883	2059
科技推广和应用服务业	75	440153	165749	29972	11847	6437	2177
水利、环境和公共设施管理业	N	**59692**	**7221**	**1785**	**1539**	**1043**	**487**
水利管理业	76	2119	103	37	97	70	38
生态保护和环境治理业	77	9358	1071	227	210	260	59
公共设施管理业	78	38654	5918	1485	957	634	366
土地管理业	79	9561	129	36	275	79	24
居民服务、修理和其他服务业	O	**262177**	**37305**	**8895**	**4430**	**5514**	**1326**
居民服务业	80	117468	18499	3673	1785	2583	512
机动车、电子产品和日用产品修理业	81	93375	8823	2983	1818	1846	553
其他服务业	82	51334	9983	2239	827	1085	261
教育	P	**117796**	**14900**	**4300**	**1025**	**1315**	**481**
教育	83	117796	14900	4300	1025	1315	481
卫生和社会工作	Q	**42250**	**4943**	**1532**	**932**	**884**	**150**
卫生	84	35522	3978	1342	660	755	106
社会工作	85	6728	965	190	272	129	44
文化、体育和娱乐业	R	**310183**	**80903**	**8969**	**6062**	**4661**	**1595**
新闻和出版业	86	4924	1436	83	184	118	39
广播、电视、电影和录音制作业	87	47153	11153	1440	1547	794	274
文化艺术业	88	103303	40925	3568	1230	1330	673
体育	89	30602	4943	979	648	586	149
娱乐业	90	124201	22446	2899	2453	1833	460

单位：个

沈阳	长春	哈尔滨	上海	南京	杭州	合肥	福州	南昌	济南	郑州	武汉	长沙	代码
982	**527**	**531**	**9593**	**1089**	**3512**	**1272**	**1725**	**414**	**1523**	**745**	**1527**	**775**	J
494	252	246	1337	246	372	348	561	132	417	210	465	201	66
168	130	99	6985	456	2328	358	798	125	494	140	714	388	67
213	98	129	508	251	245	229	133	99	299	226	190	123	68
107	47	57	763	136	567	337	233	58	313	169	158	63	69
8363	**3239**	**3952**	**23317**	**9768**	**19048**	**10956**	**5510**	**3977**	**10299**	**17670**	**16220**	**7934**	K
8363	3239	3952	23317	9768	19048	10956	5510	3977	10299	17670	16220	7934	70
26728	**8790**	**13207**	**82531**	**46834**	**74380**	**55991**	**28975**	**14186**	**48606**	**68562**	**62285**	**41100**	L
2318	1026	2014	3295	3120	4885	5791	2436	1517	4369	6549	4460	5032	71
24410	7764	11193	79236	43714	69495	50200	26539	12669	44237	62013	57825	36068	72
14672	**4663**	**8866**	**36826**	**37549**	**39184**	**27369**	**12293**	**5015**	**30813**	**35204**	**29989**	**23235**	M
4091	897	931	2926	8467	4146	4403	2985	404	4143	2714	4677	5824	73
5869	2362	3939	19240	16955	18954	12942	5547	2841	13081	14659	17221	9463	74
4712	1404	3996	14660	12127	16084	10024	3761	1770	13589	17831	8091	7948	75
765	**342**	**662**	**2103**	**2033**	**2432**	**2551**	**1015**	**641**	**2279**	**2264**	**2519**	**1913**	N
35	27	28	130	67	110	83	47	24	174	100	75	44	76
101	49	80	294	286	484	257	197	81	261	337	240	302	77
436	236	483	1600	925	1716	1605	677	421	1168	1270	1402	1208	78
193	30	71	79	755	122	606	94	115	676	557	802	359	79
3750	**2004**	**2373**	**16886**	**6803**	**11577**	**7994**	**4379**	**1991**	**5474**	**8067**	**7125**	**5590**	O
1514	633	900	9113	2648	5995	3001	1972	647	2274	3535	2941	2454	80
1503	833	786	5892	2470	3859	3788	1589	910	2042	3028	2649	1582	81
733	538	687	1881	1685	1723	1205	818	434	1158	1504	1535	1554	82
1528	**729**	**562**	**3815**	**4387**	**7766**	**4072**	**1206**	**756**	**3349**	**3010**	**3274**	**2781**	P
1528	729	562	3815	4387	7766	4072	1206	756	3349	3010	3274	2781	83
915	**295**	**664**	**1991**	**1323**	**1826**	**901**	**1051**	**398**	**961**	**792**	**1269**	**911**	Q
774	226	582	1775	1110	1497	738	866	370	768	587	1139	717	84
141	69	82	216	213	329	163	185	28	193	205	130	194	85
4596	**1358**	**2381**	**12119**	**9619**	**15235**	**6679**	**5229**	**1997**	**7543**	**8584**	**8272**	**9778**	R
128	65	45	202	197	176	152	50	60	106	111	198	121	86
642	201	229	1541	1563	3308	1243	676	259	1193	1067	824	1317	87
1583	300	601	2057	4186	2985	1745	1488	465	2238	2797	1854	1776	88
449	125	222	2464	850	1485	686	606	224	862	650	849	818	89
1794	667	1284	5855	2823	7281	2853	2409	989	3144	3959	4547	5746	90

2-3 续表 3 (2020年)

行业大类	代码	广州	南宁	海口	重庆	成都	贵阳
总 计	—	**791053**	**170220**	**62957**	**566829**	**323643**	**108501**
农、林、牧、渔业	A	**2514**	**5812**	**1563**	**63072**	**6532**	**6877**
农业	01	1265	2182	881	29591	4307	3576
林业	02	198	370	109	2725	554	666
畜牧业	03	192	1928	136	18544	999	2149
渔业	04	274	572	135	9497	308	256
农、林、牧、渔专业及辅助性活动	05	585	760	302	2715	364	230
采矿业	B	**66**	**338**	**48**	**1381**	**97**	**322**
煤炭开采和洗选业	06		4		196	3	32
石油和天然气开采业	07	1	2	4	21	10	2
黑色金属矿采选业	08	2	38	3	72	4	10
有色金属矿采选业	09	10	18	2	27	5	64
非金属矿采选业	10	38	208	19	1007	42	178
开采专业及辅助性活动	11	9	7	4	26	29	15
其他采矿业	12	6	61	16	32	4	21
制造业	C	**83205**	**10011**	**2023**	**57665**	**26198**	**6369**
农副食品加工业	13	871	752	112	3776	904	404
食品制造业	14	1468	643	117	1801	1042	291
酒、饮料和精制茶制造业	15	329	374	68	1627	591	314
烟草制品业	16	3	2	1	7	4	2
纺织业	17	1924	125	17	1394	336	66
纺织服装、服饰业	18	11467	164	76	1818	512	77
皮革、毛皮、羽毛及其制品和制鞋业	19	8123	57	2	845	515	25
木材加工和木、竹、藤、棕、草制品业	20	928	957	36	2092	549	591
家具制造业	21	2521	391	90	2161	1916	242
造纸和纸制品业	22	3444	308	30	904	573	81
印刷和记录媒介复制业	23	2042	425	165	1428	886	246
文教、工美、体育和娱乐用品制造业	24	3671	218	75	1156	375	150
石油、煤炭及其他燃料加工业	25	104	42	4	160	63	21
化学原料和化学制品制造业	26	5055	582	92	1527	947	257
医药制造业	27	606	194	128	482	491	148
化学纤维制造业	28	46	8		28	29	2
橡胶和塑料制品业	29	5142	436	77	2207	1347	241
非金属矿物制品业	30	2086	1136	205	6049	2036	1044
黑色金属冶炼和压延加工业	31	168	46	11	428	176	43
有色金属冶炼和压延加工业	32	297	48	9	568	167	87

单位：个

昆明	拉萨	西安	兰州	西宁	银川	乌鲁木齐	大连	宁波	厦门	青岛	深圳	代码
236753	**13011**	**259734**	**49615**	**46807**	**56288**	**80217**	**177258**	**360368**	**201110**	**472210**	**906794**	——
7444	**121**	**1962**	**3466**	**1285**	**1972**	**338**	**4491**	**2919**	**679**	**3945**	**316**	A
3989	51	785	724	450	808	130	1727	1775	403	1928	139	01
1011	33	291	232	193	173	41	397	260	72	372	22	02
1977	24	423	2369	574	726	60	956	267	62	466	16	03
148	1	19	50	2	65	11	1109	401	79	623	77	04
319	12	444	91	66	200	96	302	216	63	556	62	05
712	**62**	**202**	**98**	**83**	**75**	**148**	**141**	**92**	**14**	**207**	**52**	B
26		5	12	2	18	28	1	1		2	2	06
3		9	2		6	3				6	3	07
105	5	6	5	7	1	5	7			23		08
128	19	8	2	8		9	9			12	4	09
414	31	75	69	37	31	63	110	89	14	134	17	10
13	2	86	2	7	18	18	7	2		21	23	11
23	5	13	6	22	1	22	7			9	3	12
13020	**678**	**17672**	**3778**	**2194**	**3926**	**3741**	**24330**	**100236**	**23222**	**72348**	**123747**	C
737	64	480	323	160	293	159	1848	680	312	2424	303	13
659	33	505	157	128	207	162	610	471	512	1684	516	14
481	31	148	48	68	140	48	276	258	125	652	158	15
5		5	3			1	1		2	2	8	16
123	16	123	31	21	102	62	317	3018	621	2417	1228	17
153	16	198	53	40	52	63	1816	5141	1309	6028	3937	18
47	6	20	6	6	26	17	117	824	500	1323	1561	19
752	3	408	57	81	118	148	849	805	466	1447	573	20
814	42	573	158	48	144	145	353	1194	773	1818	1830	21
325	8	375	51	19	66	81	389	2715	982	1681	4317	22
625	15	620	193	71	130	173	429	2135	776	2454	3616	23
329	64	313	62	111	67	57	294	3619	992	4179	5002	24
63	3	52	26	9	37	33	117	108	28	116	83	25
680	48	773	256	71	256	224	982	1633	691	2146	2171	26
209	22	293	58	73	59	51	154	251	138	411	392	27
6		12	4	2	8	5	14	196	34	89	34	28
690	20	499	211	56	177	225	1067	11467	2398	4354	10023	29
1607	130	1382	664	351	476	432	1274	2167	753	3816	2312	30
100	9	144	45	35	43	44	140	523	71	232	493	31
155	18	174	43	77	42	19	111	785	143	258	904	32

2-3 续表 4 (2020年)

行业大类	代码	广州	南宁	海口	重庆	成都	贵阳
金属制品业	33	6631	781	212	5902	2590	510
通用设备制造业	34	4997	323	43	4793	2745	443
专用设备制造业	35	4594	621	86	3532	2179	267
汽车制造业	36	1602	79	41	4628	935	107
铁路、船舶、航空航天和其他运输设备制造业	37	538	54	21	2503	384	26
电气机械和器材制造业	38	4654	372	93	1697	1376	206
计算机、通信和其他电子设备制造业	39	6277	359	43	1886	1114	102
仪器仪表制造业	40	1076	85	14	769	486	50
其他制造业	41	890	61	16	378	211	118
废弃资源综合利用业	42	304	70	13	313	79	50
金属制品、机械和设备修理业	43	1347	298	126	806	640	158
电力、热力、燃气及水生产和供应业	D	**732**	**310**	**85**	**2365**	**735**	**197**
电力、热力生产和供应业	44	382	171	32	1380	395	79
燃气生产和供应业	45	87	32	14	245	108	35
水的生产和供应业	46	263	107	39	740	232	83
建筑业	E	**30455**	**10927**	**7085**	**25288**	**29511**	**8590**
房屋建筑业	47	3835	2088	895	5805	8093	1198
土木工程建筑业	48	3801	2050	1047	3749	5692	1673
建筑安装业	49	6728	1256	1227	3108	4138	1266
建筑装饰、装修和其他建筑业	50	16091	5533	3916	12626	11588	4453
批发和零售业	F	**286549**	**54356**	**17532**	**185062**	**96992**	**38707**
批发业	51	220652	30282	8421	76102	57166	17925
零售业	52	65897	24074	9111	108960	39826	20782
交通运输、仓储和邮政业	G	**21430**	**4278**	**1367**	**14222**	**8813**	**2460**
铁路运输业	53	26	21	1	29	31	9
道路运输业	54	9664	3022	656	9148	6105	1677
水上运输业	55	445	98	67	390	28	15
航空运输业	56	146	31	27	79	79	30
管道运输业	57	7	2	1	5	6	2
多式联运和运输代理业	58	7074	467	351	2361	1169	178
装卸搬运和仓储业	59	2975	425	152	1515	994	306
邮政业	60	1093	212	112	695	401	243
住宿和餐饮业	H	**17778**	**3591**	**1421**	**25828**	**8894**	**4170**
住宿业	61	4161	1037	488	6353	3095	1202
餐饮业	62	13617	2554	933	19475	5799	2968
信息传输、软件和信息技术服务业	I	**63394**	**11863**	**4018**	**27549**	**24854**	**5798**
电信、广播电视和卫星传输服务	63	1535	294	185	666	481	132
互联网和相关服务	64	7964	1453	850	3589	1828	746
软件和信息技术服务业	65	53895	10116	2983	23294	22545	4920

单位：个

昆明	拉萨	西安	兰州	西宁	银川	乌鲁木齐	大连	宁波	厦门	青岛	深圳	代码
1460	61	1495	474	324	521	514	2142	11944	2683	7828	12053	33
697	11	2530	214	103	270	196	5688	15644	2098	10081	9042	34
644	13	1746	197	82	181	241	1646	8306	2485	7015	13614	35
150		299	23	16	27	72	365	5131	340	1395	852	36
32	1	392	17	6	10	18	637	863	122	1206	573	37
541	13	1332	130	97	138	262	766	12111	1220	2330	13633	38
154	6	1148	40	34	57	80	324	4362	1409	1704	27617	39
246		744	33	11	50	28	409	1899	369	857	4200	40
140	6	120	18	15	32	23	174	1272	483	931	1504	41
111	6	96	42	18	40	23	107	164	44	233	85	42
285	13	673	141	61	157	135	914	550	343	1237	1113	43
431	**61**	**553**	**152**	**163**	**270**	**252**	**480**	**808**	**175**	**696**	**389**	D
232	45	340	120	127	192	199	297	554	103	382	146	44
56	3	66	7	13	25	14	51	53	7	77	44	45
143	13	147	25	23	53	39	132	201	65	237	199	46
24148	**1298**	**40120**	**3975**	**6101**	**5043**	**4834**	**13613**	**16111**	**10077**	**40171**	**23754**	E
3754	518	9354	868	1660	1345	671	1772	2466	1560	8106	3485	47
5650	262	10675	989	1650	1365	1347	2171	3154	1654	8170	3141	48
2278	100	5641	681	574	515	893	2586	1979	1492	6464	3991	49
12466	418	14450	1437	2217	1818	1923	7084	8512	5371	17431	13137	50
77583	**3337**	**81954**	**17744**	**14855**	**20685**	**35026**	**55970**	**109856**	**76062**	**162584**	**364665**	F
46324	1227	42559	10593	7131	10503	24918	38082	81691	52053	121658	186305	51
31259	2110	39395	7151	7724	10182	10108	17888	28165	24009	40926	178360	52
5995	**262**	**4825**	**1349**	**990**	**2082**	**2436**	**6981**	**11450**	**5634**	**21035**	**26331**	G
21		13	6	8	8	24	7	8	18	74	23	53
3723	170	3410	814	678	1471	1331	2944	5990	2488	9931	9957	54
26		53	2	2		2	331	352	295	339	540	55
83	7	62	10	6	13	35	46	24	78	95	171	56
7		3	3			8	2	2	3	12	4	57
1074	19	581	194	133	275	600	2682	3934	2101	8690	12672	58
674	41	559	259	119	144	305	764	918	408	1718	1584	59
387	25	144	61	44	171	131	205	222	243	176	1380	60
6029	**425**	**5618**	**1821**	**1081**	**1212**	**1186**	**3228**	**4773**	**4277**	**7885**	**12745**	H
1857	238	2010	548	425	362	328	1082	1499	1325	1884	2451	61
4172	187	3608	1273	656	850	858	2146	3274	2952	6001	10294	62
17346	**770**	**18803**	**1878**	**2309**	**2851**	**5169**	**11391**	**13585**	**17561**	**24118**	**67095**	I
271	87	700	82	89	69	148	186	142	201	282	1377	63
1191	60	3094	316	303	371	452	595	1013	3074	3581	7096	64
15884	623	15009	1480	1917	2411	4569	10610	12430	14286	20255	58622	65

2-3 续表 5 (2020年)

行业大类	代码	广州	南宁	海口	重庆	成都	贵阳
金融业	**J**	**5104**	**1443**	**378**	**2012**	**1663**	**465**
货币金融服务	66	1459	239	203	1021	416	136
资本市场服务	67	2630	395	73	563	657	159
保险业	68	386	103	63	270	238	85
其他金融业	69	629	706	39	158	352	85
房地产业	**K**	**32143**	**8927**	**6084**	**19966**	**13093**	**4492**
房地产业	70	32143	8927	6084	19966	13093	4492
租赁和商务服务业	**L**	**125552**	**31060**	**11070**	**70973**	**52488**	**15882**
租赁业	71	9615	2738	1147	11379	5161	1755
商务服务业	72	115937	28322	9923	59594	47327	14127
科学研究和技术服务业	**M**	**72421**	**13057**	**4427**	**22713**	**23330**	**4965**
研究和试验发展	73	20310	1419	354	1647	4098	301
专业技术服务业	74	24651	5295	2548	14445	12319	3031
科技推广和应用服务业	75	27460	6343	1525	6621	6913	1633
水利、环境和公共设施管理业	**N**	**2276**	**963**	**662**	**4826**	**2154**	**666**
水利管理业	76	74	36	30	158	49	27
生态保护和环境治理业	77	612	134	128	879	363	103
公共设施管理业	78	1394	494	416	2632	1529	357
土地管理业	79	196	299	88	1157	213	179
居民服务、修理和其他服务业	**O**	**16978**	**6497**	**2035**	**17376**	**10261**	**4917**
居民服务业	80	7908	3501	699	8674	3612	2060
机动车、电子产品和日用产品修理业	81	5966	1951	893	6081	4647	2056
其他服务业	82	3104	1045	443	2621	2002	801
教育	**P**	**8521**	**2360**	**951**	**7803**	**4534**	**1365**
教育	83	8521	2360	951	7803	4534	1365
卫生和社会工作	**Q**	**2326**	**437**	**254**	**3141**	**3177**	**381**
卫生	84	1921	359	199	2336	2829	326
社会工作	85	405	78	55	805	348	55
文化、体育和娱乐业	**R**	**19609**	**3990**	**1954**	**15587**	**10317**	**1878**
新闻和出版业	86	322	66	51	123	142	50
广播、电视、电影和录音制作业	87	2863	818	373	1896	1103	219
文化艺术业	88	8774	1067	517	4378	1771	438
体育	89	2692	387	293	1440	1269	240
娱乐业	90	4958	1652	720	7750	6032	931

单位：个

昆明	拉萨	西安	兰州	西宁	银川	乌鲁木齐	大连	宁波	厦门	青岛	深圳	代码
1969	**225**	**1394**	**289**	**195**	**396**	**599**	**978**	**8385**	**1492**	**3486**	**14546**	J
669	66	490	156	116	167	237	592	294	270	491	1658	66
1009	138	413	51	18	133	203	186	7850	972	2265	9752	67
172	15	191	65	32	45	82	104	94	86	194	419	68
119	6	300	17	29	51	77	96	147	164	536	2717	69
9838	**419**	**12905**	**2689**	**2419**	**2007**	**3856**	**7940**	**9670**	**5208**	**12960**	**26083**	K
9838	419	12905	2689	2419	2007	3856	7940	9670	5208	12960	26083	70
37778	**3625**	**36231**	**5870**	**8370**	**8461**	**11803**	**25742**	**43822**	**26320**	**68165**	**137751**	L
4061	327	3430	811	1063	1025	1221	2046	2969	2043	5474	8916	71
33717	3298	32801	5059	7307	7436	10582	23696	40853	24277	62691	128835	72
15777	**812**	**18788**	**2497**	**3578**	**2785**	**6129**	**10247**	**16510**	**12692**	**28771**	**59204**	M
1737	79	2310	191	166	155	251	1808	3715	2362	5899	11891	73
7587	474	11498	1656	2267	1571	3314	4271	7172	4752	11433	33752	74
6453	259	4980	650	1145	1059	2564	4168	5623	5578	11439	13561	75
1803	**75**	**1973**	**280**	**651**	**483**	**542**	**831**	**1440**	**988**	**3316**	**2169**	N
51	1	67	12	25	22	33	27	49	25	79	65	76
230	17	290	44	172	82	83	114	292	323	275	421	77
977	55	1259	204	345	272	307	652	1006	526	2203	1519	78
545	2	357	20	109	107	119	38	93	114	759	164	79
6633	**305**	**6563**	**1660**	**1099**	**1480**	**2008**	**4002**	**5835**	**5414**	**9585**	**18046**	O
2364	111	2631	635	501	593	729	1970	2688	2290	4066	7757	80
3018	156	2894	856	436	617	1001	1488	2034	2497	3129	6701	81
1251	38	1038	169	162	270	278	544	1113	627	2390	3588	82
2302	**62**	**2165**	**593**	**252**	**1072**	**607**	**1511**	**5247**	**3323**	**3727**	**12145**	P
2302	62	2165	593	252	1072	607	1511	5247	3323	3727	12145	83
880	**44**	**1170**	**225**	**147**	**198**	**259**	**2194**	**1095**	**706**	**1100**	**2778**	Q
764	39	1071	195	113	153	220	1975	932	655	858	2587	84
116	5	99	30	34	45	39	219	163	51	242	191	85
7065	**430**	**6836**	**1251**	**1035**	**1290**	**1284**	**3188**	**8534**	**7266**	**8111**	**14978**	R
72	7	180	35	24	37	19	27	22	57	86	133	86
1211	90	1468	225	298	326	235	369	1313	1498	1541	2036	87
1686	101	1503	251	233	280	304	758	2829	1794	2243	2575	88
840	24	702	126	114	162	176	547	792	635	775	1793	89
3256	208	2983	614	366	485	550	1487	3578	3282	3466	8441	90

2-4 按行业(中类)、登记注册类型

(2020年)

行业中类	代码	企 业 单位数	内资企业	国有企业	集体企业	股份合作 企 业
总 计	——	**25055456**	**24784352**	**82155**	**106926**	**31119**
农、林、牧、渔业	A	**841656**	**839018**	**4049**	**5953**	**706**
农业	01	380171	378729	1237	2572	303
谷物种植	011	79115	79014	489	526	60
豆类、油料和薯类种植	012	7712	7691	49	35	7
棉、麻、糖、烟草种植	013	2960	2952	75	39	3
蔬菜、食用菌及园艺作物种植	014	131976	131308	171	829	116
水果种植	015	76040	75713	180	464	67
坚果、含油果、香料和饮料作物种植	016	23173	23060	101	199	11
中药材种植	017	32622	32551	26	197	19
草种植及割草	018	1765	1758	6	17	
其他农业	019	24808	24682	140	266	20
林业	02	70173	69894	1367	720	73
林木育种和育苗	021	59115	58913	443	374	55
造林和更新	022	5742	5695	187	108	3
森林经营、管护和改培	023	3305	3285	571	184	9
木材和竹材采运	024	1233	1230	116	32	
林产品采集	025	778	771	50	22	6
畜牧业	03	249330	248930	367	925	185
牲畜饲养	031	169489	169220	264	662	123
家禽饲养	032	63705	63596	57	194	51
狩猎和捕捉动物	033	129	129	1		
其他畜牧业	039	16007	15985	45	69	11
渔业	04	62378	62112	295	394	57
水产养殖	041	60871	60608	281	364	56
水产捕捞	042	1507	1504	14	30	1
农、林、牧、渔专业及辅助性活动	05	79604	79353	783	1342	88
农业专业及辅助性活动	051	63490	63291	466	1184	70
林业专业及辅助性活动	052	6571	6560	177	61	7
畜牧专业及辅助性活动	053	5608	5587	82	39	8
渔业专业及辅助性活动	054	3935	3915	58	58	3
采矿业	B	**80579**	**80176**	**575**	**1221**	**120**
煤炭开采和洗选业	06	13730	13654	193	267	41
烟煤和无烟煤开采洗选	061	12658	12588	179	254	38
褐煤开采洗选	062	298	295	11	7	2
其他煤炭采选	069	774	771	3	6	1
石油和天然气开采业	07	599	579	26	1	
石油开采	071	372	361	11		
天然气开采	072	227	218	15	1	
黑色金属矿采选业	08	10975	10923	63	258	13
铁矿采选	081	9973	9931	49	221	9
锰矿、铬矿采选	082	647	641	9	28	4
其他黑色金属矿采选	089	355	351	5	9	

分组的企业法人单位数

单位：个

国有联营企业	集体联营企业	国有与集体联营	其他联营	国有独资公司	其他有限责任公司	股份有限公司	私营独资	私营合伙	私营有限责任公司	代码
962	**2291**	**688**	**2032**	**67262**	**1489805**	**110713**	**1919179**	**275980**	**20480076**	——
37	**206**	**20**	**175**	**1665**	**36398**	**3262**	**325398**	**8074**	**443091**	A
10	88	6	70	742	17099	1461	141890	3200	205105	01
2	19	1	25	124	2660	199	44608	547	28133	011
			2	23	404	20	2920	80	4051	012
		1		19	93	9	1756	32	889	013
5	19	2	18	226	6244	527	35135	1049	85597	014
3	17		12	113	2576	257	34994	872	35446	015
	8	1	6	53	857	76	8902	227	12389	016
	7		2	43	1852	190	9030	220	20582	017
			1	12	167	15	239	10	1263	018
	18	1	4	129	2246	168	4306	163	16755	019
10	20	4	18	258	3353	271	14759	804	47541	02
2	11	2	13	139	2822	210	12775	588	40923	021
2	4	1	2	40	292	29	1257	107	3591	022
4	4	1	2	68	152	25	382	86	1756	023
1	1		1	6	39	4	155	14	846	024
1				5	48	3	190	9	425	025
6	39	5	52	224	8208	824	129049	2356	104223	03
1	26	3	39	182	5799	560	87592	1635	70657	031
4	12	1	11	35	1894	223	32680	596	27168	032
					6	1	34		84	033
1	1	1	2	7	509	40	8743	125	6314	039
4	10		13	59	2146	245	26823	977	30549	04
4	10		13	53	2047	233	26693	964	29367	041
				6	99	12	130	13	1182	042
7	49	5	22	382	5592	461	12877	737	55673	05
6	40	4	15	320	4683	381	9319	556	45161	051
1	5	1	4	38	351	29	498	39	5249	052
	2		2	14	332	30	1716	80	3191	053
	2		1	10	226	21	1344	62	2072	054
7	**21**	**7**	**18**	**685**	**8708**	**801**	**12490**	**2594**	**51875**	B
3	3		1	245	2723	186	1234	377	8206	06
2	3		1	220	2567	174	1113	352	7527	061
1				14	76	7	21	2	151	062
				11	80	5	100	23	528	069
				21	144	33	10	4	334	07
				10	74	22	7	4	230	071
				11	70	11	3		104	072
	3	1	2	57	1069	83	1797	344	7124	08
	3		1	51	987	69	1693	325	6434	081
			1	5	49	11	63	12	444	082
		1		1	33	3	41	7	246	089

2–4 续表 1 (2020年)

行业中类	代码	企业单位数	内资企业	国有企业	集体企业	股份合作企业
有色金属矿采选业	09	7417	7334	77	141	16
常用有色金属矿采选	091	5122	5061	45	72	12
贵金属矿采选	092	1459	1442	23	51	3
稀有稀土金属矿采选	093	836	831	9	18	1
非金属矿采选业	10	39814	39673	177	524	49
土砂石开采	101	34844	34747	125	400	44
化学矿开采	102	1055	1043	14	29	2
采盐	103	291	284	25	41	
石棉及其他非金属矿采选	109	3624	3599	13	54	3
开采专业及辅助性活动	11	5314	5292	26	13	1
煤炭开采和洗选专业及辅助性活动	111	448	445	9	3	
石油和天然气开采专业及辅助性活动	112	4390	4371	13	8	1
其他开采专业及辅助性活动	119	476	476	4	2	
其他采矿业	12	2730	2721	13	17	
其他采矿业	120	2730	2721	13	17	
制造业	**C**	**3825516**	**3729749**	**6720**	**19320**	**11230**
农副食品加工业	13	145871	143251	1239	737	243
谷物磨制	131	24078	23932	149	88	22
饲料加工	132	16033	15532	43	45	29
植物油加工	133	10988	10825	57	89	9
制糖业	134	1128	1101	19	2	2
屠宰及肉类加工	135	26448	26101	830	235	55
水产品加工	136	12213	11732	37	83	70
蔬菜、菌类、水果和坚果加工	137	22088	21520	22	54	24
其他农副食品加工	139	32895	32508	82	141	32
食品制造业	14	84785	82513	223	291	156
焙烤食品制造	141	20839	20344	36	63	34
糖果、巧克力及蜜饯制造	142	5590	5414	8	24	21
方便食品制造	143	15172	14826	47	40	11
乳制品制造	144	1968	1838	14	4	5
罐头食品制造	145	2994	2844	11	17	7
调味品、发酵制品制造	146	9537	9286	31	56	18
其他食品制造	149	28685	27961	76	87	60
酒、饮料和精制茶制造业	15	64523	63307	238	481	116
酒的制造	151	22474	22120	83	157	71
饮料制造	152	20492	19780	65	128	29
精制茶加工	153	21557	21407	90	196	16
烟草制品业	16	226	220	23	11	2
烟叶复烤	161	51	48	5	2	
卷烟制造	162	76	74	10	1	
其他烟草制品制造	169	99	98	8	8	2
纺织业	17	165481	161403	196	597	288
棉纺织及印染精加工	171	54102	52676	89	230	98
毛纺织及染整精加工	172	8658	8416	13	55	28

单位：个

国有联营企业	集体联营企业	国有与集体联营	其他联营	国有独资公司	其他有限责任公司	股份有限公司	私营独资	私营合伙	私营有限责任公司	代码
1	2			62	1225	169	639	158	4730	09
1				37	702	111	534	118	3355	091
	2			16	319	40	76	21	864	092
				9	204	18	29	19	511	093
3	13	6	15	256	2839	267	8469	1661	24873	10
2	12	6	13	213	2276	209	7851	1552	21584	101
	1			8	175	15	98	18	671	102
1				20	61	9	14	1	110	103
			2	15	327	34	506	90	2508	109
				29	419	31	151	14	4534	11
				10	54	2	53	5	304	111
				17	320	25	57	7	3860	112
				2	45	4	41	2	370	119
				15	289	32	190	36	2074	12
				15	289	32	190	36	2074	120
102	**355**	**95**	**319**	**3903**	**217418**	**20413**	**449917**	**36160**	**2918659**	C
16	27	18	25	321	10665	1101	23728	1336	101624	13
1	2		3	86	1733	205	5698	260	15319	131
1	3	2	2	27	1925	153	1207	65	11751	132
1	3	1	2	31	791	87	2406	96	7078	133
				16	147	20	234	12	635	134
10	13	10	9	84	1936	175	3845	402	18147	135
2	1	2	2	13	759	101	1689	114	8706	136
	1	1	1	25	1374	155	3418	156	15917	137
1	4	2	6	39	2000	205	5231	231	24071	139
1	6	4	9	123	5425	616	12397	581	61485	14
	2	1	2	11	1002	87	3892	151	14867	141
		1	1	2	285	30	1202	53	3720	142
	3		3	18	811	81	3447	119	10062	143
		2		22	355	54	69	4	1252	144
				8	217	31	282	48	2159	145
				13	598	79	1487	56	6790	146
1	1		3	49	2157	254	2018	150	22635	149
7	15		6	156	4316	550	13128	699	42587	15
2	3		5	59	1559	254	5121	197	14203	151
3	1			54	1616	180	2877	244	14277	152
2	11		1	43	1141	116	5130	258	14107	153
				29	60	1	13		80	16
				2	24	1	4		10	161
				20	23		3		17	162
				7	13		6		53	169
1	17	3	7	73	5372	512	20559	1203	130406	17
	3	1	2	44	2065	225	7004	461	41818	171
	3		1	7	306	35	1292	71	6496	172

2-4 续表 2 (2020年)

行业中类	代码	企 业 单位数	内资企业	国有企业	集体企业	股份合作 企 业
麻纺织及染整精加工	173	1040	1007	10	12	6
丝绢纺织及印染精加工	174	2652	2568	16	27	7
化纤织造及印染精加工	175	13518	13202	6	15	13
针织或钩针编织物及其制品制造	176	25438	24799	21	83	31
家用纺织制成品制造	177	33166	32534	25	69	44
产业用纺织制成品制造	178	26907	26201	16	106	61
纺织服装、服饰业	18	202097	195835	153	708	300
机织服装制造	181	88162	84778	88	397	134
针织或钩针编织服装制造	182	25588	24232	13	59	75
服饰制造	183	88347	86825	52	252	91
皮革、毛皮、羽毛及其制品和制鞋业	19	91458	88352	63	270	347
皮革鞣制加工	191	4974	4771	6	28	55
皮革制品制造	192	31749	30478	15	76	43
毛皮鞣制及制品加工	193	7777	7695	7	22	3
羽毛(绒)加工及制品制造	194	2609	2540	6	12	1
制鞋业	195	44349	42868	29	132	245
木材加工和木、竹、藤、棕、草制品业	20	152725	151781	218	424	114
木材加工	201	81322	81139	138	193	36
人造板制造	202	23125	22924	26	26	9
木质制品制造	203	36659	36265	27	132	50
竹、藤、棕、草等制品制造	204	11619	11453	27	73	19
家具制造业	21	100117	98460	36	179	88
木质家具制造	211	69032	68113	23	137	63
竹、藤家具制造	212	1062	1043	2	2	
金属家具制造	213	9442	9153	8	18	14
塑料家具制造	214	861	829		2	1
其他家具制造	219	19720	19322	3	20	10
造纸和纸制品业	22	86281	84457	81	650	388
纸浆制造	221	341	326	2	2	
造纸	222	16298	15871	30	157	77
纸制品制造	223	69642	68260	49	491	311
印刷和记录媒介复制业	23	89887	88726	624	1630	793
印刷	231	80393	79305	511	1327	690
装订及印刷相关服务	232	9152	9095	110	299	99
记录媒介复制	233	342	326	3	4	4
文教、工美、体育和娱乐用品制造业	24	137040	132295	98	510	343
文教办公用品制造	241	13188	12785	19	77	42
乐器制造	242	3307	3152	2	14	9
工艺美术及礼仪用品制造	243	84103	81977	64	338	240
体育用品制造	244	14862	14130	8	26	20
玩具制造	245	17216	15981	4	48	23
游艺器材及娱乐用品制造	246	4364	4270	1	7	9
石油、煤炭及其他燃料加工业	25	13238	12977	41	91	21

单位：个

国有联营企业	集体联营企业	国有与集体联营	其他联营	国有独资公司	其他有限责任公司	股份有限公司	私营独资	私营合伙	私营有限责任公司	代码
	1			1	88	11	100	10	746	173
	1			6	158	23	448	21	1799	174
	1				222	34	1939	76	10461	175
	4		1	5	578	44	2785	177	20765	176
	1	2	2	5	872	62	3864	149	27162	177
1	3		1	5	1083	78	3127	238	21159	178
1	14	1	14	186	7722	588	27558	1264	155619	18
	6		10	129	3892	299	13328	671	64993	181
	5		1	12	871	72	2835	150	19933	182
1	3	1	3	45	2959	217	11395	443	70693	183
	8	1	4	23	3731	236	11239	695	70879	19
	3			1	368	22	401	36	3817	191
	3		1	5	1265	74	3193	173	25264	192
				2	122	24	704	27	6735	193
	2		1	2	138	15	341	28	1961	194
		1	2	13	1838	101	6600	431	33102	195
	10	2	12	77	4592	434	44368	1406	98425	20
	1	1	8	44	2092	176	28270	620	48619	201
	1	1		17	760	95	8210	185	13366	202
	4		1	10	1381	117	5085	291	28743	203
	4		3	6	359	46	2803	310	7697	204
	3		16	12	4165	307	11368	521	80452	21
	2		8	10	2895	221	8211	360	55306	211
			1	1	43	4	149	8	818	212
	1		3	1	312	31	815	55	7781	213
					36	3	101	10	662	214
			4		879	48	2092	88	15885	219
	8	2	11	37	4364	327	11846	1269	64577	22
				1	105	4	19	5	184	221
	3	1	5	21	939	120	2069	237	11989	222
	5	1	6	15	3320	203	9758	1027	52404	223
9	19	8	11	102	4672	403	14477	1258	63789	23
8	17	6	9	95	4173	365	12602	1129	57525	231
1	2	2	2	6	469	36	1846	126	6018	232
				1	30	2	29	3	246	233
	17	1	10	47	5294	432	18476	1141	104786	24
	2		2	4	517	34	1392	123	10472	241
				1	116	18	412	32	2512	242
	11		7	31	3066	243	12636	793	63899	243
	2	1	1	4	749	58	1000	81	12041	244
	2			2	732	61	2827	102	11993	245
				5	114	18	209	10	3869	246
2	1		1	42	1411	182	1097	84	9814	25

2-4 续表 3 (2020年)

行业中类	代码	企业单位数	内资企业	国有企业	集体企业	股份合作企业
精炼石油产品制造	251	5736	5561	22	59	14
煤炭加工	252	4427	4361	16	32	5
生物质燃料加工	254	3075	3055	3		2
化学原料和化学制品制造业	26	127919	122773	332	1152	473
基础化学原料制造	261	17818	16943	86	244	83
肥料制造	262	17144	16885	56	68	31
农药制造	263	2351	2267	16	22	20
涂料、油墨、颜料及类似产品制造	264	22132	21164	25	181	82
合成材料制造	265	14117	13321	17	70	43
专用化学产品制造	266	31848	30554	85	363	133
炸药、火工及焰火产品制造	267	3071	3050	13	90	14
日用化学产品制造	268	19438	18589	34	114	67
医药制造业	27	34947	33501	119	101	61
化学药品原料药制造	271	3509	3319	13	11	12
化学药品制剂制造	272	2926	2610	22	7	5
中药饮片加工	273	5917	5849	15	11	7
中成药生产	274	4897	4725	30	19	6
兽用药品制造	275	1968	1916	13	12	8
生物药品制品制造	276	5044	4710	13	7	8
卫生材料及医药用品制造	277	9886	9625	12	30	14
药用辅料及包装材料	278	800	747	1	4	1
化学纤维制造业	28	7890	7525	7	29	9
纤维素纤维原料及纤维制造	281	992	929	2	3	1
合成纤维制造	282	6046	5772	2	24	7
生物基材料制造	283	852	824	3	2	1
橡胶和塑料制品业	29	224927	218343	129	1134	965
橡胶制品业	291	38867	37730	37	303	194
塑料制品业	292	186060	180613	92	831	771
非金属矿物制品业	30	311621	308091	617	2291	593
水泥、石灰和石膏制造	301	15482	15260	131	210	40
石膏、水泥制品及类似制品制造	302	73878	73340	161	358	114
砖瓦、石材等建筑材料制造	303	122146	121325	165	962	201
玻璃制造	304	7126	6936	7	20	16
玻璃制品制造	305	19616	19179	24	80	48
玻璃纤维和玻璃纤维增强塑料制品制造	306	7891	7705	14	62	25
陶瓷制品制造	307	27950	27398	51	129	60
耐火材料制品制造	308	14197	14000	25	279	36
石墨及其他非金属矿物制品制造	309	23335	22948	39	191	53
黑色金属冶炼和压延加工业	31	23868	23301	51	173	105
炼铁	311	784	770	7	18	3
炼钢	312	483	458	5	7	
钢压延加工	313	19199	18710	28	125	89
铁合金冶炼	314	3402	3363	11	23	13

单位：个

国有联营企业	集体联营企业	国有与集体联营	其他联营	国有独资公司	其他有限责任公司	股份有限公司	私营独资	私营合伙	私营有限责任公司	代码
2	1		1	23	630	111	297	30	4279	251
				16	544	56	642	44	2950	252
				3	237	15	158	10	2585	254
4	23	2	29	283	11355	1450	9886	1401	94222	26
1	4		7	93	2218	310	1126	179	12263	261
	5		2	38	1698	198	868	81	13527	262
	1		1	8	296	68	74	13	1675	263
	5		4	20	1512	171	2176	194	16477	264
	3		4	39	1468	160	757	91	10410	265
3	1	2	5	53	2702	379	2592	355	23288	266
				22	207	47	785	360	1474	267
	4		6	10	1254	117	1508	128	15108	268
3	4	4		75	4559	867	1347	141	25267	27
		1		9	605	124	89	19	2303	271
	1	2		10	644	158	61	7	1598	272
	2	1		19	829	94	362	32	4325	273
2	1			17	797	248	161	15	3223	274
				2	214	36	86	8	1496	275
				10	748	125	92	20	3533	276
1				7	653	72	464	33	8184	277
				1	69	10	32	7	605	278
				16	487	89	584	66	6080	28
				2	96	21	65	4	721	281
				11	288	56	478	61	4725	282
				3	103	12	41	1	634	283
3	15	3	18	87	12287	897	28682	3030	168501	29
	2		6	24	2295	177	4142	486	29675	291
3	13	3	12	63	9992	720	24540	2544	138826	292
23	54	13	36	504	19114	1671	46682	4280	228772	30
3	7	2	3	106	1777	175	2081	205	10330	301
9	5	5	8	198	5637	383	11615	684	53381	302
7	29	3	14	98	6172	559	21389	2397	87992	303
	1	1		7	443	48	437	28	5831	304
	1		2	15	1036	78	1799	136	15751	305
	1			5	388	43	677	88	6307	306
3	1		3	23	1221	123	4056	348	21113	307
	3	1	2	5	777	99	1712	144	10755	308
1	6	1	4	47	1663	163	2916	250	17312	309
1	4	2	2	69	1681	182	2132	262	18368	31
				3	80	7	108	11	531	311
	1			5	79	7	30	5	315	312
1	2	2	1	49	1190	144	1743	211	14922	313
	1		1	12	332	24	251	35	2600	314

2-4 续表 4 (2020年)

行业中类	代码	企业单位数	内资企业	国有企业	集体企业	股份合作企业
有色金属冶炼和压延加工业	32	31661	30756	82	227	103
常用有色金属冶炼	321	3976	3877	20	37	19
贵金属冶炼	322	579	566	21	13	
稀有稀土金属冶炼	323	921	889	7	10	2
有色金属合金制造	324	7780	7541	10	50	15
有色金属压延加工	325	18405	17883	24	117	67
金属制品业	33	388030	381700	270	1950	1089
结构性金属制品制造	331	146255	144964	99	636	243
金属工具制造	332	27640	26967	36	165	74
集装箱及金属包装容器制造	333	8405	8073	12	89	25
金属丝绳及其制品制造	334	18889	18621	14	92	51
建筑、安全用金属制品制造	335	58403	57331	14	196	192
金属表面处理及热处理加工	336	15688	15207	16	147	153
搪瓷制品制造	337	2761	2720	5	19	
金属制日用品制造	338	23944	23297	9	70	51
铸造及其他金属制品制造	339	86045	84520	65	536	300
通用设备制造业	34	387358	379807	460	2162	1661
锅炉及原动设备制造	341	10780	10516	30	116	68
金属加工机械制造	342	59056	58002	89	318	179
物料搬运设备制造	343	16289	15747	25	55	41
泵、阀门、压缩机及类似机械制造	344	44728	43389	51	272	445
轴承、齿轮和传动部件制造	345	23507	22899	24	73	103
烘炉、风机、包装等设备制造	346	38041	36861	28	157	131
文化、办公用机械制造	347	3425	3125	4	6	14
通用零部件制造	348	155061	153371	174	1083	616
其他通用设备制造业	349	36471	35897	35	82	64
专用设备制造业	35	281329	274359	396	909	858
采矿、冶金、建筑专用设备制造	351	35572	34972	103	221	93
化工、木材、非金属加工专用设备制造	352	77810	75800	32	179	219
食品、饮料、烟草及饲料生产专用设备制造	353	8048	7887	17	46	67
印刷、制药、日化及日用品生产专用设备制造	354	9949	9595	13	48	50
纺织、服装和皮革加工专用设备制造	355	11991	11563	22	64	122
电子和电工机械专用设备制造	356	17310	16685	36	49	25
农、林、牧、渔专用机械制造	357	17592	17341	48	88	47
医疗仪器设备及器械制造	358	26553	25262	35	66	114
环保、邮政、社会公共服务及其他专用设备制造	359	76504	75254	90	148	121
汽车制造业	36	92075	87187	123	272	412
汽车整车制造	361	1709	1585	15	2	1
汽车用发动机制造	362	484	429	2		1
改装汽车制造	363	1291	1261	16	4	2
低速汽车制造	364	116	113		2	
电车制造	365	562	556		1	
汽车车身、挂车制造	366	7516	7360	7	7	2
汽车零部件及配件制造	367	80397	75883	83	256	406

单位：个

国有联营企业	集体联营企业	国有与集体联营	其他联营	国有独资公司	其他有限责任公司	股份有限公司	私营独资	私营合伙	私营有限责任公司	代码
2	2	2	5	93	2643	335	2909	342	23541	32
			1	32	547	86	343	53	2672	321
1			2	10	109	23	43	3	332	322
	1			11	147	28	48	7	609	323
1				9	560	57	816	74	5845	324
	1	2	2	31	1280	141	1659	205	14083	325
3	34	6	29	200	20930	1420	45342	3727	302973	33
	9	2	9	89	8541	490	15196	802	117602	331
	4		4	11	1295	101	3978	286	20728	332
	1			14	576	56	649	58	6462	333
	1			10	530	133	1282	144	16166	334
	4	1	4	11	2360	156	8073	866	44980	335
	3	1	2	5	891	55	2248	316	11224	336
	1				76	4	349	16	2233	337
			3	5	998	78	3096	159	18604	338
3	11	2	7	55	5663	347	10471	1080	64974	339
1	29	10	13	248	17240	1670	40642	3869	307886	34
	2		1	21	1335	116	894	73	7720	341
	5	3	2	44	2830	298	5387	493	47701	342
	1		2	23	862	100	910	83	13405	343
	4		2	43	1715	248	4015	457	35550	344
	2	2		27	760	114	2817	358	18358	345
	4		2	17	1820	205	2696	246	31121	346
				1	219	40	167	9	2611	347
1	8	5	3	48	4762	388	22073	1953	121164	348
	3		1	24	2937	161	1683	197	30256	349
10	12	4	14	249	16404	1574	18711	1948	229897	35
3	3	1	1	92	2338	252	2010	180	29228	351
1	1		5	27	4512	243	7197	759	61902	352
	3	1	1	10	320	42	617	50	6607	353
	2		2	6	652	65	616	98	7899	354
1			1	4	366	51	1671	254	8893	355
2	1			23	1476	117	663	88	13933	356
		1	1	18	826	91	1552	120	14323	357
1				20	1792	237	1540	157	20895	358
2	2	1	3	49	4122	476	2845	242	66217	359
2	4	2	4	179	5744	610	6884	928	70901	36
				31	395	70	23	4	1013	361
				4	58	12	13	1	330	362
				13	221	29	28	3	904	363
				1	10	1	3		93	364
				1	44	10	25	3	465	365
			1	14	378	11	367	33	6471	366
2	4	2	3	115	4638	477	6425	884	61625	367

2-4 续表 5 (2020年)

行业中类	代码	企业单位数	内资企业	国有企业	集体企业	股份合作企业
铁路、船舶、航空航天和其他运输设备制造业	37	34565	33455	117	261	172
铁路运输设备制造	371	4263	4149	21	134	24
城市轨道交通设备制造	372	670	647	3	1	
船舶及相关装置制造	373	9625	9310	53	61	34
航空、航天器及设备制造	374	2196	2078	18	4	2
摩托车制造	375	6734	6591	7	34	97
自行车和残疾人座车制造	376	4033	3785	8	21	9
助动车制造	377	4686	4637	2	3	3
非公路休闲车及零配件制造	378	1178	1114		1	
潜水救捞及其他未列明运输设备制造	379	1180	1144	5	2	3
电气机械和器材制造业	38	222275	215099	246	865	794
电机制造	381	17466	16773	41	65	83
输配电及控制设备制造	382	76742	74481	85	368	386
电线、电缆、光缆及电工器材制造	383	30094	28992	31	198	124
电池制造	384	8193	7726	22	13	9
家用电力器具制造	385	28791	27730	16	85	64
非电力家用器具制造	386	5782	5642	8	7	4
照明器具制造	387	40242	39042	20	77	90
其他电气机械及器材制造	389	14965	14713	23	52	34
计算机、通信和其他电子设备制造业	39	154742	145343	181	256	237
计算机制造	391	13408	12331	14	21	13
通信设备制造	392	12041	11368	28	23	19
广播电视设备制造	393	3006	2803	10	11	2
雷达及配套设备制造	394	319	306	4	2	2
非专业视听设备制造	395	7050	6480	7	8	6
智能消费设备制造	396	8851	8499	2	6	6
电子器件制造	397	26919	24962	37	29	30
电子元件及电子专用材料制造	398	63853	60046	61	131	120
其他电子设备制造	399	19295	18548	18	25	39
仪器仪表制造业	40	52597	50663	100	263	252
通用仪器仪表制造	401	35158	34176	48	157	173
专用仪器仪表制造	402	7319	7040	26	42	30
钟表与计时仪器制造	403	3288	2903	7	22	11
光学仪器制造	404	2817	2655	7	10	10
衡器制造	405	1125	1086	5	16	7
其他仪器仪表制造业	409	2890	2803	7	16	21
其他制造业	41	51820	50724	64	156	112
日用杂品制造	411	18274	17632	18	77	76
其他未列明制造业	419	33546	33092	46	79	36
废弃资源综合利用业	42	20782	20532	43	82	21
金属废料和碎屑加工处理	421	9962	9838	22	50	7
非金属废料和碎屑加工处理	422	10820	10694	21	32	14

单位：个

国有联营企业	集体联营企业	国有与集体联营	其他联营	国有独资公司	其他有限责任公司	股份有限公司	私营独资	私营合伙	私营有限责任公司	代码
1	1	3	2	122	2286	262	3206	296	26329	37
1		1		43	446	72	249	20	3070	371
				8	119	4	14	4	491	372
		1		26	637	83	718	78	7499	373
				32	388	41	27	10	1509	374
				10	243	25	1124	103	4896	375
		1	1		143	15	464	37	3061	376
	1		1	3	192	12	399	33	3932	377
					41	2	64	5	988	378
					77	8	147	6	883	379
3	18	2	11	181	13599	1524	14816	1660	178427	38
	1		1	29	1035	130	1360	189	13544	381
2	8		3	84	4930	613	3876	565	62492	382
	4	1	4	23	1928	219	2031	227	23755	383
1			2	14	1167	118	220	26	5998	384
	1			8	1392	116	2117	292	23335	385
				3	408	51	441	30	4599	386
	1		1	12	1921	199	4186	258	31816	387
	3	1		8	818	78	585	73	12888	389
1	3	1	15	191	15540	1287	6755	811	117847	39
			1	17	1700	131	320	66	9859	391
			2	34	1152	156	357	45	9352	392
1				3	238	38	192	12	2223	393
				8	44	8	9	3	220	394
				5	459	58	481	35	5352	395
				7	1325	97	151	36	6711	396
			3	31	3033	277	960	141	19958	397
	2	1	7	75	4677	369	3567	350	49952	398
	1		2	11	2912	153	718	123	14220	399
1	1		3	68	3457	465	2406	336	42465	40
			1	34	2231	279	1450	218	29009	401
1	1		1	18	545	105	301	35	5798	402
			1	4	227	16	207	16	2358	403
				7	209	27	139	34	2172	404
					62	9	75	10	885	405
				5	183	29	234	23	2243	409
1		1	1	24	4379	177	4421	1272	39466	41
			1	6	1102	49	2137	1065	12955	411
1		1		18	3277	128	2284	207	26511	419
5	2		7	39	1601	101	1519	110	16726	42
3	2		6	14	799	51	643	43	8079	421
2			1	25	802	50	876	67	8647	422

2-4 续表 6 (2020年)

行业中类	代码	企业单位数	内资企业	国有企业	集体企业	股份合作企业
金属制品、机械和设备修理业	43	43381	43013	150	458	114
金属制品修理	431	934	916	1	12	4
通用设备修理	432	7116	7070	11	51	12
专用设备修理	433	7454	7387	38	102	18
铁路、船舶、航空航天等运输设备修理	434	7034	6928	43	117	40
电气设备修理	435	4449	4434	12	61	12
仪器仪表修理	436	909	889	6	14	5
其他机械和设备修理业	439	15485	15389	39	101	23
电力、热力、燃气及水生产和供应业	D	**119005**	**116013**	**5096**	**5900**	**506**
电力、热力生产和供应业	44	81872	80308	2424	3866	432
电力生产	441	65585	64216	1584	3688	412
电力供应	442	6582	6516	572	123	9
热力生产和供应	443	9705	9576	268	55	11
燃气生产和供应业	45	9712	8941	162	37	11
燃气生产和供应业	451	9001	8246	161	33	10
生物质燃气生产和供应业	452	711	695	1	4	1
水的生产和供应业	46	27421	26764	2510	1997	63
自来水生产和供应	461	16591	16391	1967	1871	32
污水处理及其再生利用	462	10087	9649	523	123	7
海水淡化处理	463	62	57	1	1	
其他水的处理、利用与分配	469	681	667	19	2	24
建筑业	E	**1901663**	**1898966**	**3723**	**4867**	**772**
房屋建筑业	47	411997	411572	960	2513	257
住宅房屋建筑	471	340629	340299	809	2228	218
体育场馆建筑	472	986	979	5	8	2
其他房屋建筑业	479	70382	70294	146	277	37
土木工程建筑业	48	411482	410931	1929	989	130
铁路、道路、隧道和桥梁工程建筑	481	149514	149336	955	396	56
水利和水运工程建筑	482	19463	19430	512	120	13
海洋工程建筑	483	536	532	1	1	
工矿工程建筑	484	6839	6828	45	30	4
架线和管道工程建筑	485	26956	26898	131	135	13
节能环保工程施工	486	9344	9315	10	3	5
电力工程施工	487	10139	10114	36	23	2
其他土木工程建筑	489	188691	188478	239	281	37
建筑安装业	49	244179	243609	363	652	146
电气安装	491	65134	64941	97	200	34
管道和设备安装	492	62747	62605	126	229	53
其他建筑安装业	499	116298	116063	140	223	59
建筑装饰、装修和其他建筑业	50	834005	832854	471	713	239
建筑装饰和装修业	501	586809	585857	196	447	172
建筑物拆除和场地准备活动	502	39248	39220	102	90	14
提供施工设备服务	503	18717	18700	15	19	6
其他未列明建筑业	509	189231	189077	158	157	47

单位：个

国有联营企业	集体联营企业	国有与集体联营	其他联营	国有独资公司	其他有限责任公司	股份有限公司	私营独资	私营合伙	私营有限责任公司	代码
1	4		4	47	2323	143	2739	224	36468	43
				1	115	2	77	5	685	431
	1			1	355	20	315	17	6244	432
1	1		2	7	403	27	494	35	6194	433
	1		1	18	416	41	591	76	5524	434
				9	223	13	285	14	3775	435
					57	4	31	5	760	436
	1		1	11	754	36	946	72	13286	439
62	**163**	**44**	**76**	**4155**	**23865**	**1729**	**10622**	**7919**	**54392**	D
40	106	24	54	2421	16290	1248	7235	7411	37723	44
27	105	22	53	1719	12873	1015	6848	7346	27694	441
10	1	2		325	1257	103	171	52	3802	442
3			1	377	2160	130	216	13	6227	443
3	2	1	1	158	2453	161	517	65	5206	45
3	1	1	1	156	2339	152	460	61	4711	451
	1			2	114	9	57	4	495	452
19	55	19	21	1576	5122	320	2870	443	11463	46
15	53	16	19	1100	2758	203	2601	397	5194	461
4	2	3	2	455	2255	114	204	24	5818	462
				4	14	1	1		35	463
				17	95	2	64	22	416	469
34	**62**	**30**	**104**	**4609**	**97147**	**5724**	**43388**	**3004**	**1720946**	E
7	27	14	21	1230	25105	1661	11922	716	363712	47
6	20	12	17	1000	20964	1464	7345	517	302956	471
				6	88	6	18	2	828	472
1	7	2	4	224	4053	191	4559	197	59928	479
14	19	6	27	2590	24130	1440	9605	635	365967	48
8	7	3	12	1572	9912	608	3366	240	130835	481
2	2		5	321	1841	128	748	39	15506	482
				3	55	4	9	1	453	483
	2			70	572	23	131	8	5900	484
1	2	1	3	175	1961	125	505	25	23614	485
1				24	622	62	97	15	8384	486
1			1	50	737	40	126	16	8982	487
1	6	2	6	375	8430	450	4623	291	172293	489
4	6	2	11	314	13126	731	4788	360	221157	49
1	1		5	91	3894	240	1152	101	58603	491
1		1	3	119	3159	190	1331	90	56850	492
2	5	1	3	104	6073	301	2305	169	105704	499
9	10	8	45	475	34786	1892	17073	1293	770110	50
4	5	6	15	143	24721	1365	11530	866	542466	501
3		1	1	113	2188	118	1027	78	35238	502
1	1		10	18	665	33	486	37	17285	503
1	4	1	19	201	7212	376	4030	312	175121	509

2-4 续表 7 (2020年)

行业中类	代码	企业单位数	内资企业			
				国有企业	集体企业	股份合作企业
批发和零售业	F	**8236639**	**8174147**	**16853**	**31014**	**6829**
批发业	51	4477381	4428422	10314	13929	3243
农、林、牧、渔产品批发	511	175383	174676	2123	1292	129
食品、饮料及烟草制品批发	512	441230	437272	2694	1319	252
纺织、服装及家庭用品批发	513	709280	696510	408	899	293
文化、体育用品及器材批发	514	165511	163236	246	234	163
医药及医疗器材批发	515	152239	151014	421	115	81
矿产品、建材及化工产品批发	516	1270795	1263609	2466	7128	1136
机械设备、五金产品及电子产品批发	517	1009962	995781	1022	1473	855
贸易经纪与代理	518	177632	173942	402	176	65
其他批发业	519	375349	372382	532	1293	269
零售业	52	3759258	3745725	6539	17085	3586
综合零售	521	492262	490347	1283	7899	518
食品、饮料及烟草制品专门零售	522	376756	375527	1774	1668	437
纺织、服装及日用品专门零售	523	424410	421815	344	1448	327
文化、体育用品及器材专门零售	524	209750	208760	635	667	315
医药及医疗器材专门零售	525	278491	278229	514	517	385
汽车、摩托车、零配件和燃料及其他动力销售	526	392037	390410	853	1875	462
家用电器及电子产品专门零售	527	427946	426145	190	403	285
五金、家具及室内装饰材料专门零售	528	542142	540872	462	1352	529
货摊、无店铺及其他零售业	529	615464	613620	484	1256	328
交通运输、仓储和邮政业	G	**737940**	**731783**	**6300**	**3733**	**616**
铁路运输业	53	2021	2007	48	34	1
铁路旅客运输	531	311	311	6	1	
铁路货物运输	532	1196	1185	32	11	
铁路运输辅助活动	533	514	511	10	22	1
道路运输业	54	470788	469255	1952	1853	373
城市公共交通运输	541	16981	16875	386	218	44
公路旅客运输	542	11169	11055	350	212	34
道路货物运输	543	417214	416124	464	855	243
道路运输辅助活动	544	25424	25201	752	568	52
水上运输业	55	16109	15805	161	374	22
水上旅客运输	551	1506	1484	33	64	3
水上货物运输	552	9538	9451	66	264	12
水上运输辅助活动	553	5065	4870	62	46	7
航空运输业	56	3606	3533	60	3	4
航空客货运输	561	1168	1138	19	2	
通用航空服务	562	1474	1464	12		2
航空运输辅助活动	563	964	931	29	1	2
管道运输业	57	456	429	11	1	2
海底管道运输	571	40	37		1	
陆地管道运输	572	416	392	11		2

单位：个

国有联营企业	集体联营企业	国有与集体联营	其他联营	国有独资公司	其他有限责任公司	股份有限公司	私营独资	私营合伙	私营有限责任公司	代码
232	**643**	**192**	**601**	**7202**	**364479**	**21902**	**584273**	**27949**	**7057432**	F
109	285	91	266	4746	206764	11793	202327	11829	3933338	51
20	39	9	24	732	10563	825	26016	1008	130114	511
13	18	10	34	983	21703	1549	25011	1532	378839	512
4	18	4	13	199	23563	1250	20118	1457	645004	513
5	2	3	5	142	6571	405	4895	408	149241	514
6	1	5	8	169	10212	600	7306	409	130245	515
37	134	35	97	1763	59456	3506	74266	3330	1102199	516
14	32	15	49	435	45540	2181	22077	2189	914018	517
4	4	3	12	148	9558	578	3081	472	158047	518
6	37	7	24	175	19598	899	19557	1024	325631	519
123	358	101	335	2456	157715	10109	381946	16120	3124094	52
21	114	17	78	298	20730	1296	40511	1805	411997	521
14	57	8	34	563	17520	1200	38794	1664	308822	522
7	25	4	22	85	14877	899	43788	1502	356091	523
5	21	3	11	506	8948	673	12902	695	182082	524
11	30	12	43	212	11131	942	108479	2424	151397	525
40	54	43	51	398	25095	1754	41167	3276	312330	526
5	10	2	23	77	18582	1062	19699	1155	381782	527
7	28	5	20	132	20335	1058	39328	1832	472467	528
13	19	7	53	185	20497	1225	37278	1767	547126	529
56	**88**	**43**	**65**	**4368**	**50478**	**3434**	**23336**	**2193**	**631204**	G
1	1		1	68	516	30	62	7	1220	53
				15	111	9	10		158	531
1			1	35	335	19	20	6	714	532
	1			18	70	2	32	1	348	533
19	51	16	38	1994	28090	1961	13865	1307	414236	54
3	7	1	4	630	2624	187	216	56	12294	541
2	4	4	6	283	1991	204	272	64	7497	542
6	21	7	18	446	20622	1392	11844	941	376325	543
8	19	4	10	635	2853	178	1533	246	18120	544
3	6	1	1	221	1914	164	332	60	12400	55
	1			35	236	19	34	19	1016	551
3	4		1	69	943	88	199	21	7693	552
	1	1		117	735	57	99	20	3691	553
1				175	702	60	39	7	2427	56
				30	195	16	13	3	844	561
				25	274	20	20	1	1084	562
1				120	233	24	6	3	499	563
				13	118	14	18	1	249	57
					1	1	4		30	571
				13	117	13	14	1	219	572

2-4 续表 8 (2020年)

行业中类	代码	企业单位数				
			内资企业	国有企业	集体企业	股份合作企业
多式联运和运输代理业	58	137025	134730	235	206	102
多式联运	581	6251	6218	10	12	3
运输代理业	582	130774	128512	225	194	99
装卸搬运和仓储业	59	79054	77192	3179	1232	100
装卸搬运	591	32545	32363	92	779	45
通用仓储	592	13054	12261	128	165	18
低温仓储	593	3578	3523	26	19	2
危险品仓储	594	799	715	20	9	
谷物、棉花等农产品仓储	595	10279	10248	2742	102	11
中药材仓储	596	139	138	1	1	
其他仓储业	599	18660	17944	170	157	24
邮政业	60	28881	28832	654	30	12
邮政基本服务	601	1345	1342	590	17	2
快递服务	602	26904	26865	59	13	9
其他寄递服务	609	632	625	5		1
住宿和餐饮业	**H**	**512622**	**507121**	**3608**	**2578**	**908**
住宿业	61	144866	143371	2647	1561	350
旅游饭店	611	39935	38954	1225	322	64
一般旅馆	612	83087	82653	1182	1046	256
民宿服务	613	6684	6670	20	48	5
露营地服务	614	213	212	2		
其他住宿业	619	14947	14882	218	145	25
餐饮业	62	367756	363750	961	1017	558
正餐服务	621	285969	283204	854	850	413
快餐服务	622	23794	23293	34	59	58
饮料及冷饮服务	623	11148	10777	7	24	29
餐饮配送及外卖送餐服务	624	10400	10347	13	3	7
其他餐饮业	629	36445	36129	53	81	51
信息传输、软件和信息技术服务业	**I**	**1277390**	**1260698**	**1278**	**563**	**428**
电信、广播电视和卫星传输服务	63	28266	27567	649	143	19
电信	631	24597	23910	421	38	13
广播电视传输服务	632	3080	3073	216	101	3
卫星传输服务	633	589	584	12	4	3
互联网和相关服务	64	180956	179786	105	47	62
互联网接入及相关服务	641	16815	16736	14	9	10
互联网信息服务	642	84464	84081	37	20	24
互联网平台	643	17535	17278	21	4	9
互联网安全服务	644	1740	1731	4	1	
互联网数据服务	645	9354	9208	17	6	11
其他互联网服务	649	51048	50752	12	7	8
软件和信息技术服务业	65	1068168	1053345	524	373	347
软件开发	651	618356	609161	178	116	150
集成电路设计	652	23362	22843	16	2	14

单位：个

国有联营企业	集体联营企业	国有与集体联营	其他联营	国有独资公司	其他有限责任公司	股份有限公司	私营独资	私营合伙	私营有限责任公司	代码
5	2	2	15	296	10032	519	3875	432	117839	58
1			1	14	257	16	360	18	5454	581
4	2	2	14	282	9775	503	3515	414	112385	582
14	27	21	9	1319	7249	435	4326	319	58323	59
4	12	6	2	54	1965	110	2004	176	26908	591
1	1	3	3	118	1479	75	445	33	9686	592
	1			19	350	31	576	21	2444	593
				17	186	7	14	5	448	594
7	7	6	2	982	1358	123	545	29	4218	595
					21	2	10	3	98	596
2	6	6	2	129	1890	87	732	52	14521	599
13	1	3	1	282	1857	251	819	60	24510	60
9	1	2		253	62	24	34	5	329	601
4		1	1	27	1736	222	745	53	23676	602
				2	59	5	40	2	505	609
34	**68**	**20**	**60**	**1185**	**33330**	**1952**	**76749**	**5665**	**376588**	H
26	42	17	23	828	12834	876	23732	2102	97016	61
12	9	6	10	538	5663	344	3351	361	26659	611
12	24	9	7	235	5561	422	17333	1514	54370	612
1	4		1	13	401	24	1122	68	4924	613
				3	35	4	9	1	156	614
1	5	2	5	39	1174	82	1917	158	10907	619
8	26	3	37	357	20496	1076	53017	3563	279572	62
6	19	3	30	305	16207	848	42666	2777	215997	621
1			1	19	1101	58	3019	299	18440	622
	1		1	8	774	41	1945	131	7702	623
			1	14	592	34	427	52	9100	624
1	6		4	11	1822	95	4960	304	28333	629
37	**14**	**5**	**44**	**1309**	**81457**	**6099**	**30483**	**11699**	**1115536**	I
9	2	1	6	488	2755	1066	1354	141	20603	63
6	1		5	334	2010	923	1190	104	18578	631
3	1	1	1	148	661	132	159	32	1581	632
				6	84	11	5	5	444	633
5	1	2	5	186	11406	813	6747	1124	157342	64
		1	2	17	1008	70	606	90	14727	641
2			3	76	5139	412	3437	539	73453	642
1				33	1798	104	383	121	14534	643
				4	133	16	28	9	1514	644
2		1		32	901	59	143	88	7837	645
	1			24	2427	152	2150	277	45277	649
23	11	2	33	635	67296	4220	22382	10434	937591	65
14	6	1	16	263	39328	2612	6925	4583	549481	651
		1	1	13	1420	101	573	221	20262	652

2-4　续表 9　　(2020年)

行业中类	代码	企业单位数	内资企业	国有企业	集体企业	股份合作企业
信息系统集成和物联网技术服务	653	68364	67726	49	14	15
运行维护服务	654	10722	10571	11	11	4
信息处理和存储支持服务	655	7636	7431	12	4	7
信息技术咨询服务	656	241269	238129	208	195	118
数字内容服务	657	15535	15364	14	4	5
其他信息技术服务业	659	82924	82120	36	27	34
金融业	**J**	**140384**	**133038**	**2534**	**457**	**658**
货币金融服务	66	39433	35171	1462	391	567
货币银行服务	662	11532	10736	1301	364	555
非货币银行服务	663	27818	24356	151	25	10
银行理财服务	664	83	79	10	2	2
资本市场服务	67	64499	63606	256	26	42
证券市场服务	671	780	750	18	1	3
公开募集证券投资基金	672	1293	1242	9	1	1
非公开募集证券投资基金	673	14563	14290	44	2	1
期货市场服务	674	733	725	24		1
资本投资服务	676	25084	24757	105	18	21
其他资本市场服务	679	22046	21842	56	4	15
保险业	68	19204	17275	666	17	39
人身保险	681	6040	4830	111	5	17
财产保险	682	6546	5958	486	5	13
再保险	683	29	21	3		
商业养老金	684	254	250	1	1	
保险中介服务	685	4266	4190	52	2	9
保险资产管理	686	102	100		1	
其他保险活动	689	1967	1926	13	3	
其他金融业	69	17248	16986	150	23	10
金融信托与管理服务	691	1785	1764	29	6	
控股公司服务	692	2942	2908	15	4	1
非金融机构支付服务	693	339	337	9		
金融信息服务	694	4266	4224	10	6	3
金融资产管理公司	695	831	816	11	1	2
其他未列明金融业	699	7085	6937	76	6	4
房地产业	**K**	**929057**	**915581**	**7443**	**8639**	**1931**
房地产业	70	929057	915581	7443	8639	1931
房地产开发经营	701	257247	250288	2251	727	150
物业管理	702	297322	295102	1258	1630	266
房地产中介服务	703	276514	275583	400	330	125
房地产租赁经营	704	81626	78447	3221	5732	1380
其他房地产业	709	16348	16161	313	220	10
租赁和商务服务业	**L**	**3113303**	**3083633**	**8930**	**12347**	**2248**
租赁业	71	329285	327905	331	336	119
机械设备经营租赁	711	320758	319437	307	304	113

单位：个

国有联营企业	集体联营企业	国有与集体联营	其他联营	国有独资公司	其他有限责任公司	股份有限公司	私营独资	私营合伙	私营有限责任公司	代码
	2		1	90	4441	359	1359	552	60090	653
			1	26	718	63	315	124	9170	654
				32	872	65	164	67	6110	655
6	3		11	147	14173	684	10456	4134	206111	656
				14	1091	101	422	59	13467	657
3			3	50	5253	235	2168	694	72900	659
20	**5**	**9**	**13**	**1337**	**22124**	**16273**	**1789**	**24228**	**60824**	**J**
8	4	4	4	240	7257	7633	440	206	15394	66
5	3	4	3	25	452	6830	25	31	401	662
3	1		1	213	6796	765	414	172	14982	663
				2	9	38	1	3	11	664
10		3	6	476	9531	441	449	22534	29329	67
		1		10	176	167	9	57	290	671
2				8	424	6	11	120	641	672
1		1	1	33	3342	51	35	2048	8594	673
1				8	192	15	4	125	345	674
3			3	328	3312	131	245	8578	11809	676
3		1	2	89	2085	71	145	11606	7650	679
2	1		1	161	2399	7950	743	62	4731	68
	1			10	696	3445	23	12	348	681
				124	497	4118	63	4	426	682
					6	3		1	7	683
					2	210	1	1	23	684
			1	22	1006	122	174	23	2695	685
					25	7	5	14	47	686
2				5	167	45	477	7	1185	689
		2	2	460	2937	249	157	1426	11370	69
		1	1	22	284	36	25	205	1136	691
		1	1	66	290	38	18	783	1673	692
				4	113	13	5	3	183	693
				20	566	42	37	113	3374	694
				33	155	17	6	90	494	695
				315	1529	103	66	232	4510	699
98	**114**	**57**	**73**	**7431**	**121764**	**5542**	**19264**	**3683**	**731190**	**K**
98	114	57	73	7431	121764	5542	19264	3683	731190	70
29	17	10	19	4041	62844	2405	1684	383	173124	701
18	29	12	22	1716	29886	1487	3451	659	251886	702
5	2	6	11	155	16172	795	11393	1927	242196	703
45	62	26	19	1200	10606	724	2491	625	51623	704
1	4	3	2	319	2256	131	245	89	12361	709
118	**253**	**66**	**202**	**17366**	**213692**	**10794**	**103533**	**112944**	**2574877**	**L**
2	4		17	453	14814	765	12849	762	294935	71
2	4		16	430	14367	747	12481	715	287488	711

2-4 续表 10 (2020年)

行业中类	代码	企业单位数	内资企业	国有企业	集体企业	股份合作企业
文体设备和用品出租	712	7631	7588	19	25	6
日用品出租	713	896	880	5	7	
商务服务业	72	2784018	2755728	8599	12011	2129
组织管理服务	721	465353	459622	3732	5618	580
综合管理服务	722	83648	82554	798	2328	122
法律服务	723	65850	65496	185	117	53
咨询与调查	724	899795	884564	784	1037	596
广告业	725	451267	450069	461	282	153
人力资源服务	726	297797	297444	629	1164	100
安全保护服务	727	37946	37822	427	173	16
会议、展览及相关服务	728	77268	76730	195	144	125
其他商务服务业	729	405094	401427	1388	1148	384
科学研究和技术服务业	**M**	**1600249**	**1582015**	**7286**	**4031**	**1668**
研究和试验发展	73	220580	216286	430	385	505
自然科学研究和试验发展	731	11671	11491	28	13	25
工程和技术研究和试验发展	732	156907	154121	269	161	187
农业科学研究和试验发展	733	17663	17472	81	66	43
医学研究和试验发展	734	32445	31328	37	130	220
社会人文科学研究	735	1894	1874	15	15	30
专业技术服务业	74	661386	654950	5475	1973	631
气象服务	741	1306	1302	177	78	
地震服务	742	521	519	9	4	1
海洋服务	743	1139	1093	12	1	1
测绘地理信息服务	744	14130	14118	469	187	24
质检技术服务	745	51236	50539	1036	532	136
环境与生态监测检测服务	746	13929	13886	76	22	15
地质勘查	747	8958	8911	315	42	5
工程技术与设计服务	748	314750	312558	2907	711	225
工业与专业设计及其他专业技术服务	749	255417	252024	474	396	224
科技推广和应用服务业	75	718283	710779	1381	1673	532
技术推广服务	751	513250	507851	1110	1495	390
知识产权服务	752	28557	28336	35	22	23
科技中介服务	753	14729	14491	76	37	14
创业空间服务	754	10714	10617	46	12	1
其他科技推广服务业	759	151033	149484	114	107	104
水利、环境和公共设施管理业	**N**	**178904**	**178006**	**2235**	**1113**	**108**
水利管理业	76	7009	6972	531	198	6
防洪除涝设施管理	761	882	880	70	30	1
水资源管理	762	1911	1896	179	61	1
天然水收集与分配	763	579	573	97	44	
水文服务	764	281	280	16	2	1
其他水利管理业	769	3356	3343	169	61	3
生态保护和环境治理业	77	24374	24028	298	63	18

单位：个

国有联营企业	集体联营企业	国有与集体联营	其他联营	国有独资公司	其他有限责任公司	股份有限公司	私营独资	私营合伙	私营有限责任公司	代码
			1	22	405	15	319	45	6684	712
				1	42	3	49	2	763	713
116	249	66	185	16913	198878	10029	90684	112182	2279942	72
59	120	30	34	11797	57230	2820	7818	60827	303585	721
9	42	9	22	775	9909	497	3920	1573	61618	722
4	4	1	18	38	3181	125	4936	3566	52484	723
16	24	6	35	799	54734	2355	34450	39163	744268	724
3	4	3	9	541	21340	1218	13497	1015	408285	725
8	15	6	26	668	15168	840	7236	922	268347	726
3	7		5	467	3005	160	702	164	32314	727
4	6		6	206	5107	256	2588	392	67210	728
10	27	11	30	1622	29204	1758	15537	4560	341831	729
56	**107**	**36**	**106**	**4279**	**115185**	**6346**	**38364**	**13568**	**1376697**	M
3	15	3	10	357	16793	994	4612	1880	188326	73
	4	1	1	11	1040	61	196	84	9918	731
2	5	1	6	244	10991	600	1571	930	137862	732
1	3	1	1	66	1489	123	469	128	14768	733
	3		2	29	3038	201	2243	694	24405	734
				7	235	9	133	44	1373	735
37	50	27	60	2961	44136	2722	17350	3236	570457	74
1	3	1		28	197	16	39	7	741	741
				1	37	2	14	3	442	742
				9	133	8	29	9	882	743
	1	1	2	135	865	55	207	56	11957	744
3	11	9	10	590	5428	368	942	252	40677	745
3		1	1	58	1065	72	235	54	12144	746
2	2			156	892	75	236	23	7072	747
22	20	7	34	1764	21179	1309	8199	1446	271858	748
6	13	8	13	220	14340	817	7449	1386	224684	749
16	42	6	36	961	54256	2630	16402	8452	617914	75
13	39	6	29	715	38911	2046	12278	4804	441083	751
1			1	31	1752	76	682	1468	23998	752
1			2	44	1119	54	381	326	12278	753
1	1			69	1154	40	149	154	8897	754
	2		4	102	11320	414	2912	1700	131658	759
24	**20**	**11**	**18**	**4383**	**17859**	**1026**	**5139**	**597**	**143532**	N
4	1	5	2	490	1205	47	279	41	4070	76
	1	1		69	133	5	39	2	514	761
3		3		216	412	14	72	6	899	762
		1		47	127	8	38	12	194	763
				5	30	3	5		215	764
1			2	153	503	17	125	21	2248	769
3	2	1	3	293	2860	171	570	86	19354	77

2-4 续表 11 (2020年)

行业中类	代码	企业单位数	内资企业	国有企业	集体企业	股份合作企业
生态保护	771	2098	2075	109	20	4
环境治理业	772	22276	21953	189	43	14
公共设施管理业	78	116498	116019	1256	775	69
市政设施管理	781	13185	13133	364	95	5
环境卫生管理	782	19663	19572	270	201	10
城乡市容管理	783	2264	2264	35	17	2
绿化管理	784	57064	56970	199	183	36
城市公园管理	785	1273	1255	70	38	1
游览景区管理	786	23049	22825	318	241	15
土地管理业	79	31023	30987	150	77	15
土地整治服务	791	13621	13609	66	38	2
土地调查评估服务	792	4160	4158	9	3	5
土地登记服务	793	721	721	5	6	
土地登记代理服务	794	5185	5172	3	3	3
其他土地管理服务	799	7336	7327	67	27	5
居民服务、修理和其他服务业	**O**	**568820**	**567086**	**1258**	**2818**	**1079**
居民服务业	80	239136	238281	600	1271	442
家庭服务	801	58205	58125	32	101	23
托儿所服务	802	6341	6337	3	1	1
洗染服务	803	8030	7984	10	28	33
理发及美容服务	804	48348	48039	25	105	158
洗浴和保健养生服务	805	41189	41020	28	138	94
摄影扩印服务	806	21442	21342	58	105	73
婚姻服务	807	18247	18208	24	42	9
殡葬服务	808	7799	7750	284	413	19
其他居民服务业	809	29535	29476	136	338	32
机动车、电子产品和日用产品修理业	81	216769	216280	434	1101	510
汽车、摩托车等修理与维护	811	163288	163035	369	891	403
计算机和办公设备维修	812	23312	23180	19	46	25
家用电器修理	813	22921	22848	27	112	64
其他日用产品修理业	819	7248	7217	19	52	18
其他服务业	82	112915	112525	224	446	127
清洁服务	821	71522	71370	93	213	64
宠物服务	822	6907	6865	13	15	6
其他未列明服务业	829	34486	34290	118	218	57
教育	**P**	**284838**	**283912**	**795**	**667**	**379**
教育	83	284838	283912	795	667	379
学前教育	831	17909	17869	114	68	17
初等教育	832	3229	3221	27	11	1
中等教育	833	2257	2250	13	6	
高等教育	834	294	292	14	3	
特殊教育	835	473	471	2		1
技能培训、教育辅助及其他教育	839	260676	259809	625	579	360

单位：个

国有联营企业	集体联营企业	国有与集体联营	其他联营	国有独资公司	其他有限责任公司	股份有限公司	私营独资	私营合伙	私营有限责任公司	代码
1	2		2	53	270	20	107	14	1438	771
2		1	1	240	2590	151	463	72	17916	772
17	15	5	13	3119	12242	742	2632	281	93621	78
6	1		2	1287	2157	97	278	36	8685	781
5	1		4	374	1838	91	511	44	16036	782
			1	105	222	11	65	4	1775	783
2	5	1	1	290	3478	214	1337	109	50561	784
		2		76	248	12	24	3	753	785
4	8	2	5	987	4299	317	417	85	15811	786
	2			481	1552	66	1658	189	26487	79
				276	755	25	561	41	11712	791
				5	123	10	125	59	3793	792
	1			2	26	2	46	9	616	793
				3	218	16	552	51	4259	794
	1			195	430	13	374	29	6107	799
10	**80**	**28**	**47**	**590**	**26906**	**1691**	**55963**	**3840**	**468455**	**O**
5	34	24	23	305	11311	719	25180	1786	194831	80
	1	1	1	26	2421	144	2469	155	52336	801
					192	16	374	23	5698	802
		1		7	390	30	1125	79	6221	803
	6	1	3	2	2223	149	7497	521	37052	804
	3		4	25	2136	133	7796	572	29757	805
1	1		4	4	950	73	2046	149	17716	806
	1			3	711	45	1448	79	15719	807
1	12	17	7	153	678	48	504	62	5461	808
3	10	4	4	85	1610	81	1921	146	24871	809
5	33	4	17	132	9596	621	25827	1470	174873	81
5	27	4	14	115	7172	481	22487	1304	128435	811
			2	9	1090	65	1074	60	20636	812
	3			3	982	56	1759	85	19632	813
	3		1	5	352	19	507	21	6170	819
	13		7	153	5999	351	4956	584	98751	82
	4		1	74	3442	201	2821	220	63720	821
	1		1	1	462	20	587	57	5650	822
	8		5	78	2095	130	1548	307	29381	829
7	**23**	**10**	**33**	**360**	**14748**	**1061**	**14675**	**2221**	**246304**	**P**
7	23	10	33	360	14748	1061	14675	2221	246304	83
	2	1	11	23	1053	82	2207	255	13760	831
				3	180	15	288	22	2625	832
	1			11	201	12	187	14	1758	833
1				1	23	1	11	4	230	834
					22		41	3	395	835
6	20	9	22	322	13269	951	11941	1923	227536	839

2-4 续表 12

(2020年)

行业中类	代码	企业单位数	内资企业	国有企业	集体企业	股份合作企业
卫生和社会工作	**Q**	**94161**	**93636**	**664**	**613**	**276**
卫生	84	75737	75400	527	472	264
医院	841	25734	25558	234	59	105
基层医疗卫生服务	842	42217	42123	210	370	149
专业公共卫生服务	843	2163	2146	51	28	4
其他卫生活动	849	5623	5573	32	15	6
社会工作	85	18424	18236	137	141	12
提供住宿社会工作	851	16621	16447	95	74	11
不提供住宿社会工作	852	1803	1789	42	67	1
文化、体育和娱乐业	**R**	**612730**	**609774**	**2808**	**1092**	**657**
新闻和出版业	86	6870	6844	840	128	16
新闻业	861	1395	1389	35	3	1
出版业	862	5475	5455	805	125	15
广播、电视、电影和录音制作业	87	90221	89826	1126	195	44
广播	871	13271	13234	32	6	4
电视	872	1842	1836	47	8	
影视节目制作	873	49887	49755	77	30	34
广播电视集成播控	874	735	734	10	3	1
电影和广播电视节目发行	875	3388	3368	85	5	2
电影放映	876	11062	10883	866	138	2
录音制作	877	10036	10016	9	5	1
文化艺术业	88	179113	178301	521	320	249
文艺创作与表演	881	50411	50258	196	115	64
艺术表演场馆	882	1561	1550	66	13	
图书馆与档案馆	883	2857	2852	34	26	2
文物及非物质文化遗产保护	884	1810	1802	36	20	3
博物馆	885	530	520	25	5	8
烈士陵园、纪念馆	886	89	89	7	6	
群众文体活动	887	16589	16523	98	69	41
其他文化艺术业	889	105266	104707	59	66	131
体育	89	59356	58773	113	98	74
体育组织	891	16319	16192	36	22	16
体育场地设施管理	892	3703	3653	40	22	7
健身休闲活动	893	34088	33730	32	52	42
其他体育	899	5246	5198	5	2	9
娱乐业	90	277170	276030	208	351	274
室内娱乐活动	901	124820	124656	52	139	134
游乐园	902	4827	4762	24	18	4
休闲观光活动	903	19756	19622	33	71	6
彩票活动	904	369	367	11	4	2
文化体育娱乐活动与经纪代理服务	905	123590	122839	77	109	122
其他娱乐业	909	3808	3784	11	10	6

单位：个

国有联营企业	集体联营企业	国有与集体联营	其他联营	国有独资公司	其他有限责任公司	股份有限公司	私营独资	私营合伙	私营有限责任公司	代码
11	**32**	**7**	**26**	**207**	**8196**	**497**	**20254**	**3321**	**58326**	Q
9	27	2	24	122	6396	390	18662	3082	44459	84
2	7		7	57	2670	166	5231	1230	15407	841
6	19	2	16	31	2654	171	12782	1712	23516	842
	1		1	11	256	15	334	46	1386	843
1				23	816	38	315	94	4150	849
2	5	5	2	85	1800	107	1592	239	13867	85
1	3	3	2	70	1643	95	1447	217	12564	851
1	2	2		15	157	12	145	22	1303	852
17	**37**	**8**	**52**	**2228**	**36051**	**2167**	**103542**	**6321**	**450148**	R
2		3	2	529	1154	94	124	16	3881	86
				27	109	3	42	5	1147	861
2		3	2	502	1045	91	82	11	2734	862
7	1	2	8	523	7169	467	4597	423	74328	87
		1		30	688	33	730	61	11535	871
				59	186	16	65	8	1425	872
			3	146	3448	251	2968	229	42063	873
			1	15	81	8	29	4	559	874
				30	354	23	75	20	2733	875
7	1	1	2	225	1966	104	309	54	7082	876
			2	18	446	32	421	47	8931	877
3	10		11	710	10852	540	10105	1252	152435	88
2	3		5	440	2812	169	6256	486	39373	881
	1			36	215	10	79	4	1115	882
				4	131	7	129	11	2485	883
			1	50	191	20	93	22	1335	884
				19	69	3	54	5	326	885
				2	14		1	1	57	886
	2		2	42	995	42	856	110	14117	887
1	4		3	117	6425	289	2637	613	93627	889
2	6	1	3	142	3899	224	4154	413	49157	89
2				34	1142	74	1072	108	13548	891
	1			53	399	18	154	26	2899	892
	5	1	3	46	2049	111	2788	252	28082	893
				9	309	21	140	27	4628	899
3	20	2	28	324	12977	842	84562	4217	170347	90
1	6		20	14	3346	284	77101	3438	39379	901
	1		4	20	562	41	342	42	3645	902
1	4	1		92	1637	132	3908	150	13360	903
			1	4	26	1	24		288	904
1	8	1	1	174	7126	361	2856	552	110657	905
	1		2	20	280	23	331	35	3018	909

2-4 续表 13 (2020年)

行业中类	代码	私营股份有限公司	其他	港、澳、台商投资企业	与港、澳、台商合资经营	与港、澳、台商合作经营
总　计	—	**160330**	**54834**	**143350**	**27499**	**2690**
农、林、牧、渔业	A	**4906**	**5078**	**1853**	**423**	**38**
农业	01	2065	2881	1070	240	20
谷物种植	011	279	1342	68	21	2
豆类、油料和薯类种植	012	50	50	14	2	
棉、麻、糖、烟草种植	013	7	29	3	1	
蔬菜、食用菌及园艺作物种植	014	743	627	479	106	9
水果种植	015	367	345	254	50	6
坚果、含油果、香料和饮料作物种植	016	131	99	90	13	1
中药材种植	017	254	129	57	22	1
草种植及割草	018	20	8	3	1	
其他农业	019	214	252	102	24	1
林业	02	454	242	198	35	8
林木育种和育苗	021	368	188	146	31	7
造林和更新	022	52	20	33	1	1
森林经营、管护和改培	023	19	22	13	2	
木材和竹材采运	024	8	7	2		
林产品采集	025	7	5	4	1	
畜牧业	03	1223	1244	225	68	3
牲畜饲养	031	844	833	148	43	2
家禽饲养	032	304	366	64	20	1
狩猎和捕捉动物	033		3			
其他畜牧业	039	75	42	13	5	
渔业	04	313	227	198	43	2
水产养殖	041	305	218	197	43	2
水产捕捞	042	8	9	1		
农、林、牧、渔专业及辅助性活动	05	851	484	162	37	5
农业专业及辅助性活动	051	671	415	131	28	4
林业专业及辅助性活动	052	71	29	9	1	
畜牧专业及辅助性活动	053	67	24	8	2	1
渔业专业及辅助性活动	054	42	16	14	6	
采矿业	B	**870**	**184**	**237**	**93**	**12**
煤炭开采和洗选业	06	147	28	34	16	2
烟煤和无烟煤开采洗选	061	133	25	29	13	1
褐煤开采洗选	062	2	1	3	2	1
其他煤炭采选	069	12	2	2	1	
石油和天然气开采业	07	4	2	9	1	1
石油开采	071	2	1	5	1	1
天然气开采	072	2	1	4		
黑色金属矿采选业	08	99	10	34	19	1
铁矿采选	081	81	8	29	17	
锰矿、铬矿采选	082	13	2	3	1	1
其他黑色金属矿采选	089	5		2	1	

单位：个

港、澳、台商独资	港、澳、台商投资股份有限公司	其他港、澳、台投资	外商投资企业	中外合资经营	中外合作经营	外资企业	外商投资股份有限公司	其他外商投资	代码
108741	**2010**	**2410**	**127754**	**33016**	**1695**	**85411**	**3025**	**4607**	——
1302	**23**	**67**	**785**	**258**	**33**	**416**	**49**	**29**	A
765	12	33	372	125	13	200	22	12	01
41	2	2	33	12	2	17	2		011
11		1	7	2		5			012
1		1	5	3		2			013
350	4	10	189	59	8	109	7	6	014
188	2	8	73	26	2	37	6	2	015
72	2	2	23	9		9	3	2	016
24	2	8	14	8	1	4	1		017
2			4	1		2		1	018
76		1	24	5		15	3	1	019
149	4	2	81	19	4	49	8	1	02
106	2		56	16	2	33	5		021
30	1		14	1	1	9	2	1	022
9		2	7		1	6			023
1	1		1			1			024
3			3	2			1		025
134	2	18	175	56	10	90	10	9	03
91	2	10	121	34	5	65	9	8	031
35		8	45	18	4	21	1	1	032
									033
8			9	4	1	4			039
144	3	6	68	29		33	4	2	04
143	3	6	66	28		33	3	2	041
1			2	1			1		042
110	2	8	89	29	6	44	5	5	05
92	2	5	68	21	5	34	4	4	051
6		2	2	1		1			052
5			13	3	1	7	1	1	053
7		1	6	4		2			054
111	**3**	**18**	**166**	**74**	**17**	**58**	**7**	**10**	B
10	1	5	42	25	4	12	1		06
9	1	5	41	25	4	11	1		061
									062
1			1			1			069
6		1	11	2	3	6			07
3			6	1	3	2			071
3		1	5	1		4			072
13		1	18	10	1	3	1	3	08
12			13	7		3		3	081
		1	3	2	1				082
1			2	1			1		089

2-4 续表 14 (2020年)

行业中类	代码	私营股份有限公司	其他	港、澳、台商投资企业	与港、澳、台商合资经营	与港、澳、台商合作经营
有色金属矿采选业	09	108	6	50	22	4
常用有色金属矿采选	091	70	4	41	18	4
贵金属矿采选	092	26	1	8	4	
稀有稀土金属矿采选	093	12	1	1		
非金属矿采选业	10	407	114	94	33	3
土砂石开采	101	355	105	66	20	3
化学矿开采	102	11	1	6	3	
采盐	103	2		4	1	
石棉及其他非金属矿采选	109	39	8	18	9	
开采专业及辅助性活动	11	62	12	11		1
煤炭开采和洗选专业及辅助性活动	111	4	1	3		
石油和天然气开采专业及辅助性活动	112	55	8	8		1
其他开采专业及辅助性活动	119	3	3			
其他采矿业	12	43	12	5	2	
其他采矿业	120	43	12	5	2	
制造业	**C**	**37534**	**7604**	**48783**	**10956**	**870**
农副食品加工业	13	1900	271	1025	364	28
谷物磨制	131	331	35	70	26	2
饲料加工	132	249	30	163	59	3
植物油加工	133	164	10	59	22	
制糖业	134	12	2	9	4	1
屠宰及肉类加工	135	304	46	157	45	8
水产品加工	136	141	12	172	70	3
蔬菜、菌类、水果和坚果加工	137	317	55	223	73	6
其他农副食品加工	139	382	81	172	65	5
食品制造业	14	1031	165	1031	293	14
焙烤食品制造	141	156	40	275	63	4
糖果、巧克力及蜜饯制造	142	59	8	90	21	3
方便食品制造	143	156	28	167	59	2
乳制品制造	144	54	3	30	6	
罐头食品制造	145	53	11	62	20	1
调味品、发酵制品制造	146	136	22	90	28	1
其他食品制造	149	417	53	317	96	3
酒、饮料和精制茶制造业	15	905	103	520	182	14
酒的制造	151	369	37	120	52	4
饮料制造	152	269	37	295	106	8
精制茶加工	153	267	29	105	24	2
烟草制品业	16		1	4	3	
烟叶复烤	161			3	2	
卷烟制造	162					
其他烟草制品制造	169		1	1	1	
纺织业	17	1956	213	2580	669	43
棉纺织及印染精加工	171	577	59	978	289	18
毛纺织及染整精加工	172	93	16	178	54	2

单位：个

港、澳、台商独资	港、澳、台商投资股份有限公司	其他港、澳、台投资	外商投资企业	中外合资经营	中外合作经营	外资企业	外商投资股份有限公司	其他外商投资	代码
21	1	2	33	13	7	8	3	2	09
18		1	20	8	4	6	2		091
2	1	1	9	3	3	1		2	092
1			4	2		1	1		093
50		8	47	19	2	20	2	4	10
39		4	31	11	2	14	1	3	101
2		1	6	2		2	1	1	102
3			3	1		2			103
6		3	7	5		2			109
9		1	11	3		7		1	11
2		1							111
7			11	3		7		1	112
									119
2	1		4	2		2			12
2	1		4	2		2			120
35486	**924**	**547**	**46984**	**14822**	**654**	**30088**	**805**	**615**	**C**
599	24	10	1595	688	53	799	33	22	13
39	2	1	76	33	1	41		1	131
95	6		338	110	14	203	8	3	132
34	2	1	104	40	2	59	1	2	133
4			18	7	1	8	2		134
95	6	3	190	83	2	98	3	4	135
94	4	1	309	160	24	116	4	5	136
142	1	1	345	167	4	161	8	5	137
96	3	3	215	88	5	113	7	2	139
682	26	16	1241	425	19	749	26	22	14
201	5	2	220	51	6	150	6	7	141
64	1	1	86	18	2	62	1	3	142
98	5	3	179	75	3	96	5		143
23		1	100	53	1	39	4	3	144
36	4	1	88	46		40	1	1	145
54	6	1	161	46	4	109		2	146
206	5	7	407	136	3	253	9	6	149
308	7	9	696	326	10	332	20	8	15
59	1	4	234	94	1	129	8	2	151
174	5	2	417	220	9	172	11	5	152
75	1	3	45	12		31	1	1	153
1			2	1				1	16
1									161
			2	1				1	162
									169
1812	41	15	1498	533	20	906	27	12	17
653	12	6	448	158	6	265	12	7	171
122			64	32	1	31			172

2-4 续表 15 (2020年)

行业中类	代码	私营股份有限公司	其他	港、澳、台商投资企业	与港、澳、台商合资经营	与港、澳、台商合作经营
麻纺织及染整精加工	173	20	2	25	6	1
丝绢纺织及印染精加工	174	61	1	46	19	
化纤织造及印染精加工	175	431	4	216	65	1
针织或钩针编织物及其制品制造	176	258	47	454	75	11
家用纺织制成品制造	177	237	40	278	76	6
产业用纺织制成品制造	178	279	44	405	85	4
纺织服装、服饰业	18	1302	405	3968	792	60
机织服装制造	181	647	184	2151	441	33
针织或钩针编织服装制造	182	175	31	928	161	14
服饰制造	183	480	190	889	190	13
皮革、毛皮、羽毛及其制品和制鞋业	19	579	277	2090	294	49
皮革鞣制加工	191	25	9	128	30	7
皮革制品制造	192	237	129	880	94	25
毛皮鞣制及制品加工	193	38	11	47	13	2
羽毛(绒)加工及制品制造	194	29	4	45	15	3
制鞋业	195	250	124	990	142	12
木材加工和木、竹、藤、棕、草制品业	20	994	705	524	133	22
木材加工	201	333	608	103	25	4
人造板制造	202	211	17	124	47	6
木质制品制造	203	358	66	202	39	7
竹、藤、棕、草等制品制造	204	92	14	95	22	5
家具制造业	21	1162	151	960	160	12
木质家具制造	211	784	93	546	82	5
竹、藤家具制造	212	14	1	12	2	1
金属家具制造	213	94	20	175	41	3
塑料家具制造	214	9	5	22	5	
其他家具制造	219	261	32	205	30	3
造纸和纸制品业	22	670	227	1272	272	33
纸浆制造	221	3	1	12	2	
造纸	222	181	42	290	92	8
纸制品制造	223	486	184	970	178	25
印刷和记录媒介复制业	23	707	224	790	165	26
印刷	231	639	209	747	151	24
装订及印刷相关服务	232	66	13	34	11	1
记录媒介复制	233	2	2	9	3	1
文教、工美、体育和娱乐用品制造业	24	914	226	2952	395	62
文教办公用品制造	241	80	21	215	48	5
乐器制造	242	31	5	56	15	1
工艺美术及礼仪用品制造	243	532	117	1300	183	23
体育用品制造	244	110	29	383	58	4
玩具制造	245	134	53	947	84	29
游艺器材及娱乐用品制造	246	27	1	51	7	
石油、煤炭及其他燃料加工业	25	166	24	115	55	5

单位：个

港、澳、台商独资	港、澳、台商投资股份有限公司	其他港、澳、台投资	外商投资企业	中外合资经营	中外合作经营	外资企业	外商投资股份有限公司	其他外商投资	代码
18			8	3		5			173
25	2		38	22		14	2		174
143	7		100	37	1	59	1	2	175
357	7	4	185	66	3	112	2	2	176
187	5	4	354	130	4	214	6		177
307	8	1	301	85	5	206	4	1	178
3056	39	21	2294	852	42	1354	20	26	18
1647	20	10	1233	474	25	711	9	14	181
738	10	5	428	167	5	253	1	2	182
671	9	6	633	211	12	390	10	10	183
1689	34	24	1016	254	10	726	13	13	19
88	2	1	75	22	1	51		1	191
733	18	10	391	94	4	285	5	3	192
30		2	35	16		18		1	193
24	1	2	24	11		13			194
814	13	9	491	111	5	359	8	8	195
353	11	5	420	142	7	252	6	13	20
73	1		80	19		54		7	201
65	4	2	77	28		45	4		202
150	4	2	192	68	3	117	1	3	203
65	2	1	71	27	4	36	1	3	204
765	11	12	697	201	8	462	8	18	21
442	8	9	373	115	4	236	4	14	211
9			7	3		4			212
127	3	1	114	23	2	87	1	1	213
17			10	3		7			214
170		2	193	57	2	128	3	3	219
932	15	20	552	179	7	350	7	9	22
9		1	3			3			221
180	5	5	137	56	2	74	2	3	222
743	10	14	412	123	5	273	5	6	223
578	12	9	371	125	11	226	4	5	23
553	12	7	341	111	9	212	4	5	231
20		2	23	11		12			232
5			7	3	2	2			233
2409	44	42	1793	462	33	1240	27	31	24
155	4	3	188	56	2	124	3	3	241
36	2	2	99	34	2	61	1	1	242
1058	20	16	826	227	11	561	11	16	243
308	6	7	349	71	2	264	5	7	244
809	11	14	288	62	16	199	7	4	245
43	1		43	12		31			246
54	1		146	71	3	66	5	1	25

2-4 续表 16 (2020年)

行业中类	代码	私营股份有限公司	其他	港、澳、台商投资企业	与港、澳、台商合资经营	与港、澳、台商合作经营
精炼石油产品制造	251	83	9	77	33	3
煤炭加工	252	50	6	27	18	1
生物质燃料加工	254	33	9	11	4	1
化学原料和化学制品制造业	26	1977	184	2273	669	47
基础化学原料制造	261	312	17	336	143	8
肥料制造	262	288	25	114	47	4
农药制造	263	70	3	26	9	
涂料、油墨、颜料及类似产品制造	264	285	32	506	116	8
合成材料制造	265	225	34	332	95	4
专用化学产品制造	266	561	32	513	165	8
炸药、火工及焰火产品制造	267	37	1	10	6	
日用化学产品制造	268	199	40	436	88	15
医药制造业	27	895	58	648	283	5
化学药品原料药制造	271	127	6	77	39	1
化学药品制剂制造	272	90	5	133	62	2
中药饮片加工	273	143	9	32	14	
中成药生产	274	193	13	105	52	2
兽用药品制造	275	40	1	20	10	
生物药品制品制造	276	147	7	153	64	
卫生材料及医药用品制造	277	138	17	105	33	
药用辅料及包装材料	278	17		23	9	
化学纤维制造业	28	137	21	210	84	
纤维素纤维原料及纤维制造	281	12	2	40	13	
合成纤维制造	282	115	5	159	68	
生物基材料制造	283	10	14	11	3	
橡胶和塑料制品业	29	2119	473	3897	643	71
橡胶制品业	291	316	73	557	98	5
塑料制品业	292	1803	400	3340	545	66
非金属矿物制品业	30	2988	453	1884	587	67
水泥、石灰和石膏制造	301	163	27	132	50	4
石膏、水泥制品及类似制品制造	302	679	103	331	139	6
砖瓦、石材等建筑材料制造	303	1141	196	478	120	9
玻璃制造	304	87	10	111	45	1
玻璃制品制造	305	178	31	221	64	2
玻璃纤维和玻璃纤维增强塑料制品制造	306	88	7	77	18	
陶瓷制品制造	307	227	40	313	69	41
耐火材料制品制造	308	153	9	64	26	1
石墨及其他非金属矿物制品制造	309	272	30	157	56	3
黑色金属冶炼和压延加工业	31	240	29	287	127	8
炼铁	311	2		9	6	
炼钢	312	4		14	10	2
钢压延加工	313	185	18	247	103	5
铁合金冶炼	314	49	11	17	8	1

单位：个

港、澳、台商独资	港、澳、台商投资股份有限公司	其他港、澳、台投 资	外商投资企业	中外合资经营	中外合作经营	外资企业	外商投资股份有限公 司	其他外商投资	代码
41			98	44	2	48	3	1	251
8			39	24		13	2		252
5	1		9	3	1	5			254
1479	56	22	2873	967	48	1756	67	35	26
168	12	5	539	223	8	285	15	8	261
59	3	1	145	69	4	64	6	2	262
13	3	1	58	36	1	20	1		263
371	10	1	462	132	11	302	11	6	264
222	7	4	464	130	6	311	12	5	265
320	14	6	781	257	8	494	13	9	266
4			11	5	2	4			267
322	7	4	413	115	8	276	9	5	268
320	34	6	798	363	18	382	26	9	27
35	2		113	59	4	45	4	1	271
55	14		183	79	6	88	8	2	272
16	2		36	21		13	2		273
47	2	2	67	29	1	34	3		274
9	1		32	20		8	3	1	275
78	8	3	181	87	3	84	4	3	276
67	4	1	156	56	3	93	2	2	277
13	1		30	12	1	17			278
113	10	3	155	65		86	3	1	28
26	1		23	10		13			281
81	9	1	115	47		66	2		282
6		2	17	8		7	1	1	283
3082	57	44	2687	621	37	1955	41	33	29
435	8	11	580	127	11	427	10	5	291
2647	49	33	2107	494	26	1528	31	28	292
1159	32	39	1646	648	51	878	44	25	30
75	1	2	90	34	6	39	11		301
173	6	7	207	89	9	98	6	5	302
326	7	16	343	151	9	169	7	7	303
61	1	3	79	25	1	48	2	3	304
145	7	3	216	65	4	140	6	1	305
56	2	1	109	46	3	58	1	1	306
197	4	2	239	87	16	127	7	2	307
35	1	1	133	60	1	68	2	2	308
91	3	4	230	91	2	131	2	4	309
144	5	3	280	130	3	136	9	2	31
2	1		5	3		1		1	311
2			11	7		2	2		312
133	4	2	242	106	3	125	7	1	313
7		1	22	14		8			314

2-4 续表 17 (2020年)

行业中类	代码	私营股份有限公司	其他	港、澳、台商投资企业	与港、澳、台商合资经营	与港、澳、台商合作经营
有色金属冶炼和压延加工业	32	428	42	445	144	10
常用有色金属冶炼	321	60	7	48	24	3
贵金属冶炼	322	9		8	7	
稀有稀土金属冶炼	323	19		11	4	1
有色金属合金制造	324	92	12	106	30	
有色金属压延加工	325	248	23	272	79	6
金属制品业	33	2884	843	3493	710	81
结构性金属制品制造	331	1047	199	698	153	14
金属工具制造	332	203	82	355	86	11
集装箱及金属包装容器制造	333	118	13	162	58	4
金属丝绳及其制品制造	334	110	88	129	30	4
建筑、安全用金属制品制造	335	373	101	601	119	12
金属表面处理及热处理加工	336	125	21	233	55	5
搪瓷制品制造	337	13	4	23	7	1
金属制日用品制造	338	179	45	426	65	16
铸造及其他金属制品制造	339	716	290	866	137	14
通用设备制造业	34	3416	500	2858	702	38
锅炉及原动设备制造	341	126	14	80	30	1
金属加工机械制造	342	539	114	410	80	9
物料搬运设备制造	343	220	20	209	77	1
泵、阀门、压缩机及类似机械制造	344	556	31	402	116	5
轴承、齿轮和传动部件制造	345	251	10	200	63	3
烘炉、风机、包装等设备制造	346	394	40	440	126	5
文化、办公用机械制造	347	44	10	159	18	
通用零部件制造	348	987	106	730	141	9
其他通用设备制造业	349	299	155	228	51	5
专用设备制造业	35	2786	587	3072	682	45
采矿、冶金、建筑专用设备制造	351	389	58	179	59	1
化工、木材、非金属加工专用设备制造	352	491	232	1017	156	10
食品、饮料、烟草及饲料生产专用设备制造	353	91	15	65	15	3
印刷、制药、日化及日用品生产专用设备制造	354	118	26	166	39	3
纺织、服装和皮革加工专用设备制造	355	108	6	251	51	8
电子和电工机械专用设备制造	356	206	66	295	61	4
农、林、牧、渔专用机械制造	357	208	18	73	14	1
医疗仪器设备及器械制造	358	341	64	567	144	11
环保、邮政、社会公共服务及其他专用设备制造	359	834	102	459	143	4
汽车制造业	36	1048	74	1204	396	9
汽车整车制造	361	28	3	36	18	1
汽车用发动机制造	362	7	1	7	3	
改装汽车制造	363	39	2	10	8	
低速汽车制造	364	3				
电车制造	365	5	2	2		
汽车车身、挂车制造	366	39	30	40	12	1
汽车零部件及配件制造	367	927	36	1109	355	7

单位：个

港、澳、台商独资	港、澳、台商投资股份有限公司	其他港、澳、台投资	外商投资企业	中外合资经营	中外合作经营	外资企业	外商投资股份有限公司	其他外商投资	代码
276	11	4	460	163	11	271	7	8	32
19	2		51	24		24	3		321
1			5		3	2			322
5	1		21	17	2	2			323
72	4		133	45	3	81	1	3	324
179	4	4	250	77	3	162	3	5	325
2595	65	42	2837	854	52	1854	42	35	33
503	19	9	593	212	13	347	7	14	331
245	9	4	318	90	4	216	5	3	332
95	3	2	170	68	3	97	2		333
91	1	3	139	46	3	85	4	1	334
453	12	5	471	117	5	336	9	4	335
169	4		248	55	3	179	6	5	336
15			18	3		15			337
333	6	6	221	56	8	152	2	3	338
691	11	13	659	207	13	427	7	5	339
2024	59	35	4693	1400	45	3133	68	47	34
46	2	1	184	91	3	83	4	3	341
308	10	3	644	180	7	445	7	5	342
125	5	1	333	136	7	184	4	2	343
264	12	5	937	259	5	659	9	5	344
132	1	1	408	124	3	275	3	3	345
294	12	3	740	215	6	496	17	6	346
134	4	3	141	38	1	98	1	3	347
559	6	15	960	238	12	685	13	12	348
162	7	3	346	119	1	208	10	8	349
2249	65	31	3898	1183	44	2548	64	59	35
113	5	1	421	159	6	246	6	4	351
819	22	10	993	215	9	745	11	13	352
47			96	23	2	67	2	2	353
120	3	1	188	51	3	129	3	2	354
187	3	2	177	51	3	118	3	2	355
227	2	1	330	86	4	228	4	8	356
51	6	1	178	53		118	4	3	357
386	14	12	724	279	8	411	16	10	358
299	10	3	791	266	9	486	15	15	359
753	29	17	3684	1201	23	2377	50	33	36
15	2		88	70		14	4		361
4			48	31		17			362
2			20	15		5			363
			3	1		2			364
2			4	2		2			365
27			116	44	1	69	1	1	366
703	27	17	3405	1038	22	2268	45	32	367

2-4 续表 18 (2020年)

行业中类	代码	私营股份有限公司	其他	港、澳、台商投资企业	与港、澳、台商合资经营	与港、澳、台商合作经营
铁路、船舶、航空航天和其他运输设备制造业	37	351	46	410	129	4
铁路运输设备制造	371	65	3	32	18	1
城市轨道交通设备制造	372	1	2	6	3	
船舶及相关装置制造	373	94	26	89	33	1
航空、航天器及设备制造	374	44	3	32	13	
摩托车制造	375	48	4	60	26	1
自行车和残疾人座车制造	376	22	3	128	21	1
助动车制造	377	54	2	21	5	
非公路休闲车及零配件制造	378	13		26	9	
潜水救捞及其他未列明运输设备制造	379	10	3	16	1	
电气机械和器材制造业	38	2646	307	3730	842	51
电机制造	381	277	18	286	87	5
输配电及控制设备制造	382	967	102	1114	224	10
电线、电缆、光缆及电工器材制造	383	391	56	607	112	7
电池制造	384	127	9	230	83	2
家用电力器具制造	385	276	28	604	139	12
非电力家用器具制造	386	81	10	55	22	2
照明器具制造	387	400	61	712	149	11
其他电气机械及器材制造	389	127	23	122	26	2
计算机、通信和其他电子设备制造业	39	1765	453	4765	853	44
计算机制造	391	142	47	553	61	3
通信设备制造	392	188	12	317	61	2
广播电视设备制造	393	66	7	101	20	
雷达及配套设备制造	394	5	1	5	3	
非专业视听设备制造	395	49	20	342	47	3
智能消费设备制造	396	140	18	174	34	
电子器件制造	397	371	92	907	219	6
电子元件及电子专用材料制造	398	630	104	1951	342	28
其他电子设备制造	399	174	152	415	66	2
仪器仪表制造业	40	741	105	881	151	10
通用仪器仪表制造	401	523	53	351	88	3
专用仪器仪表制造	402	121	16	94	23	1
钟表与计时仪器制造	403	16	18	337	16	5
光学仪器制造	404	37	3	57	19	1
衡器制造	405	14	3	11	1	
其他仪器仪表制造业	409	30	12	31	4	
其他制造业	41	367	283	628	81	6
日用杂品制造	411	118	28	410	48	5
其他未列明制造业	419	249	255	218	33	1
废弃资源综合利用业	42	207	69	118	55	2
金属废料和碎屑加工处理	421	80	39	54	28	
非金属废料和碎屑加工处理	422	127	30	64	27	2

单位：个

港、澳、台商独资	港、澳、台商投资股份有限公司	其他港、澳、台投资	外商投资企业	中外合资经营	中外合作经营	外资企业	外商投资股份有限公司	其他外商投资	代码
265	8	4	700	298	7	375	11	9	37
10	3		82	55	1	25		1	371
3			17	13		3		1	372
52	1	2	226	99	1	120	4	2	373
19			86	51	1	32	1	1	374
32	1		83	32	2	47	1	1	375
102	2	2	120	18	1	96	3	2	376
16			28	13		14		1	377
17			38	12		24	2		378
14	1		20	5	1	14			379
2706	88	43	3446	1068	37	2226	65	50	38
185	6	3	407	124	8	269	2	4	381
828	35	17	1147	363	12	729	28	15	382
470	10	8	495	126	5	347	6	11	383
141	4		237	104	4	113	10	6	384
433	16	4	457	145	4	293	12	3	385
30		1	85	35	2	46	1	1	386
525	17	10	488	127	2	344	5	10	387
94			130	44		85	1		389
3709	107	52	4634	1021	36	3429	79	69	39
472	12	5	524	84	8	416	8	8	391
237	12	5	356	87	3	244	15	7	392
78	2	1	102	17		81	2	2	393
2			8	4		3		1	394
284	5	3	228	59	2	160	5	2	395
132	5	3	178	66		109	1	2	396
650	22	10	1050	292	5	724	21	8	397
1527	36	18	1856	345	14	1438	25	34	398
327	13	7	332	67	4	254	2	5	399
690	22	8	1053	315	10	700	19	9	40
246	13	1	631	198	2	413	13	5	401
67	1	2	185	47	1	135	2		402
310	3	3	48	10	2	34		2	403
31	4	2	105	37	1	65	2		404
10			28	9	2	15	2		405
26	1		56	14	2	38		2	409
526	6	9	468	128	4	322	8	6	41
349	3	5	232	57	1	167	6	1	411
177	3	4	236	71	3	155	2	5	419
57	3	1	132	57	2	71		2	42
24	2		70	33		37			421
33	1	1	62	24	2	34		2	422

2–4 续表 19 (2020年)

行业中类	代码	私营股份有限公司	其他	港、澳、台商投资企业	与港、澳、台商合资经营	与港、澳、台商合作经营
金属制品、机械和设备修理业	43	253	85	149	41	4
金属制品修理	431	8	6	13	2	1
通用设备修理	432	26	17	22	2	
专用设备修理	433	52	13	22	6	
铁路、船舶、航空航天等运输设备修理	434	49	11	30	20	2
电气设备修理	435	24	6	8	2	
仪器仪表修理	436	5	2	13	1	1
其他机械和设备修理业	439	89	30	41	8	
电力、热力、燃气及水生产和供应业	D	**1140**	**344**	**1675**	**709**	**59**
电力、热力生产和供应业	44	812	222	950	341	29
电力生产	441	659	171	869	297	26
电力供应	442	60	29	27	10	1
热力生产和供应	443	93	22	54	34	2
燃气生产和供应业	45	130	34	377	213	13
燃气生产和供应业	451	125	32	369	210	13
生物质燃气生产和供应业	452	5	2	8	3	
水的生产和供应业	46	198	88	348	155	17
自来水生产和供应	461	112	53	124	69	11
污水处理及其再生利用	462	81	34	213	82	6
海水淡化处理	463			4		
其他水的处理、利用与分配	469	5	1	7	4	
建筑业	E	**9835**	**4721**	**1790**	**406**	**38**
房屋建筑业	47	2386	1041	301	84	4
住宅房屋建筑	471	2041	702	242	65	4
体育场馆建筑	472	2	14	3	2	
其他房屋建筑业	479	343	325	56	17	
土木工程建筑业	48	2236	1214	331	88	10
铁路、道路、隧道和桥梁工程建筑	481	832	534	94	36	6
水利和水运工程建筑	482	149	44	21	8	
海洋工程建筑	483	1	4	3	2	
工矿工程建筑	484	39	4	2	1	
架线和管道工程建筑	485	158	49	27	10	1
节能环保工程施工	486	76	16	11	4	
电力工程施工	487	74	26	12	5	1
其他土木工程建筑	489	907	537	161	22	2
建筑安装业	49	1409	540	307	77	9
电气安装	491	404	118	101	26	3
管道和设备安装	492	350	103	69	22	2
其他建筑安装业	499	655	319	137	29	4
建筑装饰、装修和其他建筑业	50	3804	1926	851	157	15
建筑装饰和装修业	501	2814	1107	719	134	11
建筑物拆除和场地准备活动	502	194	53	19	2	1
提供施工设备服务	503	69	55	11	5	
其他未列明建筑业	509	727	711	102	16	3

单位：个

港、澳、台商独资	港、澳、台商投资股份有限公司	其他港、澳、台投资	外商投资企业	中外合资经营	中外合作经营	外资企业	外商投资股份有限公司	其他外商投资	代码
101	2	1	219	81	3	127	6	2	43
9	1		5	2		3			431
20			24	4		18	1	1	432
15	1		45	14	1	29	1		433
7		1	76	45	2	28	1		434
6			7	2		5			435
11			7	2		5			436
33			55	12		39	3	1	439
863	**25**	**19**	**1317**	**624**	**65**	**558**	**35**	**35**	D
554	16	10	614	282	38	253	18	23	44
523	14	9	500	238	32	198	15	17	441
16			39	9	1	26	1	2	442
15	2	1	75	35	5	29	2	4	443
142	6	3	394	217	10	149	13	5	45
137	6	3	386	212	10	146	13	5	451
5			8	5		3			452
167	3	6	309	125	17	156	4	7	46
41	2	1	76	37	14	23	1	1	461
119	1	5	225	85	3	128	3	6	462
4			1	1					463
3			7	2		5			469
1299	**21**	**26**	**907**	**322**	**30**	**486**	**22**	**47**	E
204	2	7	124	32	5	74	2	11	47
170	1	2	88	23	4	51	1	9	471
1			4	1		3			472
33	1	5	32	8	1	20	1	2	479
224	3	6	220	101	12	85	7	15	48
49	3		84	44	9	21	3	7	481
12		1	12	5	1	6			482
1			1			1			483
1			9	3		4	1	1	484
16			31	14	1	15	1		485
7			18	10		7		1	486
6			13	3		9	1		487
132		5	52	22	1	22	1	6	489
212	4	5	263	88	7	156	5	7	49
66	2	4	92	34		54	1	3	491
44	1		73	25	5	41		2	492
102	1	1	98	29	2	61	4	2	499
659	12	8	300	101	6	171	8	14	50
556	11	7	233	81	3	135	7	7	501
15		1	9	4		4	1		502
6			6	1	1	4			503
82	1		52	15	2	28		7	509

2-4 续表 20 (2020年)

行业中类	代码	私营股份有限公司	其他	港、澳、台商投资企业	与港、澳、台商合资经营	与港、澳、台商合作经营
批发和零售业	**F**	**40337**	**14209**	**30074**	**3194**	**192**
批发业	51	22410	6978	22365	2226	120
农、林、牧、渔产品批发	511	1428	354	373	72	3
食品、饮料及烟草制品批发	512	2696	619	2144	344	16
纺织、服装及家庭用品批发	513	2660	620	4978	393	25
文化、体育用品及器材批发	514	725	191	1163	94	6
医药及医疗器材批发	515	1208	228	460	120	4
矿产品、建材及化工产品批发	516	6092	1964	3514	456	21
机械设备、五金产品及电子产品批发	517	4507	1374	6957	473	22
贸易经纪与代理	518	1009	383	1427	106	13
其他批发业	519	2085	1245	1349	168	10
零售业	52	17927	7231	7709	968	72
综合零售	521	1964	1816	1012	119	12
食品、饮料及烟草制品专门零售	522	2274	698	675	116	7
纺织、服装及日用品专门零售	523	1818	578	1452	179	9
文化、体育用品及器材专门零售	524	1029	268	507	46	4
医药及医疗器材专门零售	525	1407	725	101	34	2
汽车、摩托车、零配件和燃料及其他动力销售	526	2423	589	755	157	22
家用电器及电子产品专门零售	527	2298	572	1333	83	7
五金、家具及室内装饰材料专门零售	528	2415	902	847	83	6
货摊、无店铺及其他零售业	529	2299	1083	1027	151	3
交通运输、仓储和邮政业	**G**	**4518**	**1351**	**3570**	**746**	**474**
铁路运输业	53	6	12	8	3	1
铁路旅客运输	531		1			
铁路货物运输	532	6	5	6	3	
铁路运输辅助活动	533		6	2		1
道路运输业	54	2750	750	949	174	387
城市公共交通运输	541	171	34	58	20	16
公路旅客运输	542	113	19	88	14	61
道路货物运输	543	2331	609	692	122	259
道路运输辅助活动	544	135	88	111	18	51
水上运输业	55	123	23	154	92	16
水上旅客运输	551	22	2	12	9	2
水上货物运输	552	75	13	49	19	9
水上运输辅助活动	553	26	8	93	64	5
航空运输业	56	38	17	32	10	1
航空客货运输	561	15	1	14	3	
通用航空服务	562	15	11	5	2	
航空运输辅助活动	563	8	5	13	5	1
管道运输业	57	2		11	7	1
海底管道运输	571			1	1	
陆地管道运输	572	2		10	6	1

单位：个

港、澳、台商独资	港、澳、台商投资股份有限公司	其他港、澳、台投资	外商投资企业	中外合资经营	中外合作经营	外资企业	外商投资股份有限公司	其他外商投资	代码
25873	**314**	**501**	**32418**	**4578**	**171**	**25215**	**622**	**1832**	**F**
19472	222	325	26594	3433	114	21156	372	1519	51
277	7	14	334	69	4	239	12	10	511
1713	32	39	1814	401	12	1308	40	53	512
4437	58	65	7792	625	34	6201	67	865	513
1041	8	14	1112	149	7	851	19	86	514
321	6	9	765	181	3	549	11	21	515
2954	34	49	3672	614	22	2862	74	100	516
6331	59	72	7224	923	24	5969	90	218	517
1264	8	36	2263	232	5	1882	33	111	518
1134	10	27	1618	239	3	1295	26	55	519
6401	92	176	5824	1145	57	4059	250	313	52
848	8	25	903	133	14	700	35	21	521
526	8	18	554	122	9	365	26	32	522
1210	18	36	1143	144	3	906	42	48	523
441	8	8	483	63	4	311	17	88	524
57	1	7	161	45	1	95	9	11	525
542	14	20	872	257	10	507	68	30	526
1215	10	18	468	94	1	330	16	27	527
723	15	20	423	82	10	296	13	22	528
839	10	24	817	205	5	549	24	34	529
2261	**51**	**38**	**2587**	**792**	**133**	**1529**	**60**	**73**	**G**
4			6	3		3			53
									531
3			5	2		3			532
1			1	1					533
367	8	13	584	183	105	254	20	22	54
20		2	48	19	6	17	6		541
10	2	1	26	5	13	8			542
299	3	9	398	129	28	211	12	18	543
38	3	1	112	30	58	18	2	4	544
41	3	2	150	97	2	48	3		55
1			10	7		3			551
20		1	38	17		19	2		552
20	3	1	102	73	2	26	1		553
18	3		41	14	1	22	2	2	56
9	2		16	4		10	1	1	561
3			5	2		3			562
6	1		20	8	1	9	1	1	563
3			16	6		8	2		57
			2	1		1			571
3			14	5		7	2		572

2–4 续表 21 (2020年)

行业中类	代码	私营股份有限公司	其他	港、澳、台商投资企业	与港、澳、台商合资经营	与港、澳、台商合作经营
多式联运和运输代理业	58	843	327	1359	198	49
多式联运	581	22	50	13	1	
运输代理业	582	821	277	1346	197	49
装卸搬运和仓储业	59	506	133	1027	260	19
装卸搬运	591	169	37	95	56	3
通用仓储	592	93	13	447	85	8
低温仓储	593	32	2	31	10	1
危险品仓储	594	7	2	41	24	1
谷物、棉花等农产品仓储	595	102	14	18	6	
中药材仓储	596	1	1			
其他仓储业	599	102	64	395	79	6
邮政业	60	250	89	30	2	
邮政基本服务	601	2	12	2		
快递服务	602	244	75	25	2	
其他寄递服务	609	4	2	3		
住宿和餐饮业	**H**	**3102**	**1274**	**2755**	**659**	**91**
住宿业	61	992	325	862	296	52
旅游饭店	611	311	79	595	224	42
一般旅馆	612	548	134	227	60	9
民宿服务	613	25	14	8	2	
露营地服务	614	2				
其他住宿业	619	106	98	32	10	1
餐饮业	62	2110	949	1893	363	39
正餐服务	621	1653	576	1371	257	35
快餐服务	622	124	80	190	30	1
饮料及冷饮服务	623	70	44	161	37	
餐饮配送及外卖送餐服务	624	74	30	24	9	2
其他餐饮业	629	189	219	147	30	1
信息传输、软件和信息技术服务业	**I**	**9476**	**2270**	**9737**	**968**	**66**
电信、广播电视和卫星传输服务	63	265	66	334	30	2
电信	631	230	57	328	28	2
广播电视传输服务	632	27	7	4	2	
卫星传输服务	633	8	2	2		
互联网和相关服务	64	1400	541	720	86	4
互联网接入及相关服务	641	133	49	54	11	
互联网信息服务	642	664	275	237	24	1
互联网平台	643	175	95	156	15	1
互联网安全服务	644	21	1	6		
互联网数据服务	645	94	17	81	17	
其他互联网服务	649	313	104	186	19	2
软件和信息技术服务业	65	7811	1663	8683	852	60
软件开发	651	4759	729	5398	545	29
集成电路设计	652	124	95	201	36	3

单位：个

港、澳、台商独资	港、澳、台商投资股份有限公司	其他港、澳、台投资	外商投资企业	中外合资经营	中外合作经营	外资企业	外商投资股份有限公司	其他外商投资	代码
1075	26	11	936	229	10	650	19	28	58
12			20	5		13	2		581
1063	26	11	916	224	10	637	17	28	582
725	11	12	835	255	14	536	13	17	59
35	1		87	46	2	36	1	2	591
347	4	3	346	82	6	245	6	7	592
18		2	24	11	3	9		1	593
15	1		43	32		10		1	594
11		1	13	5	1	7			595
			1	1					596
299	5	6	321	78	2	229	6	6	599
28			19	5	1	8	1	4	60
2			1				1		601
23			14	5	1	6		2	602
3			4			2		2	609
1896	**42**	**67**	**2746**	**551**	**46**	**1930**	**93**	**126**	**H**
475	17	22	633	199	28	360	21	25	61
309	10	10	386	137	25	204	10	10	611
140	6	12	207	53	2	132	9	11	612
6			6	2	1	3			613
			1				1		614
20	1		33	7		21	1	4	619
1421	25	45	2113	352	18	1570	72	101	62
1028	17	34	1394	254	15	1013	41	71	621
155	2	2	311	37	2	253	9	10	622
119	1	4	210	26		163	12	9	623
11	1	1	29	4		25			624
108	4	4	169	31	1	116	10	11	629
8414	**151**	**138**	**6955**	**1747**	**48**	**4796**	**161**	**203**	**I**
246	41	15	365	17	4	294	36	14	63
243	40	15	359	16	3	291	35	14	631
1	1		3			2	1		632
2			3	1	1	1			633
607	11	12	450	134	2	286	13	15	64
41	1	1	25	5		16	3	1	641
205	3	4	146	37		98	5	6	642
134	2	4	101	35	1	59	2	4	643
5	1		3			2		1	644
63	1		65	26		36	2	1	645
159	3	3	110	31	1	75	1	2	649
7561	99	111	6140	1596	42	4216	112	174	65
4700	65	59	3797	1050	23	2569	67	88	651
152	5	5	318	104	6	193	5	10	652

2–4 续表 22 (2020年)

行业中类	代码	私营股份有限公司	其他	港、澳、台商投资企业	与港、澳、台商合资经营	与港、澳、台商合作经营
信息系统集成和物联网技术服务	653	613	141	300	48	4
运行维护服务	654	100	28	77	5	1
信息处理和存储支持服务	655	79	19	109	19	1
信息技术咨询服务	656	1512	371	2042	146	19
数字内容服务	657	177	10	89	8	1
其他信息技术服务业	659	447	270	467	45	2
金融业	**J**	**2392**	**375**	**3691**	**1840**	**30**
货币金融服务	66	1485	76	2906	1642	23
货币银行服务	662	707	30	210	8	
非货币银行服务	663	777	46	2693	1634	23
银行理财服务	664	1		3		
资本市场服务	67	344	159	445	87	6
证券市场服务	671	13	5	15	7	
公开募集证券投资基金	672	11	8	11	5	
非公开募集证券投资基金	673	90	47	122	25	1
期货市场服务	674	4	6	7	3	
资本投资服务	676	146	58	177	36	3
其他资本市场服务	679	80	35	113	11	2
保险业	68	406	97	190	55	
人身保险	681	142	20	131	25	
财产保险	682	181	41	28	14	
再保险	683		1	1		
商业养老金	684	10	1			
保险中介服务	685	56	28	22	15	
保险资产管理	686	1				
其他保险活动	689	16	6	8	1	
其他金融业	69	157	43	150	56	1
金融信托与管理服务	691	13	6	11	3	
控股公司服务	692	13	5	14	1	
非金融机构支付服务	693	6	1	1		
金融信息服务	694	37	16	22	1	
金融资产管理公司	695	4	3	10	3	
其他未列明金融业	699	84	12	92	48	1
房地产业	**K**	**6472**	**1880**	**8882**	**2568**	**459**
房地产业	70	6472	1880	8882	2568	459
房地产开发经营	701	2164	440	4599	1658	280
物业管理	702	2101	681	1418	305	58
房地产中介服务	703	1485	581	631	100	15
房地产租赁经营	704	601	92	2122	479	90
其他房地产业	709	121	86	112	26	16
租赁和商务服务业	**L**	**18178**	**8085**	**17360**	**2417**	**140**
租赁业	71	1715	803	908	391	10
机械设备经营租赁	711	1670	793	874	384	9

单位：个

港、澳、台商独资	港、澳、台商投资股份有限公司	其他港、澳、台投 资	外商投资企业	中外合资经营	中外合作经营	外资企业	外商投资股份有限公 司	其他外商投资	代码
234	6	8	338	91	4	228	9	6	653
69		2	74	18	1	51		4	654
87	2		96	27		64	1	4	655
1833	15	29	1098	219	5	806	16	52	656
78	2		82	15	1	63	3		657
408	4	8	337	72	2	242	11	10	659
1645	**61**	**115**	**3655**	**1294**	**13**	**1694**	**519**	**135**	**J**
1169	50	22	1356	442	4	659	191	60	66
198	3	1	586	90		349	145	2	662
968	47	21	769	352	4	309	46	58	663
3			1			1			664
312	7	33	448	156	6	215	12	59	67
5	2	1	15	7		4	4		671
6			40	36		3	1		672
85	2	9	151	60	2	80	1	8	673
2		2	1			1			674
123	2	13	150	36	3	82	6	23	676
91	1	8	91	17	1	45		28	679
77	2	56	1739	653	2	764	312	8	68
49	1	56	1079	521	1	398	156	3	681
14			560	105		306	147	2	682
1			7			3	1	3	683
			4				4		684
7			54	26		24	4		685
			2	1		1			686
6	1		33		1	32			689
87	2	4	112	43	1	56	4	8	69
6		2	10	5		3	2		691
12	1		20	7		10	1	2	692
1			1		1				693
21			20	4		15		1	694
5	1	1	5	2		2		1	695
42		1	56	25		26	1	4	699
5638	**105**	**112**	**4594**	**1557**	**166**	**2633**	**107**	**131**	**K**
5638	105	112	4594	1557	166	2633	107	131	70
2556	49	56	2360	952	95	1197	50	66	701
1014	20	21	802	198	21	519	29	35	702
500	4	12	300	79	5	193	10	13	703
1504	30	19	1057	295	39	696	15	12	704
64	2	4	75	33	6	28	3	5	709
14158	**160**	**485**	**12310**	**2158**	**116**	**8848**	**265**	**923**	**L**
478	17	12	472	132	2	305	11	22	71
452	17	12	447	128	2	285	11	21	711

2-4 续表 23 (2020年)

行业中类	代码	私营股份有限公司	其他	港、澳、台商投资企业	与港、澳、台商合资经营	与港、澳、台商合作经营
文体设备和用品出租	712	37	10	25	4	1
日用品出租	713	8		9	3	
商务服务业	72	16463	7282	16452	2026	130
组织管理服务	721	3425	1947	3067	483	29
综合管理服务	722	623	309	645	117	8
法律服务	723	209	575	171	23	1
咨询与调查	724	4876	1421	8914	730	39
广告业	725	2587	671	832	75	14
人力资源服务	726	1512	803	188	37	1
安全保护服务	727	268	111	65	18	3
会议、展览及相关服务	728	368	123	295	61	4
其他商务服务业	729	2595	1322	2275	482	31
科学研究和技术服务业	**M**	**10667**	**3619**	**9134**	**1506**	**71**
研究和试验发展	73	1661	312	2047	430	18
自然科学研究和试验发展	731	81	28	92	20	1
工程和技术研究和试验发展	732	1095	197	1450	256	11
农业科学研究和试验发展	733	194	39	121	41	1
医学研究和试验发展	734	281	45	376	111	5
社会人文科学研究	735	10	3	8	2	
专业技术服务业	74	4451	1384	3378	403	30
气象服务	741	8	6	2		
地震服务	742	4	2			
海洋服务	743	6	3	13	1	
测绘地理信息服务	744	128	31	6	2	1
质检技术服务	745	479	66	208	42	2
环境与生态监测检测服务	746	112	28	24	5	
地质勘查	747	73	18	18	6	1
工程技术与设计服务	748	2065	812	1223	131	9
工业与专业设计及其他专业技术服务	749	1576	418	1884	216	17
科技推广和应用服务业	75	4555	1923	3709	673	23
技术推广服务	751	3479	1453	2542	521	18
知识产权服务	752	147	100	120	11	
科技中介服务	753	136	23	148	8	
创业空间服务	754	80	13	61	17	
其他科技推广服务业	759	713	334	838	116	5
水利、环境和公共设施管理业	**N**	**1301**	**640**	**547**	**217**	**21**
水利管理业	76	54	39	19	7	
防洪除涝设施管理	761	8	7	1	1	
水资源管理	762	16	14	7	1	
天然水收集与分配	763	4	1	4	3	
水文服务	764	2	1	1		
其他水利管理业	769	24	16	6	2	
生态保护和环境治理业	77	238	68	176	80	8

单位：个

港、澳、台商独资	港、澳、台商投资股份有限公司	其他港、澳、台投资	外商投资企业	中外合资经营	中外合作经营	外资企业	外商投资股份有限公司	其他外商投资	代码
20			18	3		14		1	712
6			7	1		6			713
13680	143	473	11838	2026	114	8543	254	901	72
2316	45	194	2664	505	37	1645	85	392	721
498	5	17	449	90	6	322	12	19	722
139	4	4	183	29	3	135	5	11	723
7903	53	189	6317	888	44	4953	85	347	724
726	7	10	366	79	3	254	13	17	725
143	4	3	165	49	3	97	3	13	726
41	1	2	59	20	2	33		4	727
223	2	5	243	75	1	157	6	4	728
1691	22	49	1392	291	15	947	45	94	729
7303	**85**	**169**	**9100**	**3261**	**95**	**5290**	**197**	**257**	**M**
1540	20	39	2247	987	18	1125	57	60	73
66	1	4	88	39		42	3	4	731
1143	15	25	1336	537	9	714	39	37	732
75	1	3	70	27	1	39	2	1	733
251	3	6	741	379	8	324	13	17	734
5		1	12	5		6		1	735
2850	29	66	3058	845	25	2061	49	78	74
2			2	2					741
			2			2			742
11		1	33	9		22		2	743
3			6	1		5			744
160	1	3	489	145	7	319	8	10	745
18		1	19	10		7	1	1	746
9		2	29	9	3	15		2	747
1045	11	27	969	265	6	655	16	27	748
1602	17	32	1509	404	9	1036	24	36	749
2913	36	64	3795	1429	52	2104	91	119	75
1922	32	49	2857	1157	33	1516	60	91	751
105		4	101	26		70	1	4	752
138	2		90	18	3	63	1	5	753
42		2	36	13	1	18	1	3	754
706	2	9	711	215	15	437	28	16	759
295	**8**	**6**	**351**	**146**	**13**	**169**	**8**	**15**	**N**
12			18	8		8		2	76
			1	1					761
6			8	2		5		1	762
1			2	2					763
1									764
4			7	3		3		1	769
82	4	2	170	86	8	69	2	5	77

2-4 续表 24 (2020年)

行业中类	代码	私营股份有限公司	其他	港、澳、台商投资企业	与港、澳、台商合资经营	与港、澳、台商合作经营
生态保护	771	24	11	9	1	3
环境治理业	772	214	57	167	79	5
公共设施管理业	78	918	314	340	125	13
市政设施管理	781	66	54	43	13	5
环境卫生管理	782	144	43	52	26	1
城乡市容管理	783	20	7			
绿化管理	784	388	166	71	8	1
城市公园管理	785	20	8	13	6	1
游览景区管理	786	280	36	161	72	5
土地管理业	79	91	219	12	5	
土地整治服务	791	44	89	4	1	
土地调查评估服务	792	16	10			
土地登记服务	793	1	7			
土地登记代理服务	794	12	52	4	1	
其他土地管理服务	799	18	61	4	3	
居民服务、修理和其他服务业	**O**	**3263**	**1058**	**915**	**202**	**24**
居民服务业	80	1351	399	462	112	16
家庭服务	801	338	77	53	11	
托儿所服务	802	15	14	1		
洗染服务	803	48	12	28	8	2
理发及美容服务	804	246	51	132	25	1
洗浴和保健养生服务	805	245	89	97	36	3
摄影扩印服务	806	146	16	58	8	2
婚姻服务	807	108	19	23	2	1
殡葬服务	808	65	26	35	17	7
其他居民服务业	809	140	95	35	5	
机动车、电子产品和日用产品修理业	81	1300	357	254	47	6
汽车、摩托车等修理与维护	811	1033	295	134	36	4
计算机和办公设备维修	812	131	23	74	9	
家用电器修理	813	104	21	27		2
其他日用产品修理业	819	32	18	19	2	
其他服务业	82	612	302	199	43	2
清洁服务	821	418	99	89	20	1
宠物服务	822	27	25	16	7	1
其他未列明服务业	829	167	178	94	16	
教育	**P**	**1933**	**696**	**430**	**94**	**14**
教育	83	1933	696	430	94	14
学前教育	831	170	106	20	2	1
初等教育	832	23	26	2	1	
中等教育	833	26	21	4		
高等教育	834	3	1			
特殊教育	835		7			
技能培训、教育辅助及其他教育	839	1711	535	404	91	13

单位：个

港、澳、台商独资	港、澳、台商投资股份有限公司	其他港、澳、台投资	外商投资企业	中外合资经营	中外合作经营	外资企业	外商投资股份有限公司	其他外商投资	代码
4		1	14	5	3	4	1	1	771
78	4	1	156	81	5	65	1	4	772
195	4	3	139	45	5	76	6	7	78
25			9	6		3			781
24		1	39	10	2	22	2	3	782
									783
60	2		23	7	1	12		3	784
6			5	1		4			785
80	2	2	63	21	2	35	4	1	786
6		1	24	7		16		1	79
3			8	2		6			791
			2			2			792
									793
2		1	9	2		7			794
1			5	3		1		1	799
649	**11**	**29**	**819**	**187**	**16**	**535**	**24**	**57**	**O**
316	6	12	393	85	10	256	10	32	80
40	1	1	27	7		14	3	3	801
1			3	1		1		1	802
17	1		18	7	1	8	2		803
103	2	1	177	23	2	133	3	16	804
52	1	5	72	29	1	36	1	5	805
45	1	2	42	4	2	35		1	806
19		1	16	4		10		2	807
10		1	14	3	3	4		4	808
29		1	24	7	1	15	1		809
189	3	9	235	50	4	157	12	12	81
86	1	7	119	33	3	67	8	8	811
64	1		58	7		47	2	2	812
23	1	1	46	8		36	1	1	813
16		1	12	2	1	7	1	1	819
144	2	8	191	52	2	122	2	13	82
68			63	23	1	36		3	821
7		1	26	5		20		1	822
69	2	7	102	24	1	66	2	9	829
305	**5**	**12**	**496**	**130**	**12**	**328**	**11**	**15**	**P**
305	5	12	496	130	12	328	11	15	83
17			20	7		12	1		831
1			6	2		3		1	832
4			3			3			833
			2			2			834
			2			2			835
283	5	12	463	121	12	306	10	14	839

2-4 续表 25 (2020年)

行业中类	代码	私营股份有限公司	其他	港、澳、台商投资企业	与港、澳、台商合资经营	与港、澳、台商合作经营
卫生和社会工作	Q	**773**	**433**	**241**	**121**	**17**
卫生	84	584	380	148	75	13
医院	841	260	123	76	43	10
基层医疗卫生服务	842	262	223	45	21	3
专业公共卫生服务	843	7	6	8	2	
其他卫生活动	849	55	28	19	9	
社会工作	85	189	53	93	46	4
提供住宿社会工作	851	177	45	89	46	4
不提供住宿社会工作	852	12	8	4		
文化、体育和娱乐业	R	**3633**	**1013**	**1676**	**380**	**74**
新闻和出版业	86	39	16	10	4	
新闻业	861	7	10	2		
出版业	862	32	6	8	4	
广播、电视、电影和录音制作业	87	714	222	247	68	9
广播	871	50	64	25	4	2
电视	872	18	4	3		1
影视节目制作	873	459	47	66	19	1
广播电视集成播控	874	2	21			
电影和广播电视节目发行	875	33	8	15	3	1
电影放映	876	111	15	129	39	3
录音制作	877	41	63	9	3	1
文化艺术业	88	964	329	434	78	7
文艺创作与表演	881	241	96	82	18	1
艺术表演场馆	882	6	5	9	5	2
图书馆与档案馆	883	14	9	2		
文物及非物质文化遗产保护	884	23	8	5		1
博物馆	885	5	1	5	1	
烈士陵园、纪念馆	886		1			
群众文体活动	887	103	46	32	7	2
其他文化艺术业	889	572	163	299	47	1
体育	89	374	113	270	70	39
体育组织	891	88	50	59	16	2
体育场地设施管理	892	28	6	21	5	2
健身休闲活动	893	233	34	168	44	34
其他体育	899	25	23	22	5	1
娱乐业	90	1542	333	715	160	19
室内娱乐活动	901	538	204	96	40	7
游乐园	902	48	11	33	11	3
休闲观光活动	903	208	19	95	26	2
彩票活动	904	4	2			
文化体育娱乐活动与经纪代理服务	905	719	75	474	79	5
其他娱乐业	909	25	22	17	4	2

单位：个

港、澳、台商独资	港、澳、台商投资股份有限公司	其他港、澳、台投资	外商投资企业	中外合资经营	中外合作经营	外资企业	外商投资股份有限公司	其他外商投资	代码
90	**2**	**11**	**284**	**130**	**25**	**109**	**7**	**13**	Q
48	2	10	189	86	22	70	3	8	84
18	2	3	100	45	15	37	2	1	841
16		5	49	24	5	13	1	6	842
5		1	9	4	1	3		1	843
9		1	31	13	1	17			849
42		1	95	44	3	39	4	5	85
38		1	85	42	3	33	4	3	851
4			10	2		6		2	852
1153	**19**	**50**	**1280**	**385**	**42**	**729**	**33**	**91**	R
6			16	8	1	6		1	86
2			4	1		2		1	861
4			12	7	1	4			862
157	3	10	148	56	3	65	9	15	87
18		1	12	2		9	1		871
2			3	1		1		1	872
38		8	66	26	2	23	3	12	873
			1				1		874
11			5	2		3			875
83	3	1	50	22		23	4	1	876
5			11	3	1	6		1	877
336	4	9	378	99	4	245	10	20	88
60		3	71	20		40		11	881
2			2			2			882
2			3	1		2			883
4			3	1		2			884
4			5	1	1	3			885
									886
23			34	8	2	21		3	887
241	4	6	260	68	1	175	10	6	889
155	2	4	313	104	24	170	3	12	89
39	1	1	68	24	4	37		3	891
14			29	10		16		3	892
86	1	3	190	63	19	100	3	5	893
16			26	7	1	17		1	899
499	10	27	425	118	10	243	11	43	90
38	2	9	68	19	6	27	6	10	901
18		1	32	10	2	16	1	3	902
63	3	1	39	14		21	2	2	903
			2	1		1			904
369	5	16	277	74	1	172	2	28	905
11			7		1	6			909

2-5 按地区、登记注册类型

(2020年)

地区	企业单位数	内资企业	国有企业	集体企业	股份合作企业	国有联营企业	集体联营企业
全国	**25055456**	**24784352**	**82155**	**106926**	**31119**	**962**	**2291**
北京	1127720	1110918	3380	8897	6395	105	179
天津	341215	334814	1571	1570	345	21	51
河北	1248654	1245813	3336	5643	1018	16	36
山西	604760	603960	3011	3963	87	7	7
内蒙古	320329	319782	1116	743	149	6	21
辽宁	633098	626924	3800	6779	1256	39	96
吉林	166693	165889	1651	1006	151	10	35
黑龙江	234504	233732	2772	1714	538	22	41
上海	497979	465455	1689	3054	962	33	85
江苏	2333775	2301886	4803	6425	1416	65	128
浙江	2087888	2061282	2064	5352	8030	18	22
安徽	998274	996123	2782	2804	386	44	127
福建	1031865	1015748	2644	4132	382	23	31
江西	621069	618688	3993	2134	398	39	57
山东	2483474	2469061	4775	5857	683	40	110
河南	1324372	1321847	3982	6248	520	15	34
湖北	968729	964538	4583	4667	331	31	94
湖南	628510	626728	2633	2581	244	42	118
广东	3203987	3117220	8601	13050	4704	144	435
广西	596654	593983	3016	3923	340	15	33
海南	117573	116836	1032	510	183	19	17
重庆	566829	564326	987	1606	477	10	45
四川	720525	717588	2591	2618	845	58	110
贵州	431382	430677	1792	2794	165	18	85
云南	599648	597686	2193	3387	370	34	92
西藏	28775	28706	431	238	18	15	32
陕西	540901	538892	2865	3183	355	27	89
甘肃	175537	175334	1249	1008	155	18	45
青海	78106	77959	495	256	82	4	10
宁夏	103540	103350	284	268	22	2	2
新疆	239091	238607	2034	516	112	22	24

分组的企业法人单位数

单位：个

国有与集体联营	其他联营	国有独资公司	其他有限责任公司	股份有限公司	私营独资	私营合伙	私营有限责任公司
688	**2032**	**67262**	**1489805**	**110713**	**1919179**	**275980**	**20480076**
24	50	1832	88341	4508	27717	16970	947479
18	26	1082	39809	2715	14625	6608	260515
14	51	3566	66736	3561	106318	9766	1038875
1	9	2360	17290	1051	34694	1799	537538
4	8	1746	25361	1403	11066	1420	273521
31	78	1775	62317	6368	87339	3107	446372
6	8	1067	24879	2728	12851	664	118215
13	37	1017	20192	2574	16263	1057	183222
87	59	2225	59972	2975	36534	10105	343464
60	137	3666	77679	10281	118635	21331	2041100
25	25	4659	47032	3447	136640	56283	1788190
25	63	1640	78329	4265	96680	7407	786746
7	38	2309	21197	1756	62123	11601	905122
21	231	1481	29541	3157	50816	17913	499660
23	79	3602	92669	8466	165195	13799	2159871
12	52	2425	56479	3180	83250	4575	1156210
20	66	1892	47175	3430	77982	9754	809409
29	52	2201	26731	3287	58916	12437	508469
141	595	3911	325666	18419	174620	38392	2488298
6	33	2316	25490	1117	63971	4603	487703
9	11	363	31822	1440	3633	1563	72476
5	28	1510	8570	1568	144169	3925	399181
12	82	5903	54710	5092	83191	7390	545096
19	41	3832	21826	1286	109794	3155	284697
23	62	2202	36911	4139	72980	3378	464583
4	6	340	12224	669	5516	743	7818
19	34	2315	31799	2413	23281	2323	461852
14	24	1138	33022	3268	18056	767	112989
2	5	432	5298	473	6613	440	62479
	2	521	2333	319	6361	421	91980
14	40	1934	18405	1358	9350	2284	196946

2–5 续表 (2020年)

地区	私营股份有限公司	其他	港、澳、台商投资企业	与港、澳、台商合资经营	与港、澳、台商合作经营	港、澳、台商独资	港、澳、台商投资股份有限公司
全国	**160330**	**54834**	**143350**	**27499**	**2690**	**108741**	**2010**
北京	4575	466	6569	1247	145	5084	46
天津	2269	3589	2532	1039	28	1360	58
河北	4588	2289	987	406	31	522	17
山西	1971	172	304	128	13	156	6
内蒙古	3105	113	213	77	6	121	8
辽宁	4675	2892	1768	677	46	991	22
吉林	2031	587	218	81	4	118	10
黑龙江	2729	1541	292	98	7	166	8
上海	3415	796	12986	2274	247	10131	171
江苏	14059	2101	13585	3759	96	9356	190
浙江	9490	5	9639	3377	78	5972	169
安徽	8332	6493	937	345	15	524	24
福建	4208	175	10775	2480	83	7942	153
江西	7224	2023	1513	311	25	1129	24
山东	11211	2681	4487	1667	91	2586	62
河南	3283	1582	1070	386	30	627	18
湖北	4421	683	1810	613	24	1131	24
湖南	8054	934	947	367	13	527	24
广东	26739	13505	66131	6328	1578	56369	835
广西	1404	13	1333	426	33	840	20
海南	3144	614	469	125	13	266	26
重庆	2245		1129	251	13	829	18
四川	7575	2315	1202	354	31	766	25
贵州	1070	103	361	126	4	227	4
云南	4710	2622	740	231	15	465	16
西藏	598	54	19	3		14	1
陕西	4368	3969	922	171	12	304	15
甘肃	2922	659	90	37	2	46	1
青海	850	520	56	20	1	28	4
宁夏	780	55	82	28	2	46	3
新疆	4285	1283	184	67	4	98	8

单位：个

其他港、澳、台投资	外商投资企业	中外合资经营	中外合作经营	外资企业	外商投资股份有限公司	其他外商投资
2410	**127754**	**33016**	**1695**	**85411**	**3025**	**4607**
47	10233	2806	157	7022	166	82
47	3869	1062	54	2464	96	193
11	1854	723	65	1025	29	12
1	496	221	16	225	32	2
1	334	144	14	149	8	19
32	4406	1511	89	2657	53	96
5	586	224	12	302	29	19
13	480	175	13	217	54	21
163	19538	3114	255	15709	177	283
184	18304	5057	131	12406	250	460
43	16967	4779	109	10583	183	1313
29	1214	482	9	596	74	53
117	5342	1411	33	3739	75	84
24	868	287	12	478	32	59
81	9926	3000	132	6435	167	192
9	1455	478	30	677	247	23
18	2381	807	17	1358	142	57
16	835	346	19	393	30	47
1021	20636	3904	387	14525	689	1131
14	1338	380	25	689	236	8
39	268	93	15	109	19	32
18	1374	443	9	848	40	34
26	1735	613	41	939	34	108
	344	95	7	219	15	8
13	1222	254	20	781	49	118
1	50	19	1	10	1	19
420	1087	370	9	594	57	57
4	113	43	3	37	11	19
3	91	27	4	42	13	5
3	108	48	1	49	2	8
7	300	100	6	134	15	45

2–6 按行业(中类)、成立时间

行业中类	代码	企业单位数	1949年及以前	1950–1977年	1978–1991年	1992–1995年
总　　计	——	**25055456**	**1117**	**16638**	**113076**	**149129**
农、林、牧、渔业	A	**841656**	**48**	**824**	**2078**	**1747**
农业	01	380171	17	308	487	606
谷物种植	011	79115	6	137	114	112
豆类、油料和薯类种植	012	7712	3	15	7	12
棉、麻、糖、烟草种植	013	2960		31	22	11
蔬菜、食用菌及园艺作物种植	014	131976	4	20	107	206
水果种植	015	76040	1	35	97	134
坚果、含油果、香料和饮料作物种植	016	23173	1	28	68	49
中药材种植	017	32622	1	7	17	21
草种植及割草	018	1765		2	3	4
其他农业	019	24808	1	33	52	57
林业	02	70173	12	262	683	288
林木育种和育苗	021	59115	6	62	181	121
造林和更新	022	5742	2	35	103	46
森林经营、管护和改培	023	3305	4	130	298	91
木材和竹材采运	024	1233		15	80	20
林产品采集	025	778		20	21	10
畜牧业	03	249330	13	51	207	286
牲畜饲养	031	169489	9	40	126	169
家禽饲养	032	63705	3	7	52	95
狩猎和捕捉动物	033	129			1	
其他畜牧业	039	16007	1	4	28	22
渔业	04	62378	3	39	284	261
水产养殖	041	60871	3	37	252	244
水产捕捞	042	1507		2	32	17
农、林、牧、渔专业及辅助性活动	05	79604	3	164	417	306
农业专业及辅助性活动	051	63490	3	106	255	208
林业专业及辅助性活动	052	6571		23	84	42
畜牧专业及辅助性活动	053	5608		30	29	23
渔业专业及辅助性活动	054	3935		5	49	33
采矿业	B	**80579**	**29**	**260**	**1113**	**903**
煤炭开采和洗选业	06	13730	10	151	387	234
烟煤和无烟煤开采洗选	061	12658	10	144	371	222
褐煤开采洗选	062	298		7	8	5
其他煤炭采选	069	774			8	7
石油和天然气开采业	07	599	1	2	8	9
石油开采	071	372	1	2	6	6
天然气开采	072	227			2	3
黑色金属矿采选业	08	10975	6	17	131	140
铁矿采选	081	9973	6	13	98	129
锰矿、铬矿采选	082	647		3	24	9
其他黑色金属矿采选	089	355		1	9	2

分组的企业法人单位数

单位：个

1996年	1997年	1998年	1999年	2000年	2001年	2002年	2003年	2004年	2005年	代码
48339	**56556**	**82339**	**98582**	**130888**	**159969**	**195591**	**245217**	**264221**	**279740**	——
519	**724**	**1022**	**1002**	**1818**	**1993**	**2371**	**3091**	**3157**	**4224**	A
178	242	369	368	612	718	869	1010	1061	1318	01
36	36	59	59	74	77	73	109	107	188	011
2	6	6	4	7	10	12	17	16	21	012
3	6	11	6	6	10	13	14	8	13	013
56	88	134	161	266	340	440	448	498	514	014
46	59	82	65	136	143	179	200	207	291	015
17	18	34	31	40	40	60	73	69	98	016
4	5	14	13	35	43	50	77	84	91	017
	2	5	3	4	6	4	8	7	7	018
14	22	24	26	44	49	38	64	65	95	019
85	112	149	148	279	284	371	521	458	540	02
38	60	90	96	217	227	306	412	348	408	021
7	14	14	15	29	23	29	52	55	64	022
28	32	34	22	25	25	30	40	35	44	023
8	3	6	10	5	7	2	11	7	16	024
4	3	5	5	3	2	4	6	13	8	025
107	172	245	210	474	489	559	802	878	1312	03
70	107	168	130	302	336	378	585	660	916	031
31	54	65	62	117	124	145	155	171	317	032
					1				1	033
6	11	12	18	55	28	36	62	47	78	039
76	107	108	133	217	255	250	316	329	463	04
68	104	98	127	209	238	239	307	316	443	041
8	3	10	6	8	17	11	9	13	20	042
73	91	151	143	236	247	322	442	431	591	05
46	59	102	103	163	201	241	326	307	376	051
14	14	21	13	24	16	29	51	35	47	052
7	8	16	13	28	20	29	34	51	63	053
6	10	12	14	21	10	23	31	38	105	054
353	**381**	**579**	**607**	**895**	**1185**	**1411**	**2164**	**2933**	**3171**	B
95	125	185	189	234	338	382	674	776	763	06
90	117	184	180	226	318	369	645	744	732	061
1	5	1	6	4	12	7	14	11	18	062
4	3		3	4	8	6	15	21	13	069
3	9	2	17	17	11	15	14	7	9	07
1	7		15	14	9	13	10	5	8	071
2	2	2	2	3	2	2	4	2	1	072
58	52	102	102	162	232	249	468	863	868	08
47	46	93	88	143	213	230	430	806	785	081
9	4	6	12	15	12	17	32	43	57	082
2	2	3	2	4	7	2	6	14	26	089

2-6 续表 1

行业中类	代码	企业单位数	1949年及以前	1950–1977年	1978–1991年	1992–1995年
有色金属矿采选业	09	7417	3	31	173	142
常用有色金属矿采选	091	5122	1	19	104	87
贵金属矿采选	092	1459	1	9	53	42
稀有稀土金属矿采选	093	836	1	3	16	13
非金属矿采选业	10	39814	6	53	384	327
土砂石开采	101	34844	4	28	262	250
化学矿开采	102	1055		7	31	21
采盐	103	291	2	13	34	19
石棉及其他非金属矿采选	109	3624		5	57	37
开采专业及辅助性活动	11	5314		4	14	36
煤炭开采和洗选专业及辅助性活动	111	448		1	4	4
石油和天然气开采专业及辅助性活动	112	4390		3	8	28
其他开采专业及辅助性活动	119	476			2	4
其他采矿业	12	2730	3	2	16	15
其他采矿业	120	2730	3	2	16	15
制造业	**C**	**3825516**	**234**	**3539**	**33899**	**51440**
农副食品加工业	13	145871	9	264	1494	1747
谷物磨制	131	24078	5	41	164	244
饲料加工	132	16033		3	117	235
植物油加工	133	10988	1	17	114	129
制糖业	134	1128		14	33	27
屠宰及肉类加工	135	26448	2	148	619	317
水产品加工	136	12213		6	174	319
蔬菜、菌类、水果和坚果加工	137	22088	1	7	90	252
其他农副食品加工	139	32895		28	183	224
食品制造业	14	84785	5	96	782	1201
焙烤食品制造	141	20839	1	20	147	268
糖果、巧克力及蜜饯制造	142	5590	1	8	97	186
方便食品制造	143	15172		12	99	141
乳制品制造	144	1968	1	11	38	37
罐头食品制造	145	2994		3	58	88
调味品、发酵制品制造	146	9537	1	22	142	162
其他食品制造	149	28685	1	20	201	319
酒、饮料和精制茶制造业	15	64523	14	143	761	931
酒的制造	151	22474	13	88	443	471
饮料制造	152	20492		7	120	279
精制茶加工	153	21557	1	48	198	181
烟草制品业	16	226	7	6	26	18
烟叶复烤	161	51			1	4
卷烟制造	162	76	7	5	13	8
其他烟草制品制造	169	99		1	12	6
纺织业	17	165481	5	104	1247	1893
棉纺织及印染精加工	171	54102	3	48	529	657
毛纺织及染整精加工	172	8658	1	5	120	207

单位：个

1996年	1997年	1998年	1999年	2000年	2001年	2002年	2003年	2004年	2005年	代码
68	62	85	99	136	191	222	250	355	450	09
40	38	50	68	98	130	149	161	220	289	091
21	17	30	21	32	41	47	59	80	86	092
7	7	5	10	6	20	26	30	55	75	093
112	115	183	177	311	355	471	677	821	932	10
77	78	122	131	233	267	370	533	669	744	101
13	17	21	15	23	35	31	32	40	47	102
7	3	8	5	8	7	10	15	15	15	103
15	17	32	26	47	46	60	97	97	126	109
12	13	18	18	25	36	50	58	69	89	11
3	3	1	3	1	4	7	8	11	14	111
8	10	16	15	21	27	38	49	56	70	112
1		1		3	5	5	1	2	5	119
5	5	4	5	10	22	22	23	42	60	12
5	5	4	5	10	22	22	23	42	60	120
17276	**19348**	**27521**	**35793**	**44417**	**55952**	**67372**	**80167**	**81464**	**81226**	C
594	751	1214	1441	1921	2226	2449	3075	3292	3595	13
57	97	231	250	394	414	437	709	711	807	131
114	151	210	243	262	281	304	337	417	535	132
39	37	84	112	155	174	196	281	296	266	133
3	6	8	8	20	35	27	34	29	19	134
124	170	226	261	344	367	469	503	616	641	135
92	93	143	188	226	295	280	315	286	352	136
87	103	154	213	283	367	371	452	515	490	137
78	94	158	166	237	293	365	444	422	485	139
470	499	722	790	1013	1133	1248	1420	1489	1513	14
100	97	161	142	206	200	221	258	269	272	141
53	73	93	88	96	102	130	119	160	126	142
43	46	93	89	126	134	166	179	187	239	143
15	22	25	36	49	70	73	90	75	75	144
26	38	43	55	77	80	97	110	111	128	145
83	81	129	137	207	187	197	218	229	219	146
150	142	178	243	252	360	364	446	458	454	149
344	493	693	815	1016	1007	1136	1307	1228	1264	15
185	280	369	443	504	429	478	576	512	450	151
87	144	196	242	325	358	400	459	413	463	152
72	69	128	130	187	220	258	272	303	351	153
2	3	5	7	5	3	7	15	10	10	16
1		2	2	1			6	2	3	161
1		3	1	1		2	6	4	2	162
	3		4	3	3	5	3	4	5	169
744	893	1300	1905	2686	3084	4354	5012	4275	4163	17
281	326	509	741	1048	1209	1853	2082	1724	1807	171
75	73	88	172	160	215	248	231	213	187	172

2-6 续表 2

行业中类	代码	企业单位数	1949年及以前	1950–1977年	1978–1991年	1992–1995年
麻纺织及染整精加工	173	1040		4	21	13
丝绢纺织及印染精加工	174	2652	1	11	55	92
化纤织造及印染精加工	175	13518		1	58	89
针织或钩针编织物及其制品制造	176	25438		10	169	291
家用纺织制成品制造	177	33166		10	105	232
产业用纺织制成品制造	178	26907		15	190	312
纺织服装、服饰业	18	202097	10	112	1248	2456
机织服装制造	181	88162	8	59	669	1286
针织或钩针编织服装制造	182	25588	2	20	204	524
服饰制造	183	88347		33	375	646
皮革、毛皮、羽毛及其制品和制鞋业	19	91458	4	44	727	1495
皮革鞣制加工	191	4974	2	6	63	127
皮革制品制造	192	31749		6	137	349
毛皮鞣制及制品加工	193	7777	1	5	20	59
羽毛(绒)加工及制品制造	194	2609			32	53
制鞋业	195	44349	1	27	475	907
木材加工和木、竹、藤、棕、草制品业	20	152725	4	42	535	699
木材加工	201	81322	2	21	234	201
人造板制造	202	23125			51	104
木质制品制造	203	36659	2	12	157	278
竹、藤、棕、草等制品制造	204	11619		9	93	116
家具制造业	21	100117	1	20	292	664
木质家具制造	211	69032	1	18	204	439
竹、藤家具制造	212	1062			2	14
金属家具制造	213	9442		1	34	100
塑料家具制造	214	861			6	8
其他家具制造	219	19720		1	46	103
造纸和纸制品业	22	86281	3	53	938	1403
纸浆制造	221	341		1	2	3
造纸	222	16298	1	34	264	320
纸制品制造	223	69642	2	18	672	1080
印刷和记录媒介复制业	23	89887	26	161	2742	2894
印刷	231	80393	24	131	2332	2537
装订及印刷相关服务	232	9152	2	30	401	345
记录媒介复制	233	342			9	12
文教、工美、体育和娱乐用品制造业	24	137040	2	95	1018	1762
文教办公用品制造	241	13188	1	15	130	210
乐器制造	242	3307		5	32	56
工艺美术及礼仪用品制造	243	84103		65	575	980
体育用品制造	244	14862		6	86	147
玩具制造	245	17216	1	4	175	337
游艺器材及娱乐用品制造	246	4364			20	32
石油、煤炭及其他燃料加工业	25	13238	6	28	145	200

单位：个

1996年	1997年	1998年	1999年	2000年	2001年	2002年	2003年	2004年	2005年	代码
3	10	13	19	35	15	38	58	50	31	173
24	34	57	72	118	136	140	163	138	137	174
40	88	135	185	354	357	543	696	509	353	175
107	135	172	271	397	413	621	649	563	606	176
93	109	144	199	275	320	444	556	547	521	177
121	118	182	246	299	419	467	577	531	521	178
701	750	1024	1472	2406	2488	3038	3498	3459	3417	18
361	396	533	747	1207	1253	1446	1823	1804	1761	181
145	156	196	300	454	519	670	627	627	636	182
195	198	295	425	745	716	922	1048	1028	1020	183
465	435	495	650	849	1008	1315	1401	1429	1552	19
39	41	43	45	52	74	140	118	108	150	191
104	111	151	193	242	283	385	424	462	511	192
17	18	23	21	64	62	81	101	117	133	193
22	20	22	32	61	69	59	53	55	64	194
283	245	256	359	430	520	650	705	687	694	195
243	254	410	493	803	936	1175	1560	1612	1854	20
65	74	130	121	229	224	311	461	488	637	201
43	48	77	127	184	203	296	432	442	414	202
92	96	144	176	269	355	429	470	483	588	203
43	36	59	69	121	154	139	197	199	215	204
256	328	404	466	573	690	825	1061	1165	1232	21
167	230	253	311	378	466	524	699	740	809	211
1	3	2	4	10	4	10	13	9	11	212
39	36	62	70	103	105	138	163	178	179	213
4	5	3	7	7	8	12	18	20	18	214
45	54	84	74	75	107	141	168	218	215	219
482	551	755	843	1125	1468	1934	2202	2137	2026	22
4	1	1	3	8	1	5	11	8	7	221
105	124	185	209	279	347	493	565	537	501	222
373	426	569	631	838	1120	1436	1626	1592	1518	223
887	1032	1338	1612	1880	2484	3067	3563	3265	2865	23
785	897	1198	1430	1680	2255	2743	3221	2929	2558	231
97	131	133	170	194	224	318	327	321	300	232
5	4	7	12	6	5	6	15	15	7	233
520	558	774	1090	1395	1626	2116	2490	2480	2451	24
91	76	126	172	214	240	266	349	321	301	241
14	18	29	41	41	66	57	74	85	75	242
295	306	439	634	803	925	1273	1428	1390	1489	243
45	55	72	88	142	147	209	240	308	233	244
64	82	85	129	169	216	268	334	319	305	245
11	21	23	26	26	32	43	65	57	48	246
73	58	104	138	165	193	254	317	308	275	25

2-6 续表 3

行业中类	代码	企业单位数	1949年及以前	1950-1977年	1978-1991年	1992-1995年
精炼石油产品制造	251	5736	4	23	100	143
煤炭加工	252	4427	2	5	44	57
生物质燃料加工	254	3075			1	
化学原料和化学制品制造业	26	127919	12	242	1926	2872
基础化学原料制造	261	17818	3	48	378	467
肥料制造	262	17144	1	45	113	152
农药制造	263	2351		11	105	100
涂料、油墨、颜料及类似产品制造	264	22132	5	28	340	580
合成材料制造	265	14117	1	10	120	219
专用化学产品制造	266	31848		40	551	844
炸药、火工及焰火产品制造	267	3071	1	44	96	63
日用化学产品制造	268	19438	1	16	223	447
医药制造业	27	34947	13	117	517	916
化学药品原料药制造	271	3509	1	14	74	108
化学药品制剂制造	272	2926	6	35	127	228
中药饮片加工	273	5917		6	39	55
中成药生产	274	4897	4	46	130	218
兽用药品制造	275	1968		6	33	52
生物药品制品制造	276	5044	2	3	42	115
卫生材料及医药用品制造	277	9886		6	64	120
药用辅料及包装材料	278	800		1	8	20
化学纤维制造业	28	7890		5	65	130
纤维素纤维原料及纤维制造	281	992		1	7	24
合成纤维制造	282	6046		3	55	101
生物基材料制造	283	852		1	3	5
橡胶和塑料制品业	29	224927	6	112	2074	3506
橡胶制品业	291	38867	1	40	467	706
塑料制品业	292	186060	5	72	1607	2800
非金属矿物制品业	30	311621	20	318	2895	3668
水泥、石灰和石膏制造	301	15482	6	95	317	339
石膏、水泥制品及类似制品制造	302	73878	2	38	500	534
砖瓦、石材等建筑材料制造	303	122146	6	84	1030	1248
玻璃制造	304	7126	1	10	35	85
玻璃制品制造	305	19616		12	148	212
玻璃纤维和玻璃纤维增强塑料制品制造	306	7891		5	110	125
陶瓷制品制造	307	27950	1	33	241	460
耐火材料制品制造	308	14197	4	24	301	368
石墨及其他非金属矿物制品制造	309	23335		17	213	297
黑色金属冶炼和压延加工业	31	23868	3	57	266	458
炼铁	311	784		1	15	17
炼钢	312	483		3	9	28
钢压延加工	313	19199	3	46	201	371
铁合金冶炼	314	3402		7	41	42

单位：个

1996年	1997年	1998年	1999年	2000年	2001年	2002年	2003年	2004年	2005年	代码
55	45	71	103	120	127	164	179	169	164	251
17	13	32	33	39	61	85	132	136	103	252
1		1	2	6	5	5	6	3	8	254
1027	1140	1720	2072	2468	3128	3477	4086	4151	4066	26
176	175	318	363	419	518	623	796	804	830	261
81	102	137	133	188	249	321	352	404	427	262
34	43	85	101	89	99	82	83	84	106	263
225	208	326	400	488	622	733	835	774	724	264
81	84	140	163	186	250	322	366	346	343	265
277	314	450	609	719	879	940	1107	1197	1129	266
15	27	38	28	92	168	107	145	128	130	267
138	187	226	275	287	343	349	402	414	377	268
272	301	451	452	599	743	836	958	918	835	27
41	38	65	71	84	95	123	133	107	121	271
56	53	86	58	106	116	139	136	111	89	272
17	18	30	29	38	56	75	107	142	137	273
75	83	122	100	133	166	164	204	167	101	274
15	34	43	59	63	81	75	75	90	93	275
30	31	35	42	72	93	97	110	116	124	276
35	38	61	73	88	114	132	162	163	150	277
3	6	9	20	15	22	31	31	22	20	278
36	53	76	107	174	178	245	341	299	218	28
5	2	8	17	23	16	26	36	27	30	281
30	47	64	87	139	152	210	289	257	177	282
1	4	4	3	12	10	9	16	15	11	283
1175	1309	1871	2615	3185	4284	5074	5566	5590	5702	29
255	238	382	523	618	751	869	975	1051	1092	291
920	1071	1489	2092	2567	3533	4205	4591	4539	4610	292
1167	1240	2000	2501	2912	3630	4603	5752	5665	5603	30
95	112	208	206	234	297	350	471	457	398	301
189	184	297	314	501	550	897	1122	954	965	302
375	369	625	751	890	1042	1303	1748	1590	1778	303
29	23	34	51	47	85	103	118	139	140	304
72	78	109	167	227	268	320	359	386	396	305
46	54	79	92	108	138	196	218	233	227	306
126	158	209	323	326	447	513	600	606	549	307
112	129	217	295	237	371	434	523	626	551	308
123	133	222	302	342	432	487	593	674	599	309
164	171	231	324	371	480	620	1111	1041	956	31
6	5	15	7	13	15	37	64	55	55	311
5	2	4	4	6	13	24	49	16	24	312
136	142	188	284	307	378	482	764	760	751	313
17	22	24	29	45	74	77	234	210	126	314

2-6 续表 4

行业中类	代码	企业单位数	1949年及以前	1950—1977年	1978—1991年	1992—1995年
有色金属冶炼和压延加工业	32	31661	3	48	331	553
常用有色金属冶炼	321	3976	3	17	62	75
贵金属冶炼	322	579		7	12	18
稀有稀土金属冶炼	323	921		2	11	25
有色金属合金制造	324	7780		7	64	114
有色金属压延加工	325	18405		15	182	321
金属制品业	33	388030	11	229	2999	4464
结构性金属制品制造	331	146255	4	56	715	1131
金属工具制造	332	27640	3	36	259	390
集装箱及金属包装容器制造	333	8405		12	169	217
金属丝绳及其制品制造	334	18889	1	15	147	190
建筑、安全用金属制品制造	335	58403	1	20	343	597
金属表面处理及热处理加工	336	15688	1	13	344	336
搪瓷制品制造	337	2761		3	24	20
金属制日用品制造	338	23944		13	160	364
铸造及其他金属制品制造	339	86045	1	61	838	1219
通用设备制造业	34	387358	19	409	3707	5489
锅炉及原动设备制造	341	10780	1	56	229	278
金属加工机械制造	342	59056	9	64	481	638
物料搬运设备制造	343	16289	1	28	167	270
泵、阀门、压缩机及类似机械制造	344	44728	2	76	614	978
轴承、齿轮和传动部件制造	345	23507		35	244	392
烘炉、风机、包装等设备制造	346	38041		29	330	622
文化、办公用机械制造	347	3425		2	34	71
通用零部件制造	348	155061	5	106	1488	2032
其他通用设备制造业	349	36471	1	13	120	208
专用设备制造业	35	281329	12	228	1928	2882
采矿、冶金、建筑专用设备制造	351	35572	3	61	345	418
化工、木材、非金属加工专用设备制造	352	77810	2	21	375	631
食品、饮料、烟草及饲料生产专用设备制造	353	8048	1	15	97	166
印刷、制药、日化及日用品生产专用设备制造	354	9949	3	14	106	187
纺织、服装和皮革加工专用设备制造	355	11991		25	204	265
电子和电工机械专用设备制造	356	17310	1	7	91	110
农、林、牧、渔专用机械制造	357	17592		25	168	152
医疗仪器设备及器械制造	358	26553	1	21	192	389
环保、邮政、社会公共服务及其他专用设备制造	359	76504	1	39	350	564
汽车制造业	36	92075	7	122	902	1477
汽车整车制造	361	1709	1	6	24	37
汽车用发动机制造	362	484	1	1	6	8
改装汽车制造	363	1291	2	9	38	32
低速汽车制造	364	116		1	1	
电车制造	365	562			2	1
汽车车身、挂车制造	366	7516		8	23	31
汽车零部件及配件制造	367	80397	3	97	808	1368

单位：个

1996年	1997年	1998年	1999年	2000年	2001年	2002年	2003年	2004年	2005年	代码
207	222	330	401	509	739	724	924	981	1039	32
35	31	56	50	83	103	110	166	199	209	321
8	12	9	12	16	26	29	29	27	34	322
9	8	17	14	27	33	23	44	41	58	323
30	52	73	97	114	138	156	177	180	220	324
125	119	175	228	269	439	406	508	534	518	325
1514	1736	2415	3300	3917	5155	6278	7383	7784	7731	33
412	473	708	899	1117	1452	1851	2193	2288	2255	331
135	167	231	312	421	437	602	661	651	718	332
52	80	102	144	123	158	213	232	261	267	333
73	78	118	152	154	226	242	331	380	386	334
215	251	333	423	571	794	940	1000	1090	1078	335
112	122	179	230	291	356	413	531	498	469	336
9	10	9	21	18	32	22	37	34	40	337
111	116	134	182	216	324	358	385	463	461	338
395	439	601	937	1006	1376	1637	2013	2119	2057	339
1945	2074	3065	4022	4633	5999	7262	8858	9476	9412	34
107	113	191	238	211	257	266	335	341	351	341
217	263	380	485	611	809	971	1342	1314	1390	342
100	107	140	142	169	272	350	426	430	388	343
340	353	530	615	764	948	1190	1326	1385	1238	344
175	174	210	321	376	515	556	653	698	637	345
225	238	348	473	498	674	811	890	951	979	346
17	22	23	34	43	77	62	69	86	88	347
672	716	1097	1508	1728	2153	2718	3356	3738	3813	348
92	88	146	206	233	294	338	461	533	528	349
1016	1214	1646	2263	2648	3646	4285	5136	5689	5747	35
158	204	251	314	364	583	695	846	979	1066	351
226	249	332	480	652	886	1123	1326	1539	1655	352
50	58	84	89	93	129	141	187	156	173	353
61	80	118	128	140	203	208	265	303	258	354
111	110	150	254	334	384	505	504	464	394	355
48	45	73	111	129	183	223	289	309	319	356
60	53	107	122	149	170	221	271	276	296	357
115	149	178	207	250	357	387	431	485	476	358
187	266	353	558	537	751	782	1017	1178	1110	359
462	533	732	926	1094	1549	1944	2460	2487	2373	36
10	21	18	10	14	14	28	28	20	27	361
3	2	9	2	3	7	6	12	14	19	362
7	14	19	13	24	32	55	28	56	47	363
1	2		1	2	2	2	1	2	1	364
		4			3	3	3	5	10	365
10	11	17	21	34	45	58	57	76	70	366
431	483	665	879	1017	1446	1792	2331	2314	2199	367

2–6 续表 5

行业中类	代码	企业单位数	1949年及以前	1950–1977年	1978–1991年	1992–1995年
铁路、船舶、航空航天和其他运输设备制造业	37	34565	10	72	453	707
铁路运输设备制造	371	4263	3	22	154	121
城市轨道交通设备制造	372	670		1	2	1
船舶及相关装置制造	373	9625	6	29	128	168
航空、航天器及设备制造	374	2196		5	12	25
摩托车制造	375	6734		9	98	263
自行车和残疾人座车制造	376	4033	1	2	38	82
助动车制造	377	4686		1	8	21
非公路休闲车及零配件制造	378	1178		1	1	15
潜水救捞及其他未列明运输设备制造	379	1180		2	12	11
电气机械和器材制造业	38	222275	13	170	1868	3272
电机制造	381	17466	2	37	186	339
输配电及控制设备制造	382	76742	6	63	813	1245
电线、电缆、光缆及电工器材制造	383	30094	4	24	354	612
电池制造	384	8193	1	7	39	86
家用电力器具制造	385	28791		19	164	408
非电力家用器具制造	386	5782		1	33	66
照明器具制造	387	40242		11	182	377
其他电气机械及器材制造	389	14965		8	97	139
计算机、通信和其他电子设备制造业	39	154742	3	67	695	1669
计算机制造	391	13408		1	35	120
通信设备制造	392	12041	1	8	65	178
广播电视设备制造	393	3006		3	25	53
雷达及配套设备制造	394	319		5	3	10
非专业视听设备制造	395	7050		3	40	121
智能消费设备制造	396	8851		2	11	30
电子器件制造	397	26919	1	16	114	242
电子元件及电子专用材料制造	398	63853	1	27	351	791
其他电子设备制造	399	19295		2	51	124
仪器仪表制造业	40	52597	4	90	572	1018
通用仪器仪表制造	401	35158	2	50	335	605
专用仪器仪表制造	402	7319		14	106	137
钟表与计时仪器制造	403	3288		9	53	104
光学仪器制造	404	2817	1	5	16	73
衡器制造	405	1125	1	3	27	34
其他仪器仪表制造业	409	2890		9	35	65
其他制造业	41	51820	1	25	229	444
日用杂品制造	411	18274		16	134	276
其他未列明制造业	419	33546	1	9	95	168
废弃资源综合利用业	42	20782		7	87	85
金属废料和碎屑加工处理	421	9962		3	49	49
非金属废料和碎屑加工处理	422	10820		4	38	36

单位：个

1996年	1997年	1998年	1999年	2000年	2001年	2002年	2003年	2004年	2005年	代码
243	241	305	496	513	651	704	795	855	969	37
41	32	45	81	84	111	113	133	127	145	371
2		2	5	3	2	2	7	9	6	372
51	50	76	101	100	131	139	165	231	276	373
14	13	7	16	19	19	30	23	31	44	374
82	97	102	195	161	195	214	197	234	259	375
29	26	39	44	72	96	78	106	94	95	376
13	12	18	33	37	60	86	97	77	78	377
3	4	5	7	21	17	20	39	29	24	378
8	7	11	14	16	20	22	28	23	42	379
1143	1269	1728	2344	2723	3619	4081	4783	4813	4718	38
119	124	172	243	276	373	399	491	547	474	381
432	504	648	914	1058	1346	1531	1879	1817	1772	382
224	254	356	437	470	724	723	797	746	882	383
23	32	44	49	72	94	105	130	129	140	384
162	132	213	286	324	413	512	563	575	526	385
21	32	46	42	60	84	86	108	101	127	386
115	145	175	251	335	422	532	566	627	552	387
47	46	74	122	128	163	193	249	271	245	389
495	591	761	1020	1383	1937	2201	2558	2853	2867	39
30	43	74	79	111	166	173	203	249	271	391
62	72	91	124	149	203	185	216	213	237	392
23	16	27	48	47	63	81	84	91	72	393
2	4	4	4	2	3	10	10	5	8	394
31	50	44	52	63	103	141	147	165	161	395
13	8	20	27	24	45	45	58	81	88	396
59	84	89	110	194	309	292	384	453	458	397
236	260	343	496	684	916	1078	1244	1339	1306	398
39	54	69	80	109	129	196	212	257	266	399
326	338	508	636	699	944	991	1198	1203	1199	40
212	213	321	430	453	601	641	745	747	762	401
51	47	72	81	92	140	139	190	196	166	402
20	30	26	26	37	43	56	66	66	74	403
14	18	28	36	56	69	64	73	88	76	404
12	14	22	26	22	29	35	59	37	44	405
17	16	39	37	39	62	56	65	69	77	409
139	153	173	271	372	450	547	612	665	661	41
94	100	107	169	243	282	355	349	399	360	411
45	53	66	102	129	168	192	263	266	301	419
32	30	58	70	75	123	148	235	265	281	42
17	20	38	37	39	62	85	151	170	163	421
15	10	20	33	36	61	63	84	95	118	422

2-6 续表 6

行业中类	代码	企业单位数	1949年及以前	1950-1977年	1978-1991年	1992-1995年
金属制品、机械和设备修理业	43	43381	1	53	430	467
金属制品修理	431	934		1	10	9
通用设备修理	432	7116		5	40	62
专用设备修理	433	7454		14	100	87
铁路、船舶、航空航天等运输设备修理	434	7034		16	148	135
电气设备修理	435	4449		5	36	59
仪器仪表修理	436	909		1	13	11
其他机械和设备修理业	439	15485	1	11	83	104
电力、热力、燃气及水生产和供应业	**D**	**119005**	**45**	**893**	**3775**	**2292**
电力、热力生产和供应业	44	81872	20	593	2238	1454
电力生产	441	65585	9	462	1872	1147
电力供应	442	6582	11	126	265	166
热力生产和供应	443	9705		5	101	141
燃气生产和供应业	45	9712	1	3	88	125
燃气生产和供应业	451	9001	1	3	86	123
生物质燃气生产和供应业	452	711			2	2
水的生产和供应业	46	27421	24	297	1449	713
自来水生产和供应	461	16591	24	297	1434	662
污水处理及其再生利用	462	10087			7	29
海水淡化处理	463	62				1
其他水的处理、利用与分配	469	681			8	21
建筑业	**E**	**1901663**	**64**	**2325**	**8598**	**11111**
房屋建筑业	47	411997	38	1711	4710	3783
住宅房屋建筑	471	340629	34	1589	4249	3357
体育场馆建筑	472	986	1	7	22	30
其他房屋建筑业	479	70382	3	115	439	396
土木工程建筑业	48	411482	10	452	1928	2458
铁路、道路、隧道和桥梁工程建筑	481	149514	5	175	782	1142
水利和水运工程建筑	482	19463		152	421	344
海洋工程建筑	483	536			1	2
工矿工程建筑	484	6839	1	26	90	74
架线和管道工程建筑	485	26956	1	43	246	286
节能环保工程施工	486	9344		1	20	37
电力工程施工	487	10139	1	28	51	52
其他土木工程建筑	489	188691	2	27	317	521
建筑安装业	49	244179	7	107	1071	1939
电气安装	491	65134	2	18	347	615
管道和设备安装	492	62747	3	41	342	589
其他建筑安装业	499	116298	2	48	382	735
建筑装饰、装修和其他建筑业	50	834005	9	55	889	2931
建筑装饰和装修业	501	586809	4	28	615	2372
建筑物拆除和场地准备活动	502	39248	3	2	78	250
提供施工设备服务	503	18717		4	22	43
其他未列明建筑业	509	189231	2	21	174	266

单位：个

1996年	1997年	1998年	1999年	2000年	2001年	2002年	2003年	2004年	2005年	代码
132	128	213	251	305	351	434	490	580	632	43
3	4	6	4	6	7	4	14	12	12	431
28	22	38	38	39	50	73	73	112	94	432
28	17	31	44	59	66	76	80	97	113	433
30	37	56	68	63	81	87	93	105	147	434
12	13	19	25	36	33	55	56	64	59	435
2	1	5	8	10	13	11	18	11	16	436
29	34	58	64	92	101	128	156	179	191	439
764	**856**	**1164**	**1131**	**1496**	**1816**	**2581**	**3979**	**4090**	**3491**	D
528	590	810	758	1016	1297	1895	3067	3225	2591	44
469	517	681	660	882	1109	1688	2729	2950	2279	441
36	37	59	49	36	71	75	112	70	91	442
23	36	70	49	98	117	132	226	205	221	443
48	47	73	72	103	142	181	263	201	252	45
45	47	70	72	100	139	174	257	197	244	451
3		3		3	3	7	6	4	8	452
188	219	281	301	377	377	505	649	664	648	46
177	205	242	266	304	306	345	464	470	446	461
6	10	34	31	61	63	150	171	181	190	462
						2		1	1	463
5	4	5	4	12	8	8	14	12	11	469
3319	**3685**	**5368**	**5464**	**6641**	**9077**	**10206**	**11476**	**13189**	**14136**	E
974	1051	1566	1441	1719	2877	2738	2312	2569	2870	47
846	961	1381	1296	1520	2556	2403	1961	2149	2466	471
5	5	4	8	6	14	10	4	12	16	472
123	85	181	137	193	307	325	347	408	388	479
598	725	1134	1203	1458	1952	2158	2811	3068	3085	48
264	307	481	479	577	717	817	1091	1121	1106	481
58	74	106	139	132	184	174	172	194	206	482
		1	2	4	2	2	2	7	8	483
23	14	30	37	48	50	69	83	77	91	484
76	95	151	162	156	300	236	343	426	394	485
16	15	29	29	34	47	38	59	72	94	486
18	14	24	32	35	51	65	72	79	86	487
143	206	312	323	472	601	757	989	1092	1100	489
670	777	1134	1197	1380	1762	2049	2354	2732	2944	49
238	272	397	430	465	617	695	792	875	935	491
182	207	294	316	383	494	567	653	759	820	492
250	298	443	451	532	651	787	909	1098	1189	499
1077	1132	1534	1623	2084	2486	3261	3999	4820	5237	50
910	955	1219	1305	1659	1966	2415	2905	3355	3717	501
69	61	117	119	161	199	332	483	568	513	502
9	13	27	32	39	47	64	101	111	150	503
89	103	171	167	225	274	450	510	786	857	509

2-6 续表 7

行业中类	代码	企业单位数	1949年及以前	1950—1977年	1978—1991年	1992—1995年
批发和零售业	F	**8236639**	**349**	**3995**	**28664**	**31953**
批发业	51	4477381	109	1762	14886	18983
农、林、牧、渔产品批发	511	175383	21	272	1586	932
食品、饮料及烟草制品批发	512	441230	14	312	2198	1864
纺织、服装及家庭用品批发	513	709280	5	117	1182	1910
文化、体育用品及器材批发	514	165511	9	40	353	620
医药及医疗器材批发	515	152239	1	92	581	806
矿产品、建材及化工产品批发	516	1270795	39	686	5539	6617
机械设备、五金产品及电子产品批发	517	1009962	12	122	1805	4431
贸易经纪与代理	518	177632	1	23	434	675
其他批发业	519	375349	7	98	1208	1128
零售业	52	3759258	240	2233	13778	12970
综合零售	521	492262	85	1154	5516	1757
食品、饮料及烟草制品专门零售	522	376756	6	300	1816	1183
纺织、服装及日用品专门零售	523	424410	6	134	1270	1104
文化、体育用品及器材专门零售	524	209750	107	236	836	852
医药及医疗器材专门零售	525	278491	11	140	749	650
汽车、摩托车、零配件和燃料及其他动力销售	526	392037	6	66	1115	3007
家用电器及电子产品专门零售	527	427946	4	29	429	1104
五金、家具及室内装饰材料专门零售	528	542142	7	102	1113	1970
货摊、无店铺及其他零售业	529	615464	8	72	934	1343
交通运输、仓储和邮政业	G	**737940**	**113**	**1053**	**5153**	**5034**
铁路运输业	53	2021	2	7	43	33
铁路旅客运输	531	311	1	3	4	9
铁路货物运输	532	1196	1	4	18	20
铁路运输辅助活动	533	514			21	4
道路运输业	54	470788	40	459	2188	2555
城市公共交通运输	541	16981	4	131	376	778
公路旅客运输	542	11169	21	153	416	303
道路货物运输	543	417214	15	109	1079	1108
道路运输辅助活动	544	25424		66	317	366
水上运输业	55	16109	9	83	465	333
水上旅客运输	551	1506	1	18	81	39
水上货物运输	552	9538	4	49	290	215
水上运输辅助活动	553	5065	4	16	94	79
航空运输业	56	3606		3	28	53
航空客货运输	561	1168		1	11	19
通用航空服务	562	1474			5	11
航空运输辅助活动	563	964		2	12	23
管道运输业	57	456			2	4
海底管道运输	571	40			1	
陆地管道运输	572	416			1	4

单位：个

1996年	1997年	1998年	1999年	2000年	2001年	2002年	2003年	2004年	2005年	代码
11854	**14966**	**23135**	**27068**	**36335**	**42855**	**54415**	**67925**	**71827**	**77441**	F
7148	9012	14075	16927	22224	27010	33628	43022	45494	48767	51
279	343	540	766	819	1099	1299	1460	1553	2060	511
651	770	1273	1514	1939	2140	2401	3021	2986	3371	512
755	1049	1515	1779	3103	3168	3891	4829	5159	6027	513
275	351	503	606	819	1012	1216	1582	1869	1766	514
302	367	588	668	861	1100	1366	1926	2017	2263	515
2416	2989	4651	5711	7044	8767	10996	13965	14386	15069	516
1851	2394	3891	4653	5846	7699	9711	12326	12632	13262	517
226	252	348	382	632	685	1001	1322	1619	1733	518
393	497	766	848	1161	1340	1747	2591	3273	3216	519
4706	5954	9060	10141	14111	15845	20787	24903	26333	28674	52
572	708	997	1059	1359	1502	1732	2113	1983	2060	521
413	495	780	938	1375	1269	1546	1907	2008	2338	522
515	615	860	966	1397	1462	1720	2160	2327	2706	523
301	387	537	671	918	997	1312	1558	1614	1757	524
218	236	498	549	762	865	1873	2397	2689	2973	525
883	1175	1773	1991	2698	3046	4521	4471	4671	4836	526
581	763	1205	1426	2019	2674	3126	4197	4502	4898	527
742	983	1515	1531	1947	2479	2995	3680	3878	4203	528
481	592	895	1010	1636	1551	1962	2420	2661	2903	529
1474	**1794**	**2905**	**2814**	**3474**	**4604**	**5673**	**6882**	**9469**	**10787**	G
7	12	15	11	14	27	20	17	30	26	53
3	3	1		1	4	3	1	2	6	531
4	7	12	8	8	17	15	14	22	17	532
	2	2	3	5	6	2	2	6	3	533
825	993	1422	1451	1934	2743	3436	3993	5196	5475	54
222	267	316	322	329	384	434	465	470	382	541
102	133	228	159	254	415	378	389	396	373	542
365	446	697	765	1122	1666	2287	2673	3880	4227	543
136	147	181	205	229	278	337	466	450	493	544
101	107	146	148	174	236	290	352	526	485	55
16	16	21	19	25	40	39	46	42	22	551
54	67	78	91	104	144	193	210	356	317	552
31	24	47	38	45	52	58	96	128	146	553
17	13	34	23	22	33	32	57	67	50	56
10	2	14	10	11	14	15	26	26	24	561
1	5	6	6	3	4	9	9	12	9	562
6	6	14	7	8	15	8	22	29	17	563
1	1	2	2	10	8	8	9	22	14	57
				2		1				571
1	1	2	2	8	8	7	9	22	14	572

2-6 续表 8

行业中类	代码	企业单位数	1949年及以前	1950–1977年	1978–1991年	1992–1995年
多式联运和运输代理业	58	137025	3	18	345	732
多式联运	581	6251		3	14	11
运输代理业	582	130774	3	15	331	721
装卸搬运和仓储业	59	79054	42	461	2019	1266
装卸搬运	591	32545	9	61	533	293
通用仓储	592	13054		22	221	203
低温仓储	593	3578	1	5	45	39
危险品仓储	594	799		1	16	37
谷物、棉花等农产品仓储	595	10279	30	346	988	423
中药材仓储	596	139		1	3	1
其他仓储业	599	18660	2	25	213	270
邮政业	60	28881	17	22	63	58
邮政基本服务	601	1345	17	21	51	37
快递服务	602	26904		1	11	20
其他寄递服务	609	632			1	1
住宿和餐饮业	**H**	**512622**	**31**	**436**	**3249**	**2874**
住宿业	61	144866	16	253	2285	1700
旅游饭店	611	39935	12	154	919	737
一般旅馆	612	83087	4	84	1175	836
民宿服务	613	6684		1	23	11
露营地服务	614	213			1	1
其他住宿业	619	14947		14	167	115
餐饮业	62	367756	15	183	964	1174
正餐服务	621	285969	14	163	837	966
快餐服务	622	23794		11	45	96
饮料及冷饮服务	623	11148	1	1	10	17
餐饮配送及外卖送餐服务	624	10400			7	14
其他餐饮业	629	36445		8	65	81
信息传输、软件和信息技术服务业	**I**	**1277390**	**7**	**28**	**494**	**1657**
电信、广播电视和卫星传输服务	63	28266	7	14	110	202
电信	631	24597	5	5	52	97
广播电视传输服务	632	3080	2	9	53	98
卫星传输服务	633	589			5	7
互联网和相关服务	64	180956		2	55	125
互联网接入及相关服务	641	16815			6	20
互联网信息服务	642	84464		2	22	44
互联网平台	643	17535			1	13
互联网安全服务	644	1740			2	2
互联网数据服务	645	9354			5	10
其他互联网服务	649	51048			19	36
软件和信息技术服务业	65	1068168		12	329	1330
软件开发	651	618356		7	155	655
集成电路设计	652	23362			2	19

单位：个

1996年	1997年	1998年	1999年	2000年	2001年	2002年	2003年	2004年	2005年	代码
250	303	394	410	550	740	958	1289	2225	3082	58
7	6	7	4	7	8	5	13	18	20	581
243	297	387	406	543	732	953	1276	2207	3062	582
260	326	621	581	608	723	824	1028	1179	1407	59
71	79	127	101	170	191	216	273	357	381	591
45	61	76	73	102	144	179	243	245	283	592
11	16	23	27	33	41	54	75	86	67	593
10	11	9	10	11	16	22	22	36	41	594
76	100	301	282	165	157	156	189	205	328	595
		1				1	2	1	2	596
47	59	84	88	127	174	196	224	249	305	599
13	39	271	188	162	94	105	137	224	248	60
4	26	237	149	97	20	19	14	19	23	601
8	11	30	38	64	71	84	119	200	219	602
1	2	4	1	1	3	2	4	5	6	609
983	**1166**	**1589**	**1668**	**2282**	**2523**	**2802**	**3648**	**4183**	**4969**	H
534	642	827	810	991	1075	1218	1641	1949	2244	61
236	282	334	341	409	411	474	625	705	822	611
257	302	418	404	517	588	656	887	1107	1258	612
6	5	9	7	10	9	22	14	14	27	613
								1		614
35	53	66	58	55	67	66	115	122	137	619
449	524	762	858	1291	1448	1584	2007	2234	2725	62
375	421	622	712	1088	1196	1298	1660	1850	2249	621
42	48	62	65	90	99	110	116	138	167	622
6	10	20	21	33	49	63	74	74	93	623
3	8	8	10	18	18	30	32	42	53	624
23	37	50	50	62	86	83	125	130	163	629
631	**864**	**1399**	**2020**	**3446**	**4205**	**4581**	**6114**	**7435**	**8012**	I
58	80	177	338	445	613	451	602	660	451	63
33	56	115	276	355	507	368	505	549	335	631
19	22	59	52	85	100	76	87	92	103	632
6	2	3	10	5	6	7	10	19	13	633
49	57	112	165	389	416	466	708	926	879	64
9	10	22	36	56	87	81	114	161	122	641
27	25	41	62	189	171	218	338	414	437	642
2	4	12	18	21	30	26	44	73	64	643
	3	6	3	13	8	5	13	16	14	644
7	2	5	8	10	19	19	34	43	36	645
4	13	26	38	100	101	117	165	219	206	649
524	727	1110	1517	2612	3176	3664	4804	5849	6682	65
296	413	621	899	1547	1901	2222	2874	3541	4034	651
11	11	16	17	35	73	76	89	118	110	652

2-6 续表 9

行业中类	代码	企业单位数	1949年及以前	1950—1977年	1978—1991年	1992—1995年
信息系统集成和物联网技术服务	653	68364		3	32	135
运行维护服务	654	10722			6	28
信息处理和存储支持服务	655	7636			7	8
信息技术咨询服务	656	241269		1	106	363
数字内容服务	657	15535			3	30
其他信息技术服务业	659	82924		1	18	92
金融业	**J**	**140384**	**8**	**100**	**1723**	**1171**
货币金融服务	66	39433	7	97	1545	804
货币银行服务	662	11532	7	95	1488	652
非货币银行服务	663	27818		1	47	152
银行理财服务	664	83		1	10	
资本市场服务	67	64499		1	52	223
证券市场服务	671	780			13	31
公开募集证券投资基金	672	1293				2
非公开募集证券投资基金	673	14563			2	8
期货市场服务	674	733			2	86
资本投资服务	676	25084		1	21	56
其他资本市场服务	679	22046			14	40
保险业	68	19204	1		57	78
人身保险	681	6040	1		5	9
财产保险	682	6546			48	59
再保险	683	29				
商业养老金	684	254				
保险中介服务	685	4266			2	6
保险资产管理	686	102				
其他保险活动	689	1967			2	4
其他金融业	69	17248		2	69	66
金融信托与管理服务	691	1785		1	42	20
控股公司服务	692	2942			21	22
非金融机构支付服务	693	339				1
金融信息服务	694	4266		1	2	5
金融资产管理公司	695	831			1	2
其他未列明金融业	699	7085			3	16
房地产业	**K**	**929057**	**36**	**1115**	**9758**	**15457**
房地产业	70	929057	36	1115	9758	15457
房地产开发经营	701	257247	2	32	1554	6094
物业管理	702	297322	4	89	928	2660
房地产中介服务	703	276514	3	20	228	743
房地产租赁经营	704	81626	26	955	6883	5578
其他房地产业	709	16348	1	19	165	382
租赁和商务服务业	**L**	**3113303**	**63**	**636**	**6422**	**11294**
租赁业	71	329285	4	30	344	582
机械设备经营租赁	711	320758	3	29	319	548

单位：个

1996年	1997年	1998年	1999年	2000年	2001年	2002年	2003年	2004年	2005年	代码
48	80	133	163	278	341	361	473	531	559	653
7	11	24	31	50	55	54	74	103	94	654
5	4	11	6	15	21	25	32	42	60	655
129	149	226	297	486	554	682	880	1084	1310	656
2	9	12	22	41	52	56	93	107	126	657
26	50	67	82	160	179	188	289	323	389	659
831	**755**	**516**	**435**	**385**	**537**	**1244**	**1599**	**1418**	**2010**	J
485	391	300	266	144	139	325	301	258	618	66
441	327	179	210	102	96	81	70	166	300	662
44	63	120	56	41	43	244	230	91	316	663
	1	1		1			1	1	2	664
71	77	76	69	110	171	144	200	232	233	67
12	12	4	3	6	15	20	11	6	10	671
		5	6		3	9	12	12	13	672
2	12	9	7	19	33	16	29	66	36	673
23	1			1	2	2	6	4	3	674
20	28	46	37	56	82	71	95	101	116	676
14	24	12	16	28	36	26	47	43	55	679
262	266	118	45	54	159	677	940	771	987	68
118	129	39	19	17	71	389	420	191	179	681
131	132	76	20	17	50	228	263	246	521	682
1				1			4	6		683
	1				1			1	1	684
3		1	3	10	31	47	236	308	272	685
	1						2		4	686
9	3	2	3	9	6	13	15	19	10	689
13	21	22	55	77	68	98	158	157	172	69
2	4	3	2	7	9	11	9	5	6	691
6	6	6	8	12	14	17	15	12	18	692
1		1	4	3	3	6	7	9	12	693
1	3	2	5	3	3	3	4	11	3	694
			7	6	1	2	5	2	4	695
3	8	10	29	46	38	59	118	118	129	699
3653	**4263**	**6109**	**6576**	**8760**	**10780**	**11964**	**15038**	**14751**	**15666**	K
3653	4263	6109	6576	8760	10780	11964	15038	14751	15666	70
1141	1410	2376	2294	3544	4176	4307	5199	4872	5896	701
993	1147	1558	1872	2437	2911	3415	4588	4761	5023	702
211	288	378	513	728	1172	1307	1704	1931	1927	703
1216	1333	1682	1777	1911	2341	2677	3249	2889	2557	704
92	85	115	120	140	180	258	298	298	263	709
3076	**3724**	**5003**	**6571**	**10277**	**10688**	**12559**	**17337**	**21551**	**24094**	L
217	234	298	335	471	667	767	966	1217	1452	71
206	218	281	318	447	644	721	917	1154	1397	711

2-6 续表 10

行业中类	代码	企业单位数	1949年及以前	1950–1977年	1978–1991年	1992–1995年
文体设备和用品出租	712	7631	1		16	30
日用品出租	713	896		1	9	4
商务服务业	72	2784018	59	606	6078	10712
组织管理服务	721	465353	23	373	2654	3806
综合管理服务	722	83648	5	89	643	703
法律服务	723	65850	5	2	164	261
咨询与调查	724	899795	6	25	587	1817
广告业	725	451267	5	10	208	1476
人力资源服务	726	297797	5	13	355	443
安全保护服务	727	37946		1	260	274
会议、展览及相关服务	728	77268		4	61	176
其他商务服务业	729	405094	10	89	1146	1756
科学研究和技术服务业	**M**	**1600249**	**17**	**514**	**3298**	**6474**
研究和试验发展	73	220580	2	61	234	554
自然科学研究和试验发展	731	11671		3	16	27
工程和技术研究和试验发展	732	156907	1	49	141	369
农业科学研究和试验发展	733	17663	1	5	31	51
医学研究和试验发展	734	32445		4	37	100
社会人文科学研究	735	1894			9	7
专业技术服务业	74	661386	10	377	2347	4363
气象服务	741	1306		2	13	45
地震服务	742	521			1	4
海洋服务	743	1139			5	13
测绘地理信息服务	744	14130		6	45	98
质检技术服务	745	51236	1	23	219	427
环境与生态监测检测服务	746	13929		1	14	29
地质勘查	747	8958	2	26	136	154
工程技术与设计服务	748	314750	6	276	1580	2845
工业与专业设计及其他专业技术服务	749	255417	1	43	334	748
科技推广和应用服务业	75	718283	5	76	717	1557
技术推广服务	751	513250	5	71	602	1275
知识产权服务	752	28557		2	23	54
科技中介服务	753	14729			24	50
创业空间服务	754	10714		1	10	12
其他科技推广服务业	759	151033		2	58	166
水利、环境和公共设施管理业	**N**	**178904**	**3**	**94**	**561**	**968**
水利管理业	76	7009	2	45	151	149
防洪除涝设施管理	761	882		2	17	13
水资源管理	762	1911		14	41	51
天然水收集与分配	763	579	2	18	31	24
水文服务	764	281			3	4
其他水利管理业	769	3356		11	59	57
生态保护和环境治理业	77	24374		21	83	90

单位：个

1996年	1997年	1998年	1999年	2000年	2001年	2002年	2003年	2004年	2005年	代码
10	13	15	13	18	18	37	41	53	47	712
1	3	2	4	6	5	9	8	10	8	713
2859	3490	4705	6236	9806	10021	11792	16371	20334	22642	72
765	974	1110	1174	1631	1889	2080	2923	3121	3422	721
237	242	395	430	564	638	789	1286	1072	1250	722
60	57	100	143	222	406	298	237	262	261	723
542	662	859	1848	3463	2421	3198	4306	5948	6983	724
578	776	1043	1158	1607	1928	2187	2951	4026	4382	725
79	107	179	214	381	344	612	980	1454	1522	726
54	69	82	93	129	203	198	323	350	387	727
48	57	96	125	207	287	425	518	750	825	728
496	546	841	1051	1602	1905	2005	2847	3351	3610	729
1775	**1978**	**2838**	**3599**	**5107**	**6780**	**8025**	**10477**	**12261**	**13390**	**M**
167	159	255	358	523	625	753	957	1106	1167	73
4	5	10	12	19	22	33	29	46	51	731
102	98	156	229	346	403	478	642	721	834	732
24	15	31	42	39	57	69	75	82	65	733
35	40	54	72	111	132	162	200	248	208	734
2	1	4	3	8	11	11	11	9	9	735
1198	1310	1864	2377	3220	4369	5213	6658	7799	8317	74
11	16	13	16	20	34	32	62	46	61	741
4	1	1	1	1	3	3	1	5	6	742
	3	3		6	9	22	14	24	21	743
19	29	33	66	113	143	229	337	324	372	744
113	105	168	219	266	359	471	761	1003	1038	745
8	9	14	21	19	34	42	69	86	82	746
24	29	41	50	46	70	60	103	139	180	747
793	781	1152	1454	1958	2581	3126	3569	4034	4169	748
226	337	439	550	791	1136	1228	1742	2138	2388	749
410	509	719	864	1364	1786	2059	2862	3356	3906	75
298	393	557	667	1023	1272	1526	1930	2342	2876	751
24	27	32	42	48	181	136	382	361	277	752
13	9	19	29	37	37	55	81	75	93	753
3	5	8	8	21	22	23	29	35	22	754
72	75	103	118	235	274	319	440	543	638	759
256	**321**	**468**	**588**	**833**	**1030**	**1340**	**1683**	**1613**	**1767**	**N**
41	33	46	67	53	81	90	101	117	116	76
4	11	5	15	13	15	14	16	14	14	761
13	13	13	23	11	17	28	25	36	29	762
10	1	9	6	7	12	10	15	11	12	763
		1	3	1	3	3	2	5	6	764
14	8	18	20	21	34	35	43	51	55	769
18	37	37	65	99	107	144	207	219	214	77

2-6 续表 11

行业中类	代码	企业单位数	1949年及以前	1950–1977年	1978–1991年	1992–1995年
生态保护	771	2098		21	43	22
环境治理业	772	22276			40	68
公共设施管理业	78	116498	1	26	305	650
市政设施管理	781	13185		3	53	136
环境卫生管理	782	19663	1	4	21	61
城乡市容管理	783	2264		1	2	9
绿化管理	784	57064		10	102	263
城市公园管理	785	1273		3	29	34
游览景区管理	786	23049		5	98	147
土地管理业	79	31023		2	22	79
土地整治服务	791	13621			3	23
土地调查评估服务	792	4160			1	10
土地登记服务	793	721			2	3
土地登记代理服务	794	5185			3	4
其他土地管理服务	799	7336		2	13	39
居民服务、修理和其他服务业	**O**	**568820**	**9**	**131**	**1945**	**2797**
居民服务业	80	239136	5	64	569	825
家庭服务	801	58205	1	2	25	43
托儿所服务	802	6341			1	1
洗染服务	803	8030		2	31	47
理发及美容服务	804	48348		17	91	90
洗浴和保健养生服务	805	41189	3	4	59	116
摄影扩印服务	806	21442	1	17	130	142
婚姻服务	807	18247			5	25
殡葬服务	808	7799		8	105	227
其他居民服务业	809	29535		14	122	134
机动车、电子产品和日用产品修理业	81	216769	2	52	1151	1626
汽车、摩托车等修理与维护	811	163288	2	44	969	1345
计算机和办公设备维修	812	23312			27	92
家用电器修理	813	22921		3	96	146
其他日用产品修理业	819	7248		5	59	43
其他服务业	82	112915	2	15	225	346
清洁服务	821	71522	1	2	97	200
宠物服务	822	6907			8	9
其他未列明服务业	829	34486	1	13	120	137
教育	**P**	**284838**	**8**	**72**	**342**	**414**
教育	83	284838	8	72	342	414
学前教育	831	17909	4	46	117	55
初等教育	832	3229		7	11	5
中等教育	833	2257		4	13	7
高等教育	834	294		2	3	1
特殊教育	835	473				1
技能培训、教育辅助及其他教育	839	260676	4	13	198	345

单位：个

1996年	1997年	1998年	1999年	2000年	2001年	2002年	2003年	2004年	2005年	代码
6	11	4	8	16	15	18	13	21	16	771
12	26	33	57	83	92	126	194	198	198	772
184	236	357	426	614	758	1011	1235	1173	1311	78
19	25	58	53	76	88	109	150	124	162	781
16	17	39	43	64	72	118	113	163	200	782
2	4	7	6	7	6	8	16	8	20	783
87	113	150	203	293	411	530	644	589	596	784
7	14	13	10	15	23	20	32	24	23	785
53	63	90	111	159	158	226	280	265	310	786
13	15	28	30	67	84	95	140	104	126	79
3	3	8	8	25	11	28	41	28	48	791
6	4	8	6	29	42	42	48	46	48	792
	1	1	2			1	1	2	1	793
1	1	1	2	4	4	2	3	7	3	794
3	6	10	12	9	27	22	47	21	26	799
983	**1065**	**1630**	**2015**	**2514**	**2899**	**3552**	**4725**	**5103**	**5583**	O
280	350	571	684	877	1011	1301	1626	1806	1882	80
13	13	40	51	93	103	138	189	262	277	801
1			1	3		5	3	3	1	802
21	23	41	44	74	85	114	100	108	99	803
38	55	100	156	185	252	390	475	479	538	804
42	71	126	164	152	213	282	382	382	386	805
65	69	113	108	151	150	151	160	205	189	806
17	15	22	27	34	32	36	54	77	91	807
48	65	72	68	94	79	79	128	143	151	808
35	39	57	65	91	97	106	135	147	150	809
603	577	858	1057	1256	1426	1678	2308	2381	2603	81
485	455	657	834	942	1039	1239	1692	1729	1793	811
48	48	75	95	138	164	204	314	301	367	812
54	55	92	101	135	186	188	235	284	368	813
16	19	34	27	41	37	47	67	67	75	819
100	138	201	274	381	462	573	791	916	1098	82
59	78	142	200	275	329	397	523	640	734	821
4	4	6	9	13	11	20	23	21	42	822
37	56	53	65	93	122	156	245	255	322	829
126	**155**	**252**	**296**	**466**	**506**	**711**	**912**	**1363**	**1918**	P
126	155	252	296	466	506	711	912	1363	1918	83
24	25	47	39	93	65	84	93	79	101	831
1	1	2	3	5	5	5	6	5	7	832
1	4	5	1	8	10	7	9	8	9	833
	2		1	1	2	1	4			834
								1	2	835
100	123	198	252	359	424	614	800	1270	1799	839

2-6 续表 12

行业中类	代码	企业单位数	1949年及以前	1950—1977年	1978—1991年	1992—1995年
卫生和社会工作	Q	**94161**	**18**	**310**	**455**	**263**
卫生	84	75737	18	300	403	227
医院	841	25734	12	121	107	59
基层医疗卫生服务	842	42217	4	172	267	139
专业公共卫生服务	843	2163	1	5	16	17
其他卫生活动	849	5623	1	2	13	12
社会工作	85	18424		10	52	36
提供住宿社会工作	851	16621		7	34	20
不提供住宿社会工作	852	1803		3	18	16
文化、体育和娱乐业	R	**612730**	**35**	**313**	**1549**	**1280**
新闻和出版业	86	6870	12	61	434	293
新闻业	861	1395		2	10	12
出版业	862	5475	12	59	424	281
广播、电视、电影和录音制作业	87	90221	13	162	726	298
广播	871	13271		2	11	10
电视	872	1842		2	9	23
影视节目制作	873	49887	2	9	26	91
广播电视集成播控	874	735			3	2
电影和广播电视节目发行	875	3388	2	13	59	14
电影放映	876	11062	8	136	612	149
录音制作	877	10036	1		6	9
文化艺术业	88	179113	5	73	224	198
文艺创作与表演	881	50411	4	53	79	59
艺术表演场馆	882	1561	1	9	45	14
图书馆与档案馆	883	2857			10	9
文物及非物质文化遗产保护	884	1810			11	12
博物馆	885	530		1	8	6
烈士陵园、纪念馆	886	89		1	1	3
群众文体活动	887	16589		7	41	30
其他文化艺术业	889	105266		2	29	65
体育	89	59356	2	2	50	153
体育组织	891	16319			6	17
体育场地设施管理	892	3703		1	8	31
健身休闲活动	893	34088	1	1	34	104
其他体育	899	5246	1		2	1
娱乐业	90	277170	3	15	115	338
室内娱乐活动	901	124820	2	2	58	177
游乐园	902	4827		2	14	21
休闲观光活动	903	19756		4	10	26
彩票活动	904	369			3	2
文化体育娱乐活动与经纪代理服务	905	123590	1	7	25	97
其他娱乐业	909	3808			5	15

单位：个

1996年	1997年	1998年	1999年	2000年	2001年	2002年	2003年	2004年	2005年	代码
107	**85**	**161**	**115**	**278**	**254**	**464**	**795**	**831**	**1014**	Q
92	76	125	93	246	226	444	747	790	964	84
20	26	27	27	50	77	191	285	335	385	841
60	41	89	58	186	132	232	437	395	524	842
9	6	3	4	7	8	5	9	33	24	843
3	3	6	4	3	9	16	16	27	31	849
15	9	36	22	32	28	20	48	41	50	85
9	6	25	17	25	20	13	36	31	40	851
6	3	11	5	7	8	7	12	10	10	852
359	**426**	**680**	**820**	**1464**	**2285**	**4320**	**7205**	**7583**	**6841**	R
56	31	73	92	97	114	100	126	156	155	86
3	3	1	3	3	5		8	6	8	861
53	28	72	89	94	109	100	118	150	147	862
57	92	100	116	164	159	232	287	373	431	87
4	2	9	3	15	8	7	12	18	24	871
3	11	6	8	6	13	10	21	27	22	872
23	44	43	66	95	93	143	163	226	278	873
3	3		1	4	3	3	4	2	6	874
4	5	11	9	9	17	16	18	23	20	875
17	24	30	26	27	19	42	52	53	58	876
3	3	1	3	8	6	11	17	24	23	877
70	79	130	167	280	295	329	456	635	775	88
29	19	53	48	90	93	99	118	177	204	881
2	2	3	5	2	6	9	7	7	6	882
1	2	4	3	3	5	8	6	16	11	883
2	3	9	10	9	7	14	8	8	21	884
2	2	1	3	8	3	8	6	14	8	885
2		1	1	2		4	3		2	886
7	10	15	28	41	46	51	80	97	116	887
25	41	44	69	125	135	136	228	316	407	889
39	43	60	80	106	140	187	254	267	352	89
9	11	11	20	22	17	39	45	49	65	891
5	6	10	9	13	17	29	29	21	38	892
21	24	36	47	69	101	111	176	183	238	893
4	2	3	4	2	5	8	4	14	11	899
137	181	317	365	817	1577	3472	6082	6152	5128	90
80	113	202	213	575	1320	3096	5629	5445	4311	901
7	5	13	9	20	18	25	19	24	25	902
9	10	20	21	34	48	46	62	79	97	903
1	1	1	2	2	2	6	1	4	1	904
38	44	72	109	172	176	286	349	576	675	905
2	8	9	11	14	13	13	22	24	19	909

2-6 续表 13

行业中类	代码	2006年	2007年	2008年	2009年	2010年
总　计	--	**321313**	**331168**	**361509**	**463768**	**596593**
农、林、牧、渔业	A	**4671**	**5789**	**9478**	**12190**	**15685**
农业	01	1679	1801	2777	3873	5657
谷物种植	011	185	163	320	440	638
豆类、油料和薯类种植	012	37	44	61	103	146
棉、麻、糖、烟草种植	013	15	11	14	24	37
蔬菜、食用菌及园艺作物种植	014	720	819	1249	1737	2619
水果种植	015	361	366	536	752	1066
坚果、含油果、香料和饮料作物种植	016	114	165	214	297	398
中药材种植	017	117	105	170	231	367
草种植及割草	018	4	9	20	20	32
其他农业	019	126	119	193	269	354
林业	02	624	725	992	1484	1959
林木育种和育苗	021	486	537	799	1204	1614
造林和更新	022	66	106	105	176	192
森林经营、管护和改培	023	42	55	60	72	118
木材和竹材采运	024	13	17	11	15	13
林产品采集	025	17	10	17	17	22
畜牧业	03	1408	2094	4098	4826	5389
牲畜饲养	031	966	1527	3116	3698	3822
家禽饲养	032	344	482	819	946	1312
狩猎和捕捉动物	033	1		1	3	
其他畜牧业	039	97	85	162	179	255
渔业	04	427	544	766	963	1285
水产养殖	041	417	538	750	950	1267
水产捕捞	042	10	6	16	13	18
农、林、牧、渔专业及辅助性活动	05	533	625	845	1044	1395
农业专业及辅助性活动	051	379	448	547	720	1013
林业专业及辅助性活动	052	52	61	82	104	125
畜牧专业及辅助性活动	053	62	67	152	142	145
渔业专业及辅助性活动	054	40	49	64	78	112
采矿业	B	**3285**	**3109**	**3619**	**3509**	**3805**
煤炭开采和洗选业	06	548	527	681	678	756
烟煤和无烟煤开采洗选	061	516	496	644	645	705
褐煤开采洗选	062	13	17	14	16	17
其他煤炭采选	069	19	14	23	17	34
石油和天然气开采业	07	15	14	19	27	14
石油开采	071	10	10	14	18	7
天然气开采	072	5	4	5	9	7
黑色金属矿采选业	08	686	661	821	525	607
铁矿采选	081	625	601	769	477	549
锰矿、铬矿采选	082	38	33	34	27	36
其他黑色金属矿采选	089	23	27	18	21	22

单位：个

2011年	2012年	2013年	2014年	2015年	2016年	2017年	2018年	2019年	2020年	代码
691408	**751764**	**991030**	**1482754**	**1814015**	**2443022**	**2986077**	**3400670**	**3305082**	**3273881**	——
22406	**37169**	**51672**	**73272**	**92641**	**108899**	**107471**	**76671**	**89246**	**109778**	A
8625	14020	22496	35950	46336	50689	51040	35693	43540	47832	01
755	1391	4779	7936	11111	12172	11642	7914	8778	9704	011
176	217	381	671	966	1100	1047	637	837	1151	012
43	243	288	222	409	567	282	181	256	214	013
3974	5358	7511	11932	13506	15424	16601	11900	16092	19252	014
1833	3594	5204	7629	10292	10438	10278	6651	7674	7691	015
640	1185	1560	2283	3047	2996	2939	1901	2459	2349	016
705	1405	1712	3237	4270	4712	4788	3484	3279	3578	017
49	60	76	163	223	276	243	176	178	181	018
450	567	985	1877	2512	3004	3220	2849	3987	3712	019
2897	4226	5403	6815	7069	7172	7597	5822	7130	6066	02
2455	3610	4542	6093	6157	6335	6697	5160	5973	4881	021
294	419	632	478	586	489	539	360	403	409	022
100	130	154	146	194	198	208	167	438	385	023
24	27	37	46	61	74	73	79	235	318	024
24	40	38	52	71	76	80	56	81	73	025
6717	12916	15580	20484	26403	35257	32378	17759	22324	35892	03
4514	9070	11293	15328	17776	22621	21784	11223	13573	25182	031
1808	3116	3287	3844	6591	9920	8166	4988	7239	9445	032
3	2	2	12	7	17	19	15	28	16	033
392	728	998	1300	2029	2699	2409	1533	1484	1249	039
2623	3894	5048	4900	6438	7182	6585	5355	6438	7089	04
2589	3823	4950	4818	6332	6995	6446	5241	6259	6811	041
34	71	98	82	106	187	139	114	179	278	042
1544	2113	3145	5123	6395	8599	9871	12042	9814	12899	05
1122	1468	2269	3938	5144	6801	8012	9902	8198	11033	051
139	224	263	420	482	551	732	880	953	1090	052
152	255	303	485	461	704	678	730	426	495	053
131	166	310	280	308	543	449	530	237	281	054
3889	**4132**	**4038**	**4354**	**4244**	**4618**	**4994**	**5704**	**6033**	**5262**	B
725	724	546	495	464	594	673	609	623	544	06
668	673	506	444	418	541	597	536	480	437	061
17	13	7	8	9	8	13	16	21	10	062
40	38	33	43	37	45	63	57	122	97	069
19	27	29	31	31	30	29	45	89	56	07
9	15	16	12	13	15	21	29	55	31	071
10	12	13	19	18	15	8	16	34	25	072
616	486	452	446	312	337	348	401	359	468	08
579	457	416	401	278	309	303	352	314	416	081
26	12	29	26	21	18	22	37	21	24	082
11	17	7	19	13	10	23	12	24	28	089

2-6 续表 14

行业中类	代码	2006年	2007年	2008年	2009年	2010年
有色金属矿采选业	09	625	603	462	326	304
常用有色金属矿采选	091	450	449	325	220	205
贵金属矿采选	092	103	104	87	69	63
稀有稀土金属矿采选	093	72	50	50	37	36
非金属矿采选业	10	1214	1082	1370	1686	1883
土砂石开采	101	970	883	1146	1464	1646
化学矿开采	102	67	47	63	64	52
采盐	103	17	5	6	12	14
石棉及其他非金属矿采选	109	160	147	155	146	171
开采专业及辅助性活动	11	127	142	166	189	141
煤炭开采和洗选专业及辅助性活动	111	3	8	10	18	16
石油和天然气开采专业及辅助性活动	112	116	120	145	156	111
其他开采专业及辅助性活动	119	8	14	11	15	14
其他采矿业	12	70	80	100	78	100
其他采矿业	120	70	80	100	78	100
制造业	**C**	**94448**	**90822**	**88162**	**107265**	**138198**
农副食品加工业	13	3801	3681	4067	4275	4827
谷物磨制	131	778	722	966	933	977
饲料加工	132	561	435	499	599	675
植物油加工	133	289	260	390	430	403
制糖业	134	22	28	17	16	17
屠宰及肉类加工	135	647	735	809	767	893
水产品加工	136	337	353	288	325	389
蔬菜、菌类、水果和坚果加工	137	599	547	526	569	717
其他农副食品加工	139	568	601	572	636	756
食品制造业	14	1728	1663	1762	1748	2089
焙烤食品制造	141	354	371	430	336	537
糖果、巧克力及蜜饯制造	142	206	194	162	150	173
方便食品制造	143	244	256	294	309	338
乳制品制造	144	63	55	45	56	49
罐头食品制造	145	110	79	86	84	99
调味品、发酵制品制造	146	261	264	245	251	260
其他食品制造	149	490	444	500	562	633
酒、饮料和精制茶制造业	15	1358	1390	1439	1481	1685
酒的制造	151	467	401	457	443	507
饮料制造	152	514	518	551	571	585
精制茶加工	153	377	471	431	467	593
烟草制品业	16	10	4	4	11	6
烟叶复烤	161	3	1	1	6	3
卷烟制造	162	4	1	2	1	2
其他烟草制品制造	169	3	2	1	4	1
纺织业	17	4992	4149	3349	4429	6110
棉纺织及印染精加工	171	2039	1585	1235	1482	2072
毛纺织及染整精加工	172	218	195	153	183	291

单位：个

2011年	2012年	2013年	2014年	2015年	2016年	2017年	2018年	2019年	2020年	代码
319	317	257	294	257	290	307	279	261	249	09
215	231	179	218	184	199	220	213	186	174	091
71	51	47	50	43	46	62	40	45	39	092
33	35	31	26	30	45	25	26	30	36	093
1904	2235	2356	2558	2558	2893	3006	3411	3568	3166	10
1669	1965	2123	2315	2337	2627	2743	3129	3267	2792	101
34	71	40	35	38	42	34	46	45	44	102
7	3	4	6	9	15	10	6	14	2	103
194	196	189	202	174	209	219	230	242	328	109
179	221	273	384	416	283	427	650	849	425	11
12	21	20	21	25	19	27	44	60	80	111
150	175	230	337	354	232	359	547	716	293	112
17	25	23	26	37	32	41	59	73	52	119
127	122	125	146	206	191	204	309	284	354	12
127	122	125	146	206	191	204	309	284	354	120
147728	**148930**	**186787**	**229235**	**244869**	**308739**	**390315**	**390758**	**327715**	**331897**	**C**
5724	7355	8364	9070	11365	12574	12556	12509	10464	11167	13
1270	1708	1860	1670	1859	1745	1533	1472	973	1051	131
617	753	752	1125	1054	1068	1211	1158	1015	1302	132
449	588	659	718	924	1044	958	760	617	598	133
38	58	47	39	94	75	154	141	60	59	134
1010	1328	1406	1509	1943	2039	1972	2032	2158	2393	135
474	520	697	659	703	811	863	998	1148	879	136
878	1083	1260	1439	1825	2099	2201	1897	1594	1469	137
988	1317	1683	1911	2963	3693	3664	4051	2899	3416	139
3222	4024	4850	5250	6971	7510	7823	7603	7442	8719	14
1066	1267	1589	1575	1836	1886	1911	1738	1801	1780	141
265	413	434	364	392	365	346	326	319	149	142
537	774	964	1076	1481	1462	1480	1321	1495	1587	143
44	43	74	94	119	132	139	147	145	146	144
131	155	133	143	188	186	170	146	196	174	145
389	479	591	564	772	775	782	679	586	625	146
790	893	1065	1434	2183	2704	2995	3246	2900	4258	149
2010	2967	3426	4079	5572	5850	5809	5397	5294	5614	15
577	860	792	1031	1561	1860	1924	1935	2210	2208	151
845	1125	1301	1563	2082	1732	1623	1483	1322	1184	152
588	982	1333	1485	1929	2258	2262	1979	1762	2222	153
8	8	4	7	3	6	6	8	7	10	16
3	3	1	1		4			2	1	161
	2		2		1	1	1	3	3	162
5	3	3	4	3	1	5	7	2	6	169
6151	5357	7139	8151	9460	12959	15084	14841	12658	18987	17
2056	1641	2342	2427	3164	4109	4601	4652	3828	4052	171
323	285	348	487	788	879	775	845	518	375	172

2-6 续表 15

行业中类	代码	2006年	2007年	2008年	2009年	2010年
麻纺织及染整精加工	173	35	20	23	35	33
丝绢纺织及印染精加工	174	122	110	68	78	99
化纤织造及印染精加工	175	463	381	249	472	731
针织或钩针编织物及其制品制造	176	831	693	545	745	1032
家用纺织制成品制造	177	576	532	514	677	900
产业用纺织制成品制造	178	708	633	562	757	952
纺织服装、服饰业	18	3937	3930	3463	4289	6497
机织服装制造	181	2032	2126	1757	2127	3338
针织或钩针编织服装制造	182	688	598	508	702	980
服饰制造	183	1217	1206	1198	1460	2179
皮革、毛皮、羽毛及其制品和制鞋业	19	1773	1656	1602	2242	3191
皮革鞣制加工	191	116	86	90	126	168
皮革制品制造	192	602	561	580	758	1051
毛皮鞣制及制品加工	193	163	107	124	261	301
羽毛(绒)加工及制品制造	194	72	59	59	66	86
制鞋业	195	820	843	749	1031	1585
木材加工和木、竹、藤、棕、草制品业	20	2214	2273	2315	2756	3739
木材加工	201	719	690	829	981	1353
人造板制造	202	575	602	487	573	809
木质制品制造	203	692	753	764	923	1216
竹、藤、棕、草等制品制造	204	228	228	235	279	361
家具制造业	21	1484	1439	1470	2099	2883
木质家具制造	211	934	910	943	1394	1909
竹、藤家具制造	212	19	20	11	20	30
金属家具制造	213	235	200	209	255	311
塑料家具制造	214	19	26	23	25	28
其他家具制造	219	277	283	284	405	605
造纸和纸制品业	22	2417	2323	2077	2926	3455
纸浆制造	221	8	12	8	4	7
造纸	222	564	524	477	620	724
纸制品制造	223	1845	1787	1592	2302	2724
印刷和记录媒介复制业	23	2893	2603	2340	2799	3279
印刷	231	2580	2370	2126	2538	2976
装订及印刷相关服务	232	301	225	204	253	299
记录媒介复制	233	12	8	10	8	4
文教、工美、体育和娱乐用品制造业	24	2833	2767	2482	3122	4200
文教办公用品制造	241	313	330	245	339	416
乐器制造	242	73	69	49	74	91
工艺美术及礼仪用品制造	243	1728	1644	1537	1866	2605
体育用品制造	244	292	280	261	334	407
玩具制造	245	363	377	314	424	545
游艺器材及娱乐用品制造	246	64	67	76	85	136
石油、煤炭及其他燃料加工业	25	343	331	341	409	415

单位：个

2011年	2012年	2013年	2014年	2015年	2016年	2017年	2018年	2019年	2020年	代码
31	34	40	56	55	66	94	92	67	49	173
100	87	103	99	123	109	130	105	89	52	174
730	508	701	650	599	970	1061	1171	784	640	175
1067	954	1258	1405	1463	1868	2221	2273	2411	2268	176
999	1058	1321	1758	2019	3315	3954	3544	3173	5271	177
845	790	1026	1269	1249	1643	2248	2159	1788	6280	178
7210	7114	10528	12609	14012	17853	22503	26014	19057	17002	18
3814	3345	5022	5680	6171	7671	9329	10970	6002	5425	181
941	1066	1443	1540	1611	2009	2452	2860	1797	1313	182
2455	2703	4063	5389	6230	8173	10722	12184	11258	10264	183
3613	3495	5523	7027	6292	7838	9820	10302	8123	7092	19
186	229	319	348	421	456	518	455	250	198	191
1304	1381	1941	2130	2387	3038	3886	3804	2529	2439	192
270	311	616	838	583	896	764	821	562	438	193
93	121	115	105	142	192	232	290	223	212	194
1760	1453	2532	3606	2759	3256	4420	4932	4559	3805	195
3760	4780	5872	6625	8152	10641	15650	18188	27152	27988	20
1441	2301	2399	2748	3703	4742	6835	10912	19346	19125	201
762	738	1037	1031	1250	1707	3086	1984	2497	3566	202
1199	1310	1853	2204	2374	3206	4592	3927	4074	4021	203
358	431	583	642	825	986	1137	1365	1235	1276	204
2998	3875	5008	6841	7346	10097	15068	12879	9354	9299	21
2065	2580	3361	4739	5178	7146	10970	9142	6550	5972	211
33	39	58	70	73	104	146	120	143	93	212
293	327	442	535	564	777	1099	1007	835	1145	213
33	35	42	61	55	64	79	76	86	93	214
574	894	1105	1436	1476	2006	2774	2534	1740	1996	219
3312	3456	4406	5141	5193	6136	8303	8546	6717	5953	22
14	15	14	19	47	47	20	18	29	24	221
664	689	839	879	853	1081	1490	1292	872	766	222
2634	2752	3553	4243	4293	5008	6793	7236	5816	5163	223
3218	3042	3828	4278	4736	5612	6965	6483	5151	4844	23
2919	2745	3410	3842	4208	4945	6202	5808	4675	4329	231
296	294	410	423	508	650	750	651	432	463	232
3	3	8	13	20	17	13	24	44	52	233
4647	5243	6975	9061	10263	13204	15486	14618	12532	11230	24
447	458	650	752	847	1021	1224	1269	1193	1172	241
126	122	152	170	231	324	380	350	267	236	242
2878	3437	4500	5822	6501	8197	9699	8761	7716	6610	243
437	463	624	988	1073	1451	1618	1654	1407	1795	244
629	627	872	1040	1261	1721	1969	2122	1472	992	245
130	136	177	289	350	490	596	462	477	425	246
428	498	515	776	820	1104	1381	1566	1068	979	25

2-6 续表 16

行业中类	代码	2006年	2007年	2008年	2009年	2010年
精炼石油产品制造	251	197	182	145	219	212
煤炭加工	252	121	121	178	156	159
生物质燃料加工	254	25	28	18	34	44
化学原料和化学制品制造业	26	4589	3963	3749	4496	4782
基础化学原料制造	261	865	769	693	736	697
肥料制造	262	426	379	498	619	638
农药制造	263	91	79	46	74	61
涂料、油墨、颜料及类似产品制造	264	813	661	625	798	880
合成材料制造	265	406	400	347	436	548
专用化学产品制造	266	1313	1103	1043	1236	1285
炸药、火工及焰火产品制造	267	211	150	113	95	141
日用化学产品制造	268	464	422	384	502	532
医药制造业	27	775	639	596	850	958
化学药品原料药制造	271	123	113	96	116	144
化学药品制剂制造	272	73	52	55	77	82
中药饮片加工	273	100	111	97	144	182
中成药生产	274	77	64	64	72	93
兽用药品制造	275	108	62	51	87	85
生物药品制品制造	276	106	89	112	146	163
卫生材料及医药用品制造	277	159	125	100	186	182
药用辅料及包装材料	278	29	23	21	22	27
化学纤维制造业	28	366	280	186	248	442
纤维素纤维原料及纤维制造	281	40	26	31	35	45
合成纤维制造	282	305	242	141	198	382
生物基材料制造	283	21	12	14	15	15
橡胶和塑料制品业	29	6740	6405	5850	7373	8995
橡胶制品业	291	1175	1161	1043	1223	1568
塑料制品业	292	5565	5244	4807	6150	7427
非金属矿物制品业	30	7144	6999	7874	9647	12353
水泥、石灰和石膏制造	301	443	485	647	700	731
石膏、水泥制品及类似制品制造	302	1397	1555	1648	2267	3344
砖瓦、石材等建筑材料制造	303	2616	2383	2981	3485	4358
玻璃制造	304	182	157	166	239	347
玻璃制品制造	305	429	461	425	505	711
玻璃纤维和玻璃纤维增强塑料制品制造	306	221	236	233	282	290
陶瓷制品制造	307	657	648	523	793	1102
耐火材料制品制造	308	536	431	510	608	554
石墨及其他非金属矿物制品制造	309	663	643	741	768	916
黑色金属冶炼和压延加工业	31	904	843	812	905	1033
炼铁	311	34	41	37	39	35
炼钢	312	22	21	18	15	13
钢压延加工	313	753	657	636	746	891
铁合金冶炼	314	95	124	121	105	94

单位：个

2011年	2012年	2013年	2014年	2015年	2016年	2017年	2018年	2019年	2020年	代码
231	264	236	283	297	368	408	445	392	390	251
149	154	205	305	277	394	506	369	284	290	252
48	80	74	188	246	342	467	752	392	299	254
4868	4967	5522	6798	7676	8620	9816	9751	7881	8054	26
723	734	689	799	819	909	967	1028	839	633	261
690	742	765	1065	1345	1456	1551	1531	1330	1404	262
61	56	80	92	95	107	111	127	128	121	263
828	855	1084	1185	1256	1445	1702	1460	1125	1127	264
584	540	596	758	782	915	1291	1385	1228	1270	265
1232	1241	1376	1587	1723	1869	2230	2199	1724	1631	266
176	138	171	143	200	117	138	103	43	50	267
574	661	761	1169	1456	1802	1826	1918	1464	1818	268
1003	1049	1228	1494	1932	2276	2643	2707	2400	6469	27
136	126	130	152	156	170	224	243	264	241	271
85	88	77	105	106	153	136	191	126	174	272
225	235	325	363	578	618	693	702	421	374	273
108	100	118	182	231	326	444	382	417	506	274
65	96	54	69	108	76	90	87	88	123	275
163	155	231	257	341	452	520	559	444	394	276
203	226	262	335	376	443	492	485	578	4528	277
18	23	31	31	36	38	44	58	62	129	278
407	253	343	328	374	414	578	654	468	622	28
44	29	42	46	61	62	73	82	54	100	281
343	199	260	242	267	288	416	464	344	344	282
20	25	41	40	46	64	89	108	70	178	283
8936	8966	11232	13136	13503	17225	21522	20513	15865	16597	29
1519	1530	1948	2325	2477	3135	3672	3536	2132	2455	291
7417	7436	9284	10811	11026	14090	17850	16977	13733	14142	292
14082	14429	16414	18438	18079	22952	31021	31913	30816	27486	30
683	595	656	750	773	946	1177	1088	1142	1081	301
4019	4197	4470	4710	4203	5624	7569	7204	7112	7512	302
5317	5835	6721	7649	7531	9110	13108	14201	12309	11703	303
340	340	448	460	432	565	798	738	517	497	304
805	760	1215	1209	1215	1608	2014	1980	1799	1726	305
290	294	321	428	438	604	661	692	599	671	306
1013	971	1160	1449	1555	2027	2546	2414	4594	1906	307
559	534	476	571	625	796	1021	1158	925	701	308
1056	903	947	1212	1307	1672	2127	2438	1819	1689	309
1002	868	1008	1202	1127	1511	2112	1800	1295	1193	31
30	19	15	18	23	27	42	32	48	39	311
14	17	20	12	13	19	30	25	34	23	312
860	746	896	1096	1010	1337	1804	1585	741	628	313
98	86	77	76	81	128	236	158	472	503	314

2-6 续表 17

行业中类	代码	2006年	2007年	2008年	2009年	2010年
有色金属冶炼和压延加工业	32	1146	1254	1068	1072	1298
常用有色金属冶炼	321	214	247	190	149	168
贵金属冶炼	322	22	32	22	18	29
稀有稀土金属冶炼	323	53	59	37	32	30
有色金属合金制造	324	237	255	223	247	286
有色金属压延加工	325	620	661	596	626	785
金属制品业	33	9085	8916	8661	10450	13410
结构性金属制品制造	331	2842	2790	2967	3766	4905
金属工具制造	332	749	776	690	771	1097
集装箱及金属包装容器制造	333	260	231	222	272	350
金属丝绳及其制品制造	334	405	380	375	487	461
建筑、安全用金属制品制造	335	1358	1371	1303	1595	2033
金属表面处理及热处理加工	336	516	470	403	439	641
搪瓷制品制造	337	49	47	49	48	78
金属制日用品制造	338	568	475	485	652	772
铸造及其他金属制品制造	339	2338	2376	2167	2420	3073
通用设备制造业	34	10882	10848	10366	11567	15630
锅炉及原动设备制造	341	335	345	304	383	432
金属加工机械制造	342	1622	1621	1474	1737	2547
物料搬运设备制造	343	481	452	410	463	677
泵、阀门、压缩机及类似机械制造	344	1436	1369	1323	1551	1865
轴承、齿轮和传动部件制造	345	737	744	672	657	900
烘炉、风机、包装等设备制造	346	1030	1064	991	1221	1462
文化、办公用机械制造	347	110	107	82	109	135
通用零部件制造	348	4507	4496	4399	4504	6343
其他通用设备制造业	349	624	650	711	942	1269
专用设备制造业	35	6713	6463	6491	8132	10654
采矿、冶金、建筑专用设备制造	351	1151	1131	1029	1206	1414
化工、木材、非金属加工专用设备制造	352	1968	1965	1881	2196	3186
食品、饮料、烟草及饲料生产专用设备制造	353	183	175	182	296	317
印刷、制药、日化及日用品生产专用设备制造	354	278	282	294	420	523
纺织、服装和皮革加工专用设备制造	355	457	352	303	387	543
电子和电工机械专用设备制造	356	374	400	387	521	656
农、林、牧、渔专用机械制造	357	375	331	391	524	743
医疗仪器设备及器械制造	358	515	481	470	655	800
环保、邮政、社会公共服务及其他专用设备制造	359	1412	1346	1554	1927	2472
汽车制造业	36	2651	2575	2398	2796	4110
汽车整车制造	361	28	22	18	30	53
汽车用发动机制造	362	12	14	11	7	9
改装汽车制造	363	48	31	31	44	54
低速汽车制造	364	1	2	2		7
电车制造	365	8	10	8	13	22
汽车车身、挂车制造	366	69	82	94	86	125
汽车零部件及配件制造	367	2485	2414	2234	2616	3840

单位：个

2011年	2012年	2013年	2014年	2015年	2016年	2017年	2018年	2019年	2020年	代码
1291	1315	1523	1712	1665	2088	2812	2814	1903	1689	32
174	175	111	129	143	177	247	246	255	152	321
12	29	19	22	16	24	17	19	24	35	322
50	41	30	34	27	41	51	54	40	30	323
321	315	391	434	443	572	804	816	471	543	324
734	755	972	1093	1036	1274	1693	1679	1113	929	325
14587	14513	19409	25143	25593	33417	43037	42774	32355	31764	33
5355	5427	7136	9523	10202	13699	17102	17454	13279	14254	331
1127	1074	1469	1719	1729	2221	2738	2702	1970	1785	332
348	377	409	461	414	541	671	677	504	638	333
538	931	1711	2158	1824	1742	1675	1585	953	1171	334
2338	2162	3071	3612	3533	4795	6709	6691	5506	4670	335
607	521	730	832	790	910	1331	1307	1104	1192	336
77	99	108	171	147	216	269	289	464	371	337
759	816	1037	1382	1456	1856	2388	2521	2789	2701	338
3438	3106	3738	5285	5498	7437	10154	9548	5786	4982	339
16549	14213	17036	22459	22724	28402	39648	38133	31861	30670	34
436	374	451	632	724	977	661	631	537	584	341
2608	2272	2681	3538	3570	4256	5966	6031	4789	5370	342
631	583	688	900	995	1284	1483	1299	1519	1434	343
1945	1556	1929	2346	2259	2552	3779	3610	3322	3527	344
939	749	926	1051	1104	1245	2388	2061	2496	1852	345
1605	1448	1786	2202	2194	2724	3534	3415	2955	3342	346
169	149	169	206	206	274	334	293	210	244	347
6791	5660	6844	8885	8728	11158	16680	16357	12896	11683	348
1425	1422	1562	2699	2944	3932	4823	4436	3137	2634	349
11113	10593	13162	16611	17357	22070	30158	29691	24900	28881	35
1505	1425	1377	1695	1520	1878	2627	3021	3875	4431	351
3382	3265	4270	5067	5337	7027	9995	8617	5287	4870	352
288	283	314	442	490	611	713	665	782	868	353
499	399	547	593	557	698	797	776	585	627	354
556	450	592	594	535	621	851	781	634	631	355
750	691	814	949	1000	1255	1536	1739	2007	2293	356
716	719	850	1109	1195	1470	1809	1778	1422	2090	357
818	849	1241	1452	1532	1992	2402	2438	2276	4994	358
2599	2512	3157	4710	5191	6518	9428	9876	8032	8077	359
3939	3514	4572	5548	5502	7038	9145	8393	6517	6309	36
43	48	53	96	112	206	216	241	144	141	361
14	13	12	23	27	29	35	39	90	56	362
51	39	44	73	64	79	111	111	69	66	363
4	3	7	2	5	8	13	10	19	17	364
17	22	29	54	48	73	51	44	63	69	365
117	111	126	207	217	300	487	671	2030	2333	366
3693	3278	4301	5093	5029	6343	8232	7277	4102	3627	367

2-6 续表 18

行业中类	代码	2006年	2007年	2008年	2009年	2010年
铁路、船舶、航空航天和其他运输设备制造业	37	1115	1057	1057	1175	1475
铁路运输设备制造	371	141	160	132	170	184
城市轨道交通设备制造	372	12	9	10	9	18
船舶及相关装置制造	373	345	365	407	415	478
航空、航天器及设备制造	374	45	47	60	47	70
摩托车制造	375	237	207	222	224	305
自行车和残疾人座车制造	376	99	98	90	109	150
助动车制造	377	172	106	80	132	182
非公路休闲车及零配件制造	378	21	29	23	24	33
潜水救捞及其他未列明运输设备制造	379	43	36	33	45	55
电气机械和器材制造业	38	5758	5770	5632	7457	9418
电机制造	381	547	514	560	684	860
输配电及控制设备制造	382	2130	2089	2081	2665	3401
电线、电缆、光缆及电工器材制造	383	1031	1007	876	1035	1204
电池制造	384	186	154	157	252	276
家用电力器具制造	385	698	685	630	910	1123
非电力家用器具制造	386	141	156	224	288	286
照明器具制造	387	701	802	778	1170	1689
其他电气机械及器材制造	389	324	363	326	453	579
计算机、通信和其他电子设备制造业	39	3484	3480	3512	4578	6218
计算机制造	391	299	296	292	417	522
通信设备制造	392	273	285	287	391	441
广播电视设备制造	393	109	78	92	135	156
雷达及配套设备制造	394	11	8	6	11	15
非专业视听设备制造	395	167	183	168	263	298
智能消费设备制造	396	84	100	105	136	210
电子器件制造	397	531	562	575	748	1081
电子元件及电子专用材料制造	398	1652	1623	1594	1969	2761
其他电子设备制造	399	358	345	393	508	734
仪器仪表制造业	40	1319	1282	1172	1563	1809
通用仪器仪表制造	401	832	820	754	1005	1187
专用仪器仪表制造	402	222	201	177	242	279
钟表与计时仪器制造	403	61	79	73	94	108
光学仪器制造	404	64	68	68	75	83
衡器制造	405	50	50	38	53	58
其他仪器仪表制造业	409	90	64	62	94	94
其他制造业	41	895	743	728	913	1279
日用杂品制造	411	513	460	367	479	608
其他未列明制造业	419	382	283	361	434	671
废弃资源综合利用业	42	329	358	396	386	537
金属废料和碎屑加工处理	421	182	180	212	193	281
非金属废料和碎屑加工处理	422	147	178	184	193	256

单位：个

2011年	2012年	2013年	2014年	2015年	2016年	2017年	2018年	2019年	2020年	代码
1372	1277	1734	2289	2212	2807	2881	2570	2157	2373	37
162	138	165	236	221	281	309	269	242	241	371
21	26	28	40	41	66	91	81	77	99	372
403	322	385	587	599	635	633	674	749	977	373
82	75	98	139	144	222	228	284	232	165	374
287	264	407	360	329	412	440	326	256	352	375
131	133	214	295	261	414	421	338	256	222	376
180	225	310	449	428	580	532	413	195	161	377
43	47	67	98	110	119	128	107	78	65	378
63	47	60	85	79	78	99	78	72	91	379
9939	9183	11191	13970	13748	17788	22245	21625	16039	15968	38
835	702	809	974	958	1159	1416	1275	1187	1204	381
3584	2874	3350	4489	4264	5697	7093	6871	5723	6403	382
1253	1203	1577	1857	1725	2070	2699	2420	1730	1800	383
301	311	375	429	531	764	1023	989	830	664	384
1148	1213	1505	1926	1898	2334	2954	3091	2270	2109	385
303	274	294	359	379	506	656	547	320	242	386
1864	2093	2610	3099	3001	3944	4922	4734	2717	1828	387
651	513	671	837	992	1314	1482	1698	1262	1718	389
6666	6676	8739	10794	11403	15523	17698	18263	10233	8375	39
606	602	793	916	1015	1358	1110	1186	1223	1218	391
521	497	665	846	893	1187	1304	1260	738	649	392
149	155	149	175	175	215	221	196	157	211	393
14	7	11	27	20	23	29	33	23	11	394
337	372	482	477	526	679	823	694	284	176	395
232	254	394	508	638	1054	1087	1358	1171	1068	396
1128	1161	1470	1679	1765	2354	2586	2525	3009	2940	397
2863	2839	3734	4563	4717	6269	8010	8918	1968	1301	398
816	789	1041	1603	1654	2384	2528	2093	1660	801	399
2126	2095	2552	3144	3336	3976	5044	5230	4074	4149	40
1354	1300	1640	2091	2260	2648	3510	3669	2893	3078	401
315	287	363	465	468	523	637	637	544	528	402
189	222	240	205	220	306	344	329	120	88	403
111	124	130	177	182	239	271	262	161	185	404
41	42	53	51	51	64	50	77	46	36	405
116	120	126	155	155	196	232	256	310	234	409
1424	1497	2057	3322	4064	5758	6243	6587	6794	4774	41
633	633	874	1144	1290	1882	1767	1642	1340	1758	411
791	864	1183	2178	2774	3876	4476	4945	5454	3016	419
555	630	641	857	1072	1291	2378	3109	3489	3258	42
285	291	292	358	425	552	1145	1396	1597	1690	421
270	339	349	499	647	739	1233	1713	1892	1568	422

2-6 续表 19

行业中类	代码	2006年	2007年	2008年	2009年	2010年
金属制品、机械和设备修理业	43	770	738	903	1071	1421
金属制品修理	431	22	18	18	19	22
通用设备修理	432	123	109	136	179	212
专用设备修理	433	106	115	132	181	231
铁路、船舶、航空航天等运输设备修理	434	186	179	195	227	284
电气设备修理	435	74	65	87	93	144
仪器仪表修理	436	18	11	23	24	26
其他机械和设备修理业	439	241	241	312	348	502
电力、热力、燃气及水生产和供应业	D	**3327**	**2892**	**2969**	**3305**	**3486**
电力、热力生产和供应业	44	2404	1959	1795	1892	2029
电力生产	441	2139	1630	1444	1526	1576
电力供应	442	61	74	66	54	77
热力生产和供应	443	204	255	285	312	376
燃气生产和供应业	45	231	217	285	350	461
燃气生产和供应业	451	225	205	277	334	436
生物质燃气生产和供应业	452	6	12	8	16	25
水的生产和供应业	46	692	716	889	1063	996
自来水生产和供应	461	438	385	478	525	559
污水处理及其再生利用	462	241	317	392	510	415
海水淡化处理	463			1	5	1
其他水的处理、利用与分配	469	13	14	18	23	21
建筑业	E	**15683**	**15651**	**17823**	**23783**	**30350**
房屋建筑业	47	3169	2960	3330	4561	5831
住宅房屋建筑	471	2636	2483	2753	3875	4901
体育场馆建筑	472	12	14	9	16	16
其他房屋建筑业	479	521	463	568	670	914
土木工程建筑业	48	3305	3249	3693	5433	6689
铁路、道路、隧道和桥梁工程建筑	481	1206	1162	1316	1924	2349
水利和水运工程建筑	482	203	238	252	364	411
海洋工程建筑	483	9	6	7	9	12
工矿工程建筑	484	109	132	139	157	153
架线和管道工程建筑	485	403	395	413	572	747
节能环保工程施工	486	120	112	132	180	192
电力工程施工	487	89	111	139	183	212
其他土木工程建筑	489	1166	1093	1295	2044	2613
建筑安装业	49	3200	3203	3706	4511	5675
电气安装	491	1047	1023	1243	1489	1762
管道和设备安装	492	880	848	946	1101	1428
其他建筑安装业	499	1273	1332	1517	1921	2485
建筑装饰、装修和其他建筑业	50	6009	6239	7094	9278	12155
建筑装饰和装修业	501	4163	4424	5094	6815	9060
建筑物拆除和场地准备活动	502	522	533	628	815	1006
提供施工设备服务	503	175	168	190	257	234
其他未列明建筑业	509	1149	1114	1182	1391	1855

单位：个

2011年	2012年	2013年	2014年	2015年	2016年	2017年	2018年	2019年	2020年	代码
1568	1678	1986	3075	3317	4199	4880	5277	3649	4382	43
20	27	43	74	80	123	90	104	89	93	431
283	279	299	534	527	616	824	826	622	873	432
264	269	385	564	585	787	914	904	582	623	433
265	298	311	379	449	506	548	653	649	839	434
132	167	200	336	334	423	502	532	337	551	435
41	39	46	76	79	101	90	94	41	80	436
563	599	702	1112	1263	1643	1912	2164	1329	1323	439
3326	**3630**	**4042**	**5489**	**6968**	**11503**	**13888**	**10115**	**8023**	**7669**	D
1948	2006	2309	3433	4600	8842	10977	7141	5439	5016	44
1476	1510	1746	2661	3614	7122	8872	5484	4036	3295	441
65	83	77	159	317	870	1108	714	683	970	442
407	413	486	613	669	850	997	943	720	751	443
443	506	570	626	612	675	831	893	706	707	45
427	486	541	581	564	616	746	802	603	600	451
16	20	29	45	48	59	85	91	103	107	452
935	1118	1163	1430	1756	1986	2080	2081	1878	1946	46
532	644	675	781	964	1034	981	1014	933	1006	461
381	447	445	601	734	900	1042	1005	862	862	462
1	2	4	3	4	10	9	6	6	5	463
21	25	39	45	54	42	48	56	77	73	469
35494	**37940**	**50165**	**87335**	**97550**	**168646**	**243098**	**287294**	**345416**	**340776**	E
6620	7503	9735	15730	16638	33726	53977	67778	71858	78222	47
5543	6266	8140	13250	13851	28106	46345	57475	55067	63170	471
19	17	27	47	42	76	81	80	189	197	472
1058	1220	1568	2433	2745	5544	7551	10223	16602	14855	479
7672	8311	10710	17714	19130	35117	50788	57437	78079	81115	48
2595	2854	3709	6172	6391	13174	19672	20829	30865	26232	481
547	604	724	993	1134	1957	2494	2544	2557	2085	482
8	13	27	37	36	55	58	60	99	69	483
194	200	193	268	325	433	708	884	1176	1055	484
778	825	864	1482	1634	2777	3245	3305	3840	2761	485
230	242	304	513	574	835	1336	1777	1418	888	486
281	270	332	531	664	1166	1430	1585	1387	1151	487
3039	3303	4557	7718	8372	14720	21845	26453	36737	46874	489
6459	6693	8236	13627	14684	23739	30527	33139	37594	29063	49
2045	2038	2308	3725	4024	6247	7735	8262	8348	7140	491
1601	1665	2114	3467	3761	6033	7765	8298	10262	6928	492
2813	2990	3814	6435	6899	11459	15027	16579	18984	14995	499
14743	15433	21484	40264	47098	76064	107806	128940	157885	152376	50
11487	12030	16726	32304	38308	60225	83806	93988	97426	87528	501
958	962	1430	2135	1996	3563	5095	5139	4944	6567	502
285	283	346	599	555	992	1500	1708	2943	7820	503
2013	2158	2982	5226	6239	11284	17405	28105	52572	50461	509

2-6 续表 20

行业中类	代码	2006年	2007年	2008年	2009年	2010年
批发和零售业	F	**92514**	**97631**	**114912**	**154005**	**199870**
批发业	51	58931	62217	72021	95265	122337
农、林、牧、渔产品批发	511	2160	2153	2806	3702	4484
食品、饮料及烟草制品批发	512	4407	4861	5730	7621	10365
纺织、服装及家庭用品批发	513	7656	8248	9206	13022	17158
文化、体育用品及器材批发	514	2095	2155	2397	3350	4476
医药及医疗器材批发	515	2347	1964	2211	3305	4051
矿产品、建材及化工产品批发	516	18230	19085	21973	29358	36898
机械设备、五金产品及电子产品批发	517	16173	17574	20035	26239	33465
贸易经纪与代理	518	2048	2086	2770	2730	3494
其他批发业	519	3815	4091	4893	5938	7946
零售业	52	33583	35414	42891	58740	77533
综合零售	521	2377	2460	3141	4021	5506
食品、饮料及烟草制品专门零售	522	2890	3129	4017	4841	7009
纺织、服装及日用品专门零售	523	3164	3487	4226	5491	7712
文化、体育用品及器材专门零售	524	2093	2157	2732	3613	4746
医药及医疗器材专门零售	525	2717	2560	3212	5062	6528
汽车、摩托车、零配件和燃料及其他动力销售	526	5480	5334	6112	8815	11343
家用电器及电子产品专门零售	527	6266	6694	7922	11325	13327
五金、家具及室内装饰材料专门零售	528	5198	5851	6969	9221	12745
货摊、无店铺及其他零售业	529	3398	3742	4560	6351	8617
交通运输、仓储和邮政业	G	**11113**	**11344**	**13085**	**16523**	**21071**
铁路运输业	53	39	28	53	65	64
铁路旅客运输	531	7	9	10	18	18
铁路货物运输	532	22	16	30	39	33
铁路运输辅助活动	533	10	3	13	8	13
道路运输业	54	6030	6303	7557	9679	11524
城市公共交通运输	541	370	396	361	367	381
公路旅客运输	542	392	336	337	310	347
道路货物运输	543	4850	5113	6341	8462	10192
道路运输辅助活动	544	418	458	518	540	604
水上运输业	55	470	421	459	558	593
水上旅客运输	551	38	28	36	38	44
水上货物运输	552	290	265	285	335	355
水上运输辅助活动	553	142	128	138	185	194
航空运输业	56	53	51	50	59	78
航空客货运输	561	27	24	23	23	38
通用航空服务	562	9	7	11	15	21
航空运输辅助活动	563	17	20	16	21	19
管道运输业	57	17	23	16	20	23
海底管道运输	571	1	1		1	2
陆地管道运输	572	16	22	16	19	21

单位：个

2011年	2012年	2013年	2014年	2015年	2016年	2017年	2018年	2019年	2020年	代码
243475	**261285**	**345920**	**520174**	**627370**	**841926**	**975266**	**1097228**	**1082131**	**1090150**	F
146179	153582	198623	291076	328087	427652	506522	578891	570262	562689	51
5416	7038	9553	13001	15831	19155	20283	21956	15641	19175	511
13167	16454	20691	30433	39674	48727	52860	57018	52301	52467	512
22207	23104	32790	49154	53962	71479	82997	98368	95892	89548	513
5388	5814	7960	12295	13884	17735	19347	21071	18796	17727	514
4873	5294	6649	9741	12059	15405	16544	19739	15611	19508	515
42404	42301	52326	74952	79840	108370	140594	162056	173550	169983	516
38926	39061	49453	71701	76942	98235	114735	118251	110006	98531	517
4284	4762	6375	9710	11726	15547	18683	23851	24560	35673	518
9514	9754	12826	20089	24169	32999	40479	56581	63905	60077	519
97296	107703	147297	229098	299283	414274	468744	518337	511869	527461	52
7080	8287	13077	21363	31922	46365	49589	63093	107778	103606	521
9883	12452	15909	23020	32715	43599	50238	54588	42579	53513	522
11036	11783	17322	26629	34076	49870	54469	63729	56614	57560	523
6287	6649	9312	15249	18839	25139	27201	28957	23458	21235	524
7626	8790	9327	15441	28319	34759	34689	35772	29796	39283	525
11481	12419	16624	25230	30809	39771	50878	53632	40503	39347	526
16075	16796	22104	33755	38957	51773	54969	53299	36486	31241	527
16447	18192	25856	37841	41334	57452	73183	78727	63243	62738	528
11381	12335	17766	30570	42312	65546	73528	86540	111412	118938	529
21079	**23133**	**31189**	**45322**	**53779**	**67836**	**83079**	**90486**	**88393**	**99279**	G
39	40	37	64	69	83	72	115	509	480	53
6	5	6	9	7	13	5	19	58	80	531
22	24	22	29	42	46	51	65	313	275	532
11	11	9	26	20	24	16	31	138	125	533
12062	13880	18881	27742	33023	44989	58130	62797	59446	66035	54
410	513	612	637	677	755	760	855	3456	1551	541
309	380	378	419	596	656	694	681	781	833	542
10689	12278	17016	25462	30176	41277	54145	58731	52316	59727	543
654	709	875	1224	1574	2301	2531	2530	2893	3924	544
555	466	502	851	949	1051	1174	1448	1626	1531	55
35	33	60	77	102	117	131	112	170	60	551
312	262	282	498	548	617	648	859	916	894	552
208	171	160	276	299	317	395	477	540	577	553
91	102	119	214	240	298	355	520	471	473	56
33	35	43	76	78	92	115	136	117	125	561
31	38	43	83	95	118	146	259	234	284	562
27	29	33	55	67	88	94	125	120	64	563
20	20	17	24	14	26	27	29	43	54	57
1	1	1	2	2		1	3	9	11	571
19	19	16	22	12	26	26	26	34	43	572

2-6 续表 21

行业中类	代码	2006年	2007年	2008年	2009年	2010年
多式联运和运输代理业	58	2828	2581	2742	3026	4000
多式联运	581	25	18	25	32	38
运输代理业	582	2803	2563	2717	2994	3962
装卸搬运和仓储业	59	1421	1611	1707	2057	2455
装卸搬运	591	398	556	636	697	833
通用仓储	592	328	299	289	367	455
低温仓储	593	98	103	98	97	139
危险品仓储	594	39	34	26	34	38
谷物、棉花等农产品仓储	595	272	321	351	424	433
中药材仓储	596	3		1	1	6
其他仓储业	599	283	298	306	437	551
邮政业	60	255	326	501	1059	2334
邮政基本服务	601	17	12	28	14	38
快递服务	602	229	302	461	1030	2276
其他寄递服务	609	9	12	12	15	20
住宿和餐饮业	**H**	**5579**	**6135**	**7147**	**8150**	**11009**
住宿业	61	2674	2875	3242	3320	4619
旅游饭店	611	865	878	959	1034	1265
一般旅馆	612	1597	1750	2023	2026	2972
民宿服务	613	32	39	48	42	63
露营地服务	614	2	1	1		2
其他住宿业	619	178	207	211	218	317
餐饮业	62	2905	3260	3905	4830	6390
正餐服务	621	2405	2657	3172	3859	5191
快餐服务	622	167	204	255	329	387
饮料及冷饮服务	623	109	130	137	176	209
餐饮配送及外卖送餐服务	624	67	65	94	131	156
其他餐饮业	629	157	204	247	335	447
信息传输、软件和信息技术服务业	**I**	**9340**	**9605**	**11134**	**14160**	**17391**
电信、广播电视和卫星传输服务	63	494	451	725	664	704
电信	631	389	332	561	508	542
广播电视传输服务	632	89	108	149	142	136
卫星传输服务	633	16	11	15	14	26
互联网和相关服务	64	1121	1109	1119	1523	1916
互联网接入及相关服务	641	153	178	184	258	277
互联网信息服务	642	534	538	511	722	911
互联网平台	643	67	88	101	133	159
互联网安全服务	644	16	15	27	27	30
互联网数据服务	645	55	44	47	48	73
其他互联网服务	649	296	246	249	335	466
软件和信息技术服务业	65	7725	8045	9290	11973	14771
软件开发	651	4716	4941	5679	7345	9066
集成电路设计	652	107	124	157	198	216

单位：个

2011年	2012年	2013年	2014年	2015年	2016年	2017年	2018年	2019年	2020年	代码
4413	4722	6226	8954	10033	11223	12577	13977	17586	20838	58
36	34	63	93	169	196	269	377	2230	2523	581
4377	4688	6163	8861	9864	11027	12308	13600	15356	18315	582
2684	2866	3752	5453	6410	6542	7427	8590	6718	8016	59
923	1120	1564	2452	3222	3287	3778	4447	2820	2950	591
519	547	723	907	968	1002	1237	1343	931	1242	592
139	171	275	270	303	314	337	332	170	209	593
35	32	34	31	34	38	48	49	45	40	594
430	421	419	708	651	608	516	447	237	295	595
3		6	11	22	14	23	13	14	10	596
635	575	731	1074	1210	1279	1488	1959	2501	3270	599
1215	1037	1655	2020	3041	3624	3317	3010	1994	1852	60
19	24	18	27	67	52	61	74	62	98	601
1183	1000	1618	1952	2919	3501	3188	2837	1860	1672	602
13	13	19	41	55	71	68	99	72	82	609
12571	**15857**	**21703**	**29454**	**42493**	**57055**	**67011**	**77655**	**61602**	**56798**	**H**
5090	6194	7897	9563	12215	14542	15492	17477	13101	10380	61
1368	1616	1828	2280	2935	3633	4147	4403	3404	2859	611
3326	4065	5379	6255	7817	8900	9034	9480	5703	4267	612
74	97	137	240	466	692	826	1511	1210	1049	613
1	2	4	8	14	26	25	25	38	61	614
321	414	549	780	983	1291	1460	2058	2746	2144	619
7481	9663	13806	19891	30278	42513	51519	60178	48501	46418	62
6152	7947	11323	16237	24617	34085	40733	46267	34834	33039	621
435	535	812	1153	1831	2643	3301	3869	3501	3283	622
239	368	432	667	833	1059	1572	1966	1566	1213	623
162	210	284	419	629	1097	1362	1605	1751	2125	624
493	603	955	1415	2368	3629	4551	6471	6849	6758	629
21275	**24193**	**34314**	**65835**	**95004**	**130072**	**169639**	**218109**	**209654**	**206772**	**I**
763	825	1052	2035	2500	2908	3033	3216	2156	2532	63
623	683	928	1848	2290	2684	2790	2951	1959	2251	631
122	131	105	153	167	175	196	217	150	183	632
18	11	19	34	43	49	47	48	47	98	633
2244	2590	3818	8058	13441	18651	23440	29755	27506	40316	64
313	367	492	987	1423	1861	2204	2493	2632	2269	641
991	1175	1746	3789	6584	9170	11759	14798	12814	16432	642
227	243	375	775	1282	1696	2124	2755	3483	3719	643
42	34	50	86	119	147	229	288	204	341	644
93	117	149	277	483	622	827	1258	2680	2383	645
578	654	1006	2144	3550	5155	6297	8163	5693	15172	649
18268	20778	29444	55742	79063	108513	143166	185138	179992	163924	65
11162	12871	18435	34862	49414	67543	88729	108972	100638	74818	651
277	300	351	575	682	900	1309	2325	7526	7738	652

2-6 续表 22

行业中类	代码	2006年	2007年	2008年	2009年	2010年
信息系统集成和物联网技术服务	653	653	613	737	928	1121
运行维护服务	654	111	112	120	150	178
信息处理和存储支持服务	655	46	68	55	78	89
信息技术咨询服务	656	1467	1522	1750	2280	2808
数字内容服务	657	153	150	208	260	337
其他信息技术服务业	659	472	515	584	734	956
金融业	J	**2044**	**3152**	**3871**	**3792**	**4756**
货币金融服务	66	527	1179	1332	1688	2283
货币银行服务	662	225	640	794	420	704
非货币银行服务	663	301	530	535	1265	1578
银行理财服务	664	1	9	3	3	1
资本市场服务	67	291	553	569	806	1336
证券市场服务	671	4	12	7	8	15
公开募集证券投资基金	672	8	10	6	11	25
非公开募集证券投资基金	673	53	145	138	211	413
期货市场服务	674	3	4	4	4	8
资本投资服务	676	159	284	288	413	601
其他资本市场服务	679	64	98	126	159	274
保险业	68	1019	1195	1658	783	655
人身保险	681	219	352	764	319	285
财产保险	682	531	549	619	207	161
再保险	683			2		
商业养老金	684	1	56	34	5	8
保险中介服务	685	237	211	222	235	175
保险资产管理	686	4			1	1
其他保险活动	689	27	27	17	16	25
其他金融业	69	207	225	312	515	482
金融信托与管理服务	691	7	14	18	36	35
控股公司服务	692	23	47	37	50	64
非金融机构支付服务	693	13	8	24	31	25
金融信息服务	694	7	5	13	27	33
金融资产管理公司	695	1	4	7	6	9
其他未列明金融业	699	156	147	213	365	316
房地产业	K	**17951**	**20517**	**17150**	**23620**	**33050**
房地产业	70	17951	20517	17150	23620	33050
房地产开发经营	701	7514	9235	6663	9809	15559
物业管理	702	5354	5991	6113	7470	9280
房地产中介服务	703	2187	2855	2247	3874	5103
房地产租赁经营	704	2556	2033	1820	2063	2515
其他房地产业	709	340	403	307	404	593
租赁和商务服务业	L	**27722**	**30387**	**35339**	**44841**	**58773**
租赁业	71	1686	1868	2360	3547	4952
机械设备经营租赁	711	1610	1788	2251	3428	4778

单位：个

2011年	2012年	2013年	2014年	2015年	2016年	2017年	2018年	2019年	2020年	代码
1385	1525	1865	3516	4619	5846	7425	9151	11285	14558	653
217	235	282	552	732	898	1028	1252	1966	2352	654
114	135	195	400	536	787	964	1295	1404	1234	655
3509	3931	6000	11385	16652	23521	32120	43578	36757	47722	656
460	470	628	1107	1421	1917	2453	3441	901	1076	657
1144	1311	1688	3345	5007	7101	9138	15124	19515	14426	659
6237	**6194**	**7538**	**10747**	**16863**	**16177**	**16056**	**13491**	**8291**	**8443**	**J**
2662	2686	2857	2914	2783	2875	2842	3688	1827	1610	66
692	540	605	572	558	528	394	289	184	173	662
1968	2142	2247	2338	2223	2346	2447	3398	1626	1426	663
2	4	5	4	2	1	1	1	17	11	664
2078	2056	3090	5527	10644	10120	10248	6863	4216	4443	67
20	18	32	63	85	74	73	61	81	84	671
30	40	79	162	278	174	118	48	115	127	672
614	605	882	1844	3647	2020	1261	281	1293	917	673
16	15	35	54	66	46	52	44	139	113	674
917	833	1225	1964	3384	3236	3723	3156	1907	2264	676
481	545	837	1440	3184	4570	5021	3273	681	938	679
921	966	848	678	827	1285	1076	938	936	1004	68
397	363	290	226	261	327	226	162	130	132	681
284	386	360	234	242	263	266	217	199	237	682
1			1	1	1	1	1	5	4	683
8	32	4	13	25	21	16	11	7	9	684
174	118	84	104	144	237	171	195	490	550	685
4	5	5	5	6	9	6	5	23	21	686
53	62	105	95	148	427	390	347	82	51	689
576	486	743	1628	2609	1897	1890	2002	1312	1386	69
30	49	95	191	309	204	198	184	136	158	691
78	86	113	191	370	452	398	372	123	381	692
45	9	13	10	10	10	7	8	46	33	693
54	93	165	604	1097	434	418	461	495	314	694
11	9	24	61	120	113	105	65	128	138	695
358	240	333	571	703	684	764	912	384	362	699
32835	**28849**	**40063**	**46399**	**45390**	**71178**	**95332**	**120377**	**112069**	**100351**	**K**
32835	28849	40063	46399	45390	71178	95332	120377	112069	100351	70
14316	10817	14870	12865	9226	14648	20338	23833	23118	21539	701
10178	10313	13317	18446	18585	25189	28577	37360	35866	32897	702
5371	4872	8288	10910	13308	25171	39306	50606	48902	42361	703
2401	2287	2874	3371	3452	4678	5342	6488	2497	2175	704
569	560	714	807	819	1492	1769	2090	1686	1379	709
71755	**80408**	**108462**	**185807**	**240020**	**309031**	**387696**	**474531**	**480722**	**444514**	**L**
6193	6894	9189	16630	21243	31266	44315	51369	59795	60394	71
5958	6646	8816	16030	20475	30250	43158	50068	58837	59463	711

2-6 续表 23

行业中类	代码	2006年	2007年	2008年	2009年	2010年
文体设备和用品出租	712	67	70	95	106	156
日用品出租	713	9	10	14	13	18
商务服务业	72	26036	28519	32979	41294	53821
组织管理服务	721	4139	5165	5386	7417	10661
综合管理服务	722	1223	1038	1306	1531	1703
法律服务	723	309	315	378	498	539
咨询与调查	724	7846	8637	10241	12241	15702
广告业	725	5251	5630	6647	8629	11140
人力资源服务	726	1998	2212	2882	3297	4182
安全保护服务	727	451	496	511	583	839
会议、展览及相关服务	728	921	1116	1333	1703	2106
其他商务服务业	729	3898	3910	4295	5395	6949
科学研究和技术服务业	M	**14941**	**15013**	**16900**	**22604**	**28526**
研究和试验发展	73	1431	1667	1934	2675	3537
自然科学研究和试验发展	731	46	66	66	114	157
工程和技术研究和试验发展	732	1026	1227	1377	1921	2571
农业科学研究和试验发展	733	95	99	169	215	255
医学研究和试验发展	734	252	266	309	412	531
社会人文科学研究	735	12	9	13	13	23
专业技术服务业	74	9266	8550	9371	12098	15111
气象服务	741	40	18	26	21	28
地震服务	742	3	2	3	5	6
海洋服务	743	26	26	30	37	38
测绘地理信息服务	744	315	254	313	353	387
质检技术服务	745	1561	1089	1002	1418	1548
环境与生态监测检测服务	746	94	103	138	193	222
地质勘查	747	180	234	246	209	269
工程技术与设计服务	748	4292	3941	4348	5641	7028
工业与专业设计及其他专业技术服务	749	2755	2883	3265	4221	5585
科技推广和应用服务业	75	4244	4796	5595	7831	9878
技术推广服务	751	3269	3718	4332	6113	7686
知识产权服务	752	290	298	334	484	624
科技中介服务	753	116	96	130	149	193
创业空间服务	754	39	43	59	73	87
其他科技推广服务业	759	530	641	740	1012	1288
水利、环境和公共设施管理业	N	**1900**	**1939**	**2338**	**3051**	**3416**
水利管理业	76	118	104	126	185	148
防洪除涝设施管理	761	13	10	16	16	18
水资源管理	762	30	30	36	58	57
天然水收集与分配	763	20	18	11	19	11
水文服务	764	3	5	3	10	5
其他水利管理业	769	52	41	60	82	57
生态保护和环境治理业	77	268	251	316	379	386

单位：个

2011年	2012年	2013年	2014年	2015年	2016年	2017年	2018年	2019年	2020年	代码
202	219	334	524	676	890	1026	1161	904	889	712
33	29	39	76	92	126	131	140	54	42	713
65562	73514	99273	169177	218777	277765	343381	423162	420927	384120	72
13520	14396	20230	34982	51184	50451	52370	57848	53243	58416	721
1794	1916	2668	4045	4866	6590	8089	11027	13522	13987	722
508	614	859	1450	1850	2680	4156	6589	21481	21146	723
19491	22055	31564	55381	71414	96728	125747	157378	126214	106491	724
13702	15989	20118	35358	40326	50234	59297	65274	50383	40954	725
4745	5616	6672	10322	13782	22950	37021	49244	59569	66617	726
1223	1159	1756	2705	2689	3405	4131	4499	6004	5072	727
2555	2932	3557	5546	6391	8176	9249	10590	10200	7314	728
8024	8837	11849	19388	26275	36551	43321	60713	80311	64123	729
34572	**38435**	**52057**	**89214**	**112014**	**156262**	**202573**	**258960**	**237858**	**243787**	M
4356	4937	7061	12535	16900	24976	32092	40567	33400	25591	73
174	173	322	665	975	1496	1385	2446	2108	1201	731
3184	3537	5165	9122	12183	17870	23230	28946	23414	17565	732
342	416	566	1068	1435	1847	2127	2800	2652	2990	733
637	779	965	1564	2169	3508	4955	6013	4990	3692	734
19	32	43	116	138	255	395	362	236	143	735
17713	19226	25572	41159	46782	63099	82162	97585	78132	86138	74
15	29	30	75	87	144	126	110	118	68	741
3	11	7	18	15	21	31	42	122	201	742
52	33	45	59	89	101	95	115	117	156	743
396	437	552	928	1029	1415	1611	1750	1351	1225	744
1620	1785	2267	3558	3945	4840	5745	6424	4210	5051	745
257	343	425	715	986	1353	1990	2387	2279	2016	746
310	308	289	462	439	614	866	1097	1269	1106	747
8251	8787	11681	18041	19459	28076	38574	45508	35685	47114	748
6809	7493	10276	17303	20733	26535	33124	40152	32981	29201	749
12503	14272	19424	35520	48332	68187	88319	120808	126326	132058	75
9656	11047	15115	27341	36278	49849	64853	84879	88262	86015	751
761	873	1174	1730	2231	2734	3619	4162	3931	3723	752
232	249	378	703	961	1429	2017	2693	2305	2556	753
114	130	188	354	722	1145	1057	1308	1509	3687	754
1740	1973	2569	5392	8140	13030	16773	27766	30319	36077	759
3913	**4499**	**5606**	**8670**	**10550**	**15499**	**19546**	**21885**	**30709**	**33858**	N
212	211	271	339	461	683	711	650	779	919	76
17	20	35	40	50	74	86	65	186	83	761
56	71	83	95	114	174	200	193	168	232	762
16	19	29	24	43	39	45	35	46	36	763
17	13	8	19	16	17	31	41	33	29	764
106	88	116	161	238	379	349	316	346	539	769
456	582	651	1139	1411	2128	3004	3785	3997	4280	77

2-6 续表 24

行业中类	代码	2006年	2007年	2008年	2009年	2010年
生态保护	771	33	26	21	31	36
环境治理业	772	235	225	295	348	350
公共设施管理业	78	1389	1462	1762	2327	2717
市政设施管理	781	168	187	213	321	307
环境卫生管理	782	181	210	284	338	351
城乡市容管理	783	19	20	25	45	49
绿化管理	784	679	676	812	1097	1398
城市公园管理	785	26	16	24	30	36
游览景区管理	786	316	353	404	496	576
土地管理业	79	125	122	134	160	165
土地整治服务	791	42	50	51	80	80
土地调查评估服务	792	55	37	29	35	30
土地登记服务	793	1	5	6	1	2
土地登记代理服务	794	2	7	10	10	7
其他土地管理服务	799	25	23	38	34	46
居民服务、修理和其他服务业	**O**	**6116**	**6298**	**7372**	**9187**	**11437**
居民服务业	80	1948	1985	2470	3007	3966
家庭服务	801	295	345	487	621	863
托儿所服务	802	5	8	12	21	23
洗染服务	803	94	121	133	136	194
理发及美容服务	804	470	413	570	638	812
洗浴和保健养生服务	805	399	408	461	594	770
摄影扩印服务	806	209	231	251	328	446
婚姻服务	807	140	161	177	216	340
殡葬服务	808	140	133	134	157	175
其他居民服务业	809	196	165	245	296	343
机动车、电子产品和日用产品修理业	81	2925	2822	3159	4148	5114
汽车、摩托车等修理与维护	811	1977	1933	2117	2844	3497
计算机和办公设备维修	812	410	434	473	583	747
家用电器修理	813	452	372	468	596	692
其他日用产品修理业	819	86	83	101	125	178
其他服务业	82	1243	1491	1743	2032	2357
清洁服务	821	851	1074	1252	1458	1631
宠物服务	822	32	38	43	58	65
其他未列明服务业	829	360	379	448	516	661
教育	**P**	**1760**	**1559**	**1783**	**2356**	**3102**
教育	83	1760	1559	1783	2356	3102
学前教育	831	108	91	187	177	293
初等教育	832	7	4	12	13	16
中等教育	833	9	11	12	8	15
高等教育	834	4	2	2	3	3
特殊教育	835	4		1	2	1
技能培训、教育辅助及其他教育	839	1628	1451	1569	2153	2774

单位：个

2011年	2012年	2013年	2014年	2015年	2016年	2017年	2018年	2019年	2020年	代码
38	66	82	103	164	198	258	331	234	263	771
418	516	569	1036	1247	1930	2746	3454	3763	4017	772
3071	3512	4411	6842	8192	11991	14702	15297	15169	15367	78
274	352	445	626	782	1253	1378	1347	1760	2716	781
365	443	614	912	1406	2002	2681	2976	2957	3011	782
45	38	54	94	117	185	261	282	443	491	783
1680	1872	2281	3724	3765	5382	6877	7466	7998	7366	784
57	49	53	71	87	122	135	124	92	104	785
650	758	964	1415	2035	3047	3370	3102	1919	1679	786
174	194	273	350	486	697	1129	2153	10764	13292	79
90	90	136	188	291	386	597	1137	4924	5250	791
30	33	35	40	35	44	77	97	1031	2262	792
5	11	3	6	10	23	37	66	312	219	793
9	12	26	28	51	84	171	341	2252	2140	794
40	48	73	88	99	160	247	512	2245	3421	799
14070	**16002**	**21293**	**34367**	**46494**	**64349**	**76743**	**87672**	**67440**	**65029**	**O**
5072	5892	7838	12965	17996	26383	34328	41830	30030	31575	80
1090	1378	1810	3601	4711	7369	8878	10301	7822	7384	801
27	31	44	111	198	288	509	737	1327	2981	802
257	302	376	557	757	1019	1104	1107	598	486	803
1116	1279	1504	2201	3296	5118	7922	10394	5144	4605	804
911	981	1332	1923	2836	4422	6235	7912	4615	5008	805
601	659	971	1569	2040	2670	3215	3489	1679	1433	806
438	615	783	1408	1873	2284	2616	2997	2008	1756	807
164	172	267	388	485	663	753	1006	915	980	808
468	475	751	1207	1800	2550	3096	3887	5922	6942	809
6081	6753	9111	13993	18934	25256	29117	29936	21667	20175	81
4170	4719	6468	9821	14067	18787	21971	22892	18032	16768	811
870	896	1170	1923	2216	2903	3251	3013	1386	1164	812
822	912	1152	1803	2113	2837	3062	3072	1449	1176	813
219	226	321	446	538	729	833	959	800	1067	819
2917	3357	4344	7409	9564	12710	13298	15906	15743	13279	82
2040	2454	3116	5326	6504	8626	9133	10184	7728	6468	821
72	103	130	184	292	581	944	1213	1402	1580	822
805	800	1098	1899	2768	3503	3221	4509	6613	5231	829
3619	**4733**	**6097**	**10882**	**17575**	**27271**	**37509**	**55925**	**56704**	**46422**	**P**
3619	4733	6097	10882	17575	27271	37509	55925	56704	46422	83
218	345	350	557	854	1423	2137	4264	3254	2779	831
27	41	37	86	139	225	332	603	838	786	832
17	17	22	30	51	100	153	303	695	728	833
3	2	3	5	7	3	7	23	108	102	834
2	3	7	10	15	19	46	57	140	162	835
3352	4325	5678	10194	16509	25501	34834	50675	51669	41865	839

2-6 续表 25

行业中类	代码	2006年	2007年	2008年	2009年	2010年
卫生和社会工作	Q	**1000**	**891**	**1086**	**960**	**1316**
卫生	84	944	841	1012	886	1188
医院	841	394	339	374	399	461
基层医疗卫生服务	842	479	396	562	408	608
专业公共卫生服务	843	37	73	32	29	40
其他卫生活动	849	34	33	44	50	79
社会工作	85	56	50	74	74	128
提供住宿社会工作	851	44	41	66	62	111
不提供住宿社会工作	852	12	9	8	12	17
文化、体育和娱乐业	R	**7919**	**8434**	**7341**	**10467**	**11352**
新闻和出版业	86	130	106	181	185	231
新闻业	861	4	6	4	8	15
出版业	862	126	100	177	177	216
广播、电视、电影和录音制作业	87	515	566	691	850	1217
广播	871	23	16	34	36	48
电视	872	18	20	22	36	37
影视节目制作	873	328	348	395	504	658
广播电视集成播控	874	5	4	5	9	11
电影和广播电视节目发行	875	29	33	49	51	70
电影放映	876	96	130	166	186	353
录音制作	877	16	15	20	28	40
文化艺术业	88	851	982	1258	1704	2252
文艺创作与表演	881	236	226	324	443	622
艺术表演场馆	882	9	14	14	24	21
图书馆与档案馆	883	17	15	20	36	44
文物及非物质文化遗产保护	884	23	22	20	24	28
博物馆	885	10	11	15	22	11
烈士陵园、纪念馆	886	1		1	1	1
群众文体活动	887	123	146	184	205	293
其他文化艺术业	889	432	548	680	949	1232
体育	89	358	424	416	627	607
体育组织	891	59	79	75	98	110
体育场地设施管理	892	46	38	36	74	64
健身休闲活动	893	240	289	284	417	406
其他体育	899	13	18	21	38	27
娱乐业	90	6065	6356	4795	7101	7045
室内娱乐活动	901	5049	5284	3440	5163	4478
游乐园	902	30	28	58	65	91
休闲观光活动	903	141	166	198	284	364
彩票活动	904	4	4	2	3	4
文化体育娱乐活动与经纪代理服务	905	809	841	1057	1538	2040
其他娱乐业	909	32	33	40	48	68

单位：个

2011年	2012年	2013年	2014年	2015年	2016年	2017年	2018年	2019年	2020年	代码
1457	**2058**	**2348**	**3534**	**6384**	**9643**	**12780**	**16526**	**14997**	**14031**	Q
1310	1846	2073	2843	4976	7434	9710	12761	11836	11326	84
551	675	801	1066	1790	2198	2518	2850	4991	4605	841
664	1024	1092	1477	2682	4476	6134	8579	5390	5510	842
27	51	49	74	119	186	257	349	361	332	843
68	96	131	226	385	574	801	983	1094	879	849
147	212	275	691	1408	2209	3070	3765	3161	2705	85
130	187	246	619	1271	2021	2828	3369	2900	2443	851
17	25	29	72	137	188	242	396	261	262	852
11707	**14317**	**17736**	**32664**	**53807**	**74318**	**83081**	**97283**	**78079**	**69065**	R
196	323	225	252	288	367	418	445	755	968	86
7	13	16	34	46	70	97	127	423	461	861
189	310	209	218	242	297	321	318	332	507	862
1553	1656	2119	3891	6238	9519	11538	12957	16778	16923	87
63	94	93	180	289	584	841	1209	4828	4808	871
37	41	41	85	97	120	180	220	331	396	872
842	891	1190	2390	3972	6559	8278	8949	6594	6687	873
7	12	15	16	30	16	34	68	154	315	874
62	69	69	129	254	381	358	385	521	708	875
485	492	605	923	1338	1493	1198	1122	757	465	876
57	57	106	168	258	366	649	1004	3593	3544	877
2911	3867	4665	8853	12699	19541	24591	32481	32387	26355	88
863	1207	1339	2459	3755	5307	6818	8817	8501	8369	881
32	36	42	62	82	118	117	168	338	366	882
41	57	77	135	190	321	437	486	425	478	883
38	66	87	140	144	201	240	245	173	245	884
19	26	19	33	37	33	55	73	56	40	885
4	5	4	5	8	7	7	12	5	8	886
331	390	506	888	1337	1946	2356	2828	2248	2239	887
1583	2080	2591	5131	7146	11608	14561	19852	20641	14610	889
698	818	1214	2516	4212	6762	9222	11529	10095	8123	89
141	176	203	438	1003	1656	2090	2831	3786	3263	891
71	74	133	220	310	474	586	588	427	345	892
458	527	821	1741	2673	4222	5997	7236	4379	3252	893
28	41	57	117	226	410	549	874	1503	1263	899
6349	7653	9513	17152	30370	38129	37312	39871	18064	16696	90
3217	3719	4075	7090	16329	17799	11079	9713	3991	3171	901
112	122	188	364	516	731	734	653	503	430	902
473	624	984	1514	2088	2759	3333	3443	1302	1617	903
6	3	5	14	15	20	22	69	94	78	904
2475	3105	4172	7989	11152	16294	21487	25535	11555	10914	905
66	80	89	181	270	526	657	458	619	486	909

2–7 按地区、成立时间

地区	企业单位数	1949年及以前	1950–1977年	1978–1991年	1992–1995年	1996年	1997年
全国	**25055456**	**1117**	**16638**	**113076**	**149129**	**48339**	**56556**
北京	1127720	45	813	5641	10848	3226	3725
天津	341215	29	149	1938	3063	885	964
河北	1248654	26	303	4007	4151	1573	1943
山西	604760	58	791	3426	2205	801	984
内蒙古	320329	7	173	679	626	303	483
辽宁	633098	99	850	6351	6967	1856	2258
吉林	166693	51	303	1363	1017	398	488
黑龙江	234504	102	674	2309	2074	649	664
上海	497979	42	245	4516	13071	3324	3697
江苏	2333775	67	608	10060	12685	5118	5405
浙江	2087888	12	392	8066	16397	5935	6419
安徽	998274	31	440	2502	2657	1040	1429
福建	1031865	11	474	5388	6587	2270	2345
江西	621069	34	742	3054	1776	528	603
山东	2483474	116	977	6542	9407	2935	3498
河南	1324372	67	880	3654	3228	1449	2162
湖北	968729	21	573	3366	3423	1447	1590
湖南	628510	46	752	2744	2655	814	927
广东	3203987	50	1730	18497	26668	6766	8154
广西	596654	6	545	3285	2826	771	942
海南	117573	1	211	912	1193	218	257
重庆	566829	13	260	2109	2885	988	1479
四川	720525	26	743	3284	4171	1659	1870
贵州	431382	6	430	1078	1026	378	614
云南	599648	16	685	2224	2337	985	1137
西藏	28775	2	80	112	76	35	43
陕西	540901	55	944	3266	2680	1016	1279
甘肃	175537	35	352	1254	1081	371	497
青海	78106	34	87	212	176	91	124
宁夏	103540	2	84	266	327	173	201
新疆	239091	7	348	971	846	337	375

分组的企业法人单位数

单位：个

1998年	1999年	2000年	2001年	2002年	2003年	2004年	2005年
82339	**98582**	**130888**	**159969**	**195591**	**245217**	**264221**	**279740**
5676	6865	10470	13322	14951	18330	21335	23018
1357	1356	1707	2272	2793	3588	3805	4090
3009	3434	4482	6382	8503	9365	11588	12005
1898	1759	2308	2508	3124	4244	4757	5354
869	964	1345	1479	1860	2299	2681	3088
3709	4213	5015	6173	7003	8814	9625	9867
786	975	1309	1697	1699	2069	2274	2836
1225	1280	1667	2003	2278	2867	3049	3394
4919	5087	7173	9265	11980	14872	15719	16258
8552	16564	15159	19924	25560	31076	30119	30667
8854	10776	14704	17498	22503	25818	23183	22970
1798	1847	3238	3715	4824	6267	6825	7608
3067	3614	6922	5365	6666	8666	9382	9677
934	1044	2111	2400	3193	3962	4001	4597
6151	6831	9495	11599	14432	19133	19566	21124
2830	3147	3627	4655	5605	7612	9023	10878
2314	2537	3637	4933	6518	7930	9212	8991
1441	1581	2629	3392	3706	4949	5670	6296
9660	11858	15606	19898	23533	31353	36906	39221
1204	1167	1528	1930	2638	3252	3778	4018
352	366	477	628	730	950	1118	1260
1960	1490	2157	2594	3329	4017	4195	4330
2985	2955	4368	5190	5632	7717	8390	8724
771	935	1148	1219	1378	1728	1980	2149
1804	1572	2246	2466	2689	3974	4506	4827
62	79	113	103	128	172	209	230
2050	2014	3018	3361	3739	4589	5202	5895
746	727	986	1296	1469	1678	1857	1941
235	221	391	496	480	535	509	516
366	399	515	558	617	921	929	881
755	925	1337	1648	2031	2470	2828	3030

2-7 续表

地区	2006年	2007年	2008年	2009年	2010年	2011年	2012年
全国	**321313**	**331168**	**361509**	**463768**	**596593**	**691408**	**751764**
北京	23783	27388	31639	38708	44854	48760	49502
天津	4836	4781	5486	6716	7965	9865	9579
河北	14381	13991	15686	21059	24980	30456	32148
山西	6264	6366	7195	8633	10406	12210	14007
内蒙古	3718	4285	4911	6041	8392	8828	8718
辽宁	10675	10814	12195	15597	21145	21455	20227
吉林	3421	3361	3793	5025	5999	6695	6730
黑龙江	3805	3911	4844	5944	6830	7277	7808
上海	14558	13451	14460	18368	22269	23422	23974
江苏	37335	36456	36798	45381	60605	63743	65357
浙江	28642	28822	27152	37066	48460	51583	49773
安徽	9919	10228	11929	14542	19897	22489	25297
福建	10824	10598	11798	14258	20712	23957	24756
江西	5128	4897	5724	8536	10786	11731	14762
山东	24281	23357	25641	33216	43153	47261	50928
河南	11670	12327	15036	18367	23640	28331	31457
湖北	9652	10593	12627	16402	20745	24528	27121
湖南	6996	7108	8149	10504	14046	15660	18398
广东	46931	50197	50337	68426	89991	114657	123662
广西	4546	5882	6102	9238	11305	15939	20982
海南	1516	1655	1918	2318	3352	3467	3358
重庆	4970	5700	7436	8524	15691	26804	28736
四川	10207	10077	11671	14310	17509	19645	22437
贵州	2656	3081	3390	4286	5520	7334	20249
云南	5933	5809	7367	9503	10694	12599	14866
西藏	317	342	332	396	531	704	1084
陕西	6579	7470	8535	11368	13676	15627	16178
甘肃	2241	2357	2744	3304	4139	4782	6072
青海	633	709	751	904	1113	1426	1928
宁夏	1022	1157	1364	1810	2349	2585	3064
新疆	3874	3998	4499	5018	5839	7588	8606

单位：个

2013年	2014年	2015年	2016年	2017年	2018年	2019年	2020年
991030	**1482754**	**1814015**	**2443022**	**2986077**	**3400670**	**3305082**	**3273881**
58091	93401	109635	120099	111049	107934	70040	54572
11720	18752	24102	32917	39505	43904	60194	32897
46030	78729	99964	149591	181080	206936	142496	120356
16016	26011	33349	45496	58648	73802	114154	137986
10304	18651	23674	31043	38212	37040	55903	43753
22866	36834	42018	53866	65458	88877	69388	68883
8330	11826	13829	18587	21002	19269	13463	8098
8888	13877	17125	23457	28597	37564	20907	19435
25824	36068	40213	45890	51314	45990	10239	1771
79587	119409	144036	212927	257117	273076	344554	345830
89744	106248	107599	151518	200643	243746	347846	385519
33489	53359	65757	95675	120879	147954	162377	160262
30513	52950	66431	81795	99172	114620	195566	203481
18156	29754	37963	54419	74157	91567	104611	119899
70262	113129	148290	196627	240390	263482	487478	584173
43185	77821	101382	141144	179074	217918	193351	170852
39212	53029	61334	82737	100694	133094	151550	168919
25605	38315	49655	69190	86072	88910	99513	52787
181159	244221	294926	409070	502232	582808	140174	55296
24096	31598	40538	46024	57144	83033	93830	118507
4381	6614	8133	11041	13997	16485	17452	13213
33194	41640	51035	59541	60532	65348	59506	66366
27981	42446	52139	73806	93823	99642	74816	92302
19878	29004	34984	47929	65970	62211	54736	55314
17676	34492	52241	62466	73508	76978	84870	99178
1511	2135	3550	5843	5279	5118	135	54
18786	33902	40924	52091	76814	95956	76824	27063
8004	13893	18962	24840	27671	27660	8433	6145
2271	4672	5731	7921	9665	9933	11659	14683
3970	5768	7924	10169	12799	8814	11965	22541
10301	14206	16572	25303	33580	31001	27052	23746

2-8 按行业(大类)、运营状态分组的企业法人单位数

(2020年) 单位：个

行业大类	代码	企 业 单位数	正常运营	停业(歇业)	筹建
总　计	--	**25055456**	**20748537**	**1743476**	**2172989**
农、林、牧、渔业	A	**841656**	**690707**	**74207**	**64847**
农业	01	380171	312005	32453	30346
林业	02	70173	59838	5041	4370
畜牧业	03	249330	205108	24457	16461
渔业	04	62378	51572	5233	4828
农、林、牧、渔专业及辅助性活动	05	79604	62184	7023	8842
采矿业	B	**80579**	**54091**	**17645**	**6099**
煤炭开采和洗选业	06	13730	9703	2714	638
石油和天然气开采业	07	599	491	41	60
黑色金属矿采选业	08	10975	5772	4328	581
有色金属矿采选业	09	7417	4317	2314	498
非金属矿采选业	10	39814	27940	7192	3434
开采专业及辅助性活动	11	5314	4218	479	496
其他采矿业	12	2730	1650	577	392
制造业	C	**3825516**	**3217254**	**279290**	**273164**
农副食品加工业	13	145871	118579	13620	11426
食品制造业	14	84785	68936	6592	8049
酒、饮料和精制茶制造业	15	64523	53042	5106	5445
烟草制品业	16	226	197	18	5
纺织业	17	165481	138071	14339	10617
纺织服装、服饰业	18	202097	169792	16440	12037
皮革、毛皮、羽毛及其制品和制鞋业	19	91458	76765	7623	5204
木材加工和木、竹、藤、棕、草制品业	20	152725	127427	11130	11468
家具制造业	21	100117	83987	6424	8053
造纸和纸制品业	22	86281	74529	5508	5008
印刷和记录媒介复制业	23	89887	80925	4503	3396
文教、工美、体育和娱乐用品制造业	24	137040	116048	9624	9499
石油、煤炭及其他燃料加工业	25	13238	9876	1682	1386
化学原料和化学制品制造业	26	127919	103485	12163	10194
医药制造业	27	34947	27714	2439	4264
化学纤维制造业	28	7890	6599	610	588
橡胶和塑料制品业	29	224927	192647	14579	14417
非金属矿物制品业	30	311621	251675	29975	25176
黑色金属冶炼和压延加工业	31	23868	19814	2497	1237
有色金属冶炼和压延加工业	32	31661	26386	2914	1901

2-8 续表 1 (2020年) 单位：个

行业大类	代码	企业单位数	正常运营	停业(歇业)	筹建
金属制品业	33	388030	330618	25455	26325
通用设备制造业	34	387358	330275	27262	25720
专用设备制造业	35	281329	237580	16944	23485
汽车制造业	36	92075	78366	5847	6749
铁路、船舶、航空航天和其他运输设备制造业	37	34565	28830	2965	2270
电气机械和器材制造业	38	222275	190330	14321	14625
计算机、通信和其他电子设备制造业	39	154742	133464	8146	10239
仪器仪表制造业	40	52597	45689	2576	3752
其他制造业	41	51820	43179	3322	4594
废弃资源综合利用业	42	20782	15312	1814	3325
金属制品、机械和设备修理业	43	43381	37117	2852	2710
电力、热力、燃气及水生产和供应业	D	**119005**	**101690**	**6007**	**9770**
电力、热力生产和供应业	44	81872	69419	4347	6991
燃气生产和供应业	45	9712	8067	492	1039
水的生产和供应业	46	27421	24204	1168	1740
建筑业	E	**1901663**	**1570332**	**106056**	**201802**
房屋建筑业	47	411997	336997	21773	48399
土木工程建筑业	48	411482	339215	22242	45192
建筑安装业	49	244179	207603	14188	19571
建筑装饰、装修和其他建筑业	50	834005	686517	47853	88640
批发和零售业	F	**8236639**	**6816383**	**604846**	**682184**
批发业	51	4477381	3694751	339930	372504
零售业	52	3759258	3121632	264916	309680
交通运输、仓储和邮政业	G	**737940**	**621198**	**45810**	**60559**
铁路运输业	53	2021	1716	55	216
道路运输业	54	470788	395647	29830	39255
水上运输业	55	16109	13246	1141	1410
航空运输业	56	3606	2839	220	490
管道运输业	57	456	381	26	42
多式联运和运输代理业	58	137025	115815	7222	11718
装卸搬运和仓储业	59	79054	65406	6160	6275
邮政业	60	28881	26148	1156	1153
住宿和餐饮业	H	**512622**	**428383**	**35566**	**40557**
住宿业	61	144866	124622	7439	11086
餐饮业	62	367756	303761	28127	29471
信息传输、软件和信息技术服务业	I	**1277390**	**1042125**	**80440**	**131428**
电信、广播电视和卫星传输服务	63	28266	25202	1328	1329
互联网和相关服务	64	180956	148165	10982	18552
软件和信息技术服务业	65	1068168	868758	68130	111547

2-8 续表 2 (2020年) 单位：个

行业大类	代码	企业单位数	正常运营	停业(歇业)	筹建
金融业	J	**140384**	**119881**	**9213**	**8349**
货币金融服务	66	39433	34176	2250	2068
资本市场服务	67	64499	53970	4556	4417
保险业	68	19204	18263	375	459
其他金融业	69	17248	13472	2032	1405
房地产业	K	**929057**	**773790**	**65215**	**74506**
房地产业	70	929057	773790	65215	74506
租赁和商务服务业	L	**3113303**	**2546139**	**218197**	**297366**
租赁业	71	329285	275596	18588	30681
商务服务业	72	2784018	2270543	199609	266685
科学研究和技术服务业	M	**1600249**	**1311776**	**95872**	**169642**
研究和试验发展	73	220580	171286	16478	29020
专业技术服务业	74	661386	559312	36118	56831
科技推广和应用服务业	75	718283	581178	43276	83791
水利、环境和公共设施管理业	N	**178904**	**143626**	**11460**	**21292**
水利管理业	76	7009	5895	431	564
生态保护和环境治理业	77	24374	19194	1501	3330
公共设施管理业	78	116498	93668	8411	12774
土地管理业	79	31023	24869	1117	4624
居民服务、修理和其他服务业	O	**568820**	**486488**	**33248**	**40773**
居民服务业	80	239136	199450	15928	20036
机动车、电子产品和日用产品修理业	81	216769	191141	10758	12082
其他服务业	82	112915	95897	6562	8655
教育	P	**284838**	**237360**	**15308**	**28164**
教育	83	284838	237360	15308	28164
卫生和社会工作	Q	**94161**	**76795**	**4240**	**11999**
卫生	84	75737	63777	2734	8373
社会工作	85	18424	13018	1506	3626
文化、体育和娱乐业	R	**612730**	**510519**	**40856**	**50488**
新闻和出版业	86	6870	6205	214	374
广播、电视、电影和录音制作业	87	90221	74881	4298	9389
文化艺术业	88	179113	150371	9706	16504
体育	89	59356	48807	3643	5985
娱乐业	90	277170	230255	22995	18236

2–9 按地区、运营状态分组的企业法人单位数

(2020年)　　　　单位：个

地区	企业单位数	正常运营	停业(歇业)	筹建
全国	**25055456**	**20748537**	**1743476**	**2172989**
北京	1127720	1020780	74165	28509
天津	341215	245663	20316	62786
河北	1248654	1028656	132045	87264
山西	604760	568673	28452	6949
内蒙古	320329	250209	41208	28852
辽宁	633098	491054	76209	56722
吉林	166693	125688	16970	8501
黑龙江	234504	187941	22559	15362
上海	497979	462066	13882	16511
江苏	2333775	1760872	243162	313518
浙江	2087888	1680562	146639	190697
安徽	998274	788373	61983	142222
福建	1031865	823653	38561	167643
江西	621069	543874	26491	37805
山东	2483474	2035747	176046	239155
河南	1324372	1198181	52792	67471
湖北	968729	808561	43538	104668
湖南	628510	558142	26221	23195
广东	3203987	2697628	203326	221547
广西	596654	478085	52059	63626
海南	117573	84102	7723	22278
重庆	566829	493966	31008	41755
四川	720525	641386	35825	32987
贵州	431382	357338	36504	36776
云南	599648	454374	52693	72174
西藏	28775	24474	1931	1872
陕西	540901	464071	30135	30126
甘肃	175537	157141	9269	6353
青海	78106	59020	7886	10995
宁夏	103540	91893	3726	6685
新疆	239091	166364	30152	27985

2–10 按行业(大类)、控股情况分组的企业法人单位数

(2020年)　　　　单位：个

行业大类	代码	企业单位数	国有控股	集体控股	私人控股	港澳台商控股	外商控股	其他
总　计	--	**25055456**	**293473**	**180550**	**23903057**	**131106**	**102477**	**444793**
农、林、牧、渔业	A	**841656**	**7811**	**8890**	**797522**	**1336**	**573**	**25524**
农业	01	380171	2948	3879	359866	757	267	12454
林业	02	70173	1797	972	65033	140	66	2165
畜牧业	03	249330	1108	1542	239309	171	134	7066
渔业	04	62378	459	549	59236	134	42	1958
农、林、牧、渔专业及辅助性活动	05	79604	1499	1948	74078	134	64	1881
采矿业	B	**80579**	**3453**	**1733**	**73558**	**197**	**114**	**1524**
煤炭开采和洗选业	06	13730	1626	421	11385	27	24	247
石油和天然气开采业	07	599	149	15	400	7	8	20
黑色金属矿采选业	08	10975	274	314	10175	29	10	173
有色金属矿采选业	09	7417	451	223	6494	39	29	181
非金属矿采选业	10	39814	771	675	37561	79	33	695
开采专业及辅助性活动	11	5314	114	65	4980	10	8	137
其他采矿业	12	2730	68	20	2563	6	2	71
制造业	C	**3825516**	**26656**	**32264**	**3626031**	**42885**	**37039**	**60641**
农副食品加工业	13	145871	2377	1358	137815	858	1124	2339
食品制造业	14	84785	829	556	80041	900	942	1517
酒、饮料和精制茶制造业	15	64523	834	738	60926	461	536	1028
烟草制品业	16	226	104	14	98	3	1	6
纺织业	17	165481	531	956	159141	2169	1104	1580
纺织服装、服饰业	18	202097	581	1084	192889	3460	1633	2450
皮革、毛皮、羽毛及其制品和制鞋业	19	91458	146	556	86723	1893	831	1309
木材加工和木、竹、藤、棕、草制品业	20	152725	524	590	148754	451	309	2097
家具制造业	21	100117	141	286	96954	889	557	1290
造纸和纸制品业	22	86281	277	959	82023	1144	434	1444
印刷和记录媒介复制业	23	89887	1089	2311	83904	715	298	1570
文教、工美、体育和娱乐用品制造业	24	137040	289	808	129965	2691	1450	1837
石油、煤炭及其他燃料加工业	25	13238	376	161	12252	91	95	263
化学原料和化学制品制造业	26	127919	2022	1820	117284	1927	2256	2610
医药制造业	27	34947	731	276	31740	532	558	1110
化学纤维制造业	28	7890	99	52	7369	146	111	113
橡胶和塑料制品业	29	224927	625	1978	212748	3536	2239	3801
非金属矿物制品业	30	311621	3364	3233	297625	1554	1194	4651
黑色金属冶炼和压延加工业	31	23868	431	312	22360	205	198	362
有色金属冶炼和压延加工业	32	31661	747	360	29301	366	335	552

2-10 续表 1　　(2020年)　　单位：个

行业大类	代码	企业单位数	国有控股	集体控股	私人控股	港澳台商控股	外商控股	其他
金属制品业	33	388030	1316	3071	371942	3138	2203	6360
通用设备制造业	34	387358	1761	3729	371322	2469	3747	4330
专用设备制造业	35	281329	1745	1824	267424	2713	3112	4511
汽车制造业	36	92075	1110	765	84759	992	3056	1393
铁路、船舶、航空航天和其他运输设备制造业	37	34565	684	441	32056	354	492	538
电气机械和器材制造业	38	222275	1296	1809	209040	3286	2770	4074
计算机、通信和其他电子设备制造业	39	154742	1286	628	140155	4367	3949	4357
仪器仪表制造业	40	52597	477	516	49040	779	856	929
其他制造业	41	51820	192	282	49352	567	375	1052
废弃资源综合利用业	42	20782	256	171	19773	102	94	386
金属制品、机械和设备修理业	43	43381	416	620	41256	127	180	782
电力、热力、燃气及水生产和供应业	D	**119005**	**17585**	**9292**	**85572**	**1409**	**881**	**4266**
电力、热力生产和供应业	44	81872	10310	6733	60841	772	377	2839
燃气生产和供应业	45	9712	1153	135	7375	329	279	441
水的生产和供应业	46	27421	6122	2424	17356	308	225	986
建筑业	E	**1901663**	**17225**	**9255**	**1843119**	**1806**	**691**	**29567**
房屋建筑业	47	411997	4312	4016	396744	298	88	6539
土木工程建筑业	48	411482	8717	2297	393333	332	141	6662
建筑安装业	49	244179	1654	1359	236648	304	216	3998
建筑装饰、装修和其他建筑业	50	834005	2542	1583	816394	872	246	12368
批发和零售业	F	**8236639**	**46631**	**43728**	**7975125**	**29219**	**28216**	**113720**
批发业	51	4477381	28938	20557	4319695	21692	23439	63060
零售业	52	3759258	17693	23171	3655430	7527	4777	50660
交通运输、仓储和邮政业	G	**737940**	**18418**	**5991**	**693836**	**3175**	**2000**	**14520**
铁路运输业	53	2021	470	49	1438	7	4	53
道路运输业	54	470788	7502	3226	451143	802	403	7712
水上运输业	55	16109	1026	483	13942	100	81	477
航空运输业	56	3606	491	23	2899	19	31	143
管道运输业	57	456	96	3	315	6	14	22
多式联运和运输代理业	58	137025	1605	453	129213	1277	787	3690
装卸搬运和仓储业	59	79054	6138	1661	67939	931	666	1719
邮政业	60	28881	1090	93	26947	33	14	704
住宿和餐饮业	H	**512622**	**7376**	**4282**	**486163**	**2477**	**2300**	**10024**
住宿业	61	144866	5162	2346	132593	729	496	3540
餐饮业	62	367756	2214	1936	353570	1748	1804	6484
信息传输、软件和信息技术服务业	I	**1277390**	**8166**	**2495**	**1229228**	**9435**	**5605**	**22461**
电信、广播电视和卫星传输服务	63	28266	2837	261	23799	321	342	706
互联网和相关服务	64	180956	996	347	175081	697	356	3479
软件和信息技术服务业	65	1068168	4333	1887	1030348	8417	4907	18276

2-10 续表 2 (2020年) 单位：个

行业大类	代码	企业单位数	国有控股	集体控股	私人控股	港澳台商控股	外商控股	其他
金融业	J	**140384**	**18588**	**2633**	**106838**	**2656**	**2098**	**7571**
货币金融服务	66	39433	7748	1822	24278	2023	841	2721
资本市场服务	67	64499	2602	238	58630	398	266	2365
保险业	68	19204	6881	471	8935	108	903	1906
其他金融业	69	17248	1357	102	14995	127	88	579
房地产业	K	**929057**	**29760**	**16060**	**842190**	**8060**	**3633**	**29354**
房地产业	70	929057	29760	16060	842190	8060	3633	29354
租赁和商务服务业	L	**3113303**	**46347**	**24262**	**2953319**	**16426**	**10115**	**62834**
租赁业	71	329285	1852	714	320490	757	357	5115
商务服务业	72	2784018	44495	23548	2632829	15669	9758	57719
科学研究和技术服务业	M	**1600249**	**20534**	**8137**	**1524472**	**8500**	**6768**	**31838**
研究和试验发展	73	220580	1664	983	210123	1801	1558	4451
专业技术服务业	74	661386	14090	3798	625202	3305	2480	12511
科技推广和应用服务业	75	718283	4780	3356	689147	3394	2730	14876
水利、环境和公共设施管理业	N	**178904**	**10719**	**2380**	**161007**	**473**	**245**	**4080**
水利管理业	76	7009	1526	265	4949	16	10	243
生态保护和环境治理业	77	24374	1123	177	22244	141	110	579
公共设施管理业	78	116498	7073	1783	104642	306	104	2590
土地管理业	79	31023	997	155	29172	10	21	668
居民服务、修理和其他服务业	O	**568820**	**2956**	**4367**	**550795**	**899**	**654**	**9149**
居民服务业	80	239136	1322	1924	231470	444	323	3653
机动车、电子产品和日用产品修理业	81	216769	941	1672	210272	264	187	3433
其他服务业	82	112915	693	771	109053	191	144	2063
教育	P	**284838**	**1841**	**1336**	**276267**	**406**	**387**	**4601**
教育	83	284838	1841	1336	276267	406	387	4601
卫生和社会工作	Q	**94161**	**1267**	**1009**	**89052**	**201**	**199**	**2433**
卫生	84	75737	924	799	71738	128	141	2007
社会工作	85	18424	343	210	17314	73	58	426
文化、体育和娱乐业	R	**612730**	**8140**	**2436**	**588963**	**1546**	**959**	**10686**
新闻和出版业	86	6870	2063	176	4445	8	11	167
广播、电视、电影和录音制作业	87	90221	2529	390	85056	223	98	1925
文化艺术业	88	179113	1952	695	172326	402	302	3436
体育	89	59356	488	243	56935	255	231	1204
娱乐业	90	277170	1108	932	270201	658	317	3954

2-11 按地区、控股情况分组的企业法人单位数

(2020年) 单位：个

地区	企业单位数	国有控股	集体控股	私人控股	港澳台商控股	外商控股	其他
全国	**25055456**	**293473**	**180550**	**23903057**	**131106**	**102477**	**444793**
北京	1127720	14462	16184	1068113	6226	8486	14249
天津	341215	6773	2400	313483	2058	3179	13322
河北	1248654	14025	7998	1217010	892	1441	7288
山西	604760	10631	5904	587073	238	294	620
内蒙古	320329	5301	1803	312201	228	196	600
辽宁	633098	10868	9169	585514	1524	3246	22777
吉林	166693	4599	1685	153352	205	424	6428
黑龙江	234504	6481	2887	214613	258	316	9949
上海	497979	11685	6811	426299	12481	18115	22588
江苏	2333775	16748	10768	2266394	11842	14648	13375
浙江	2087888	14145	14125	2032691	7669	12876	6382
安徽	998274	10836	6434	958071	1050	828	21055
福建	1031865	9763	4780	1003326	9241	4311	444
江西	621069	9660	3429	594393	1481	676	11430
山东	2483474	16606	9597	2422497	3748	7537	23489
河南	1324372	12180	8037	1296094	847	886	6328
湖北	968729	10497	6564	940678	1414	1653	7923
湖南	628510	8776	4515	596939	853	571	16856
广东	3203987	23506	21718	2938660	62904	16660	140539
广西	596654	7855	5344	579896	1333	1227	999
海南	117573	2424	1230	96416	483	205	16815
重庆	566829	6557	2340	555368	1014	1061	489
四川	720525	13594	7466	676933	1206	1321	20005
贵州	431382	9289	4063	416855	295	222	658
云南	599648	8610	5150	570451	676	894	13867
西藏	28775	1318	634	24106	30	18	2669
陕西	540901	9937	4804	507920	516	795	16929
甘肃	175537	4670	1929	158503	96	61	10278
青海	78106	1863	576	74567	55	57	988
宁夏	103540	1424	413	100509	68	68	1058
新疆	239091	8390	1793	214132	175	205	14396

2–12 按行业(大类)、地区分组的

(2020年)

行业大类	代码	企业单位数	北京	天津	河北	山西
总　计	--	**293473**	**14462**	**6773**	**14025**	**10631**
农、林、牧、渔业	A	**7811**	**71**	**35**	**317**	**167**
农业	01	2948	24	10	134	56
林业	02	1797	10	1	84	30
畜牧业	03	1108	21	12	34	33
渔业	04	459	7	6	8	2
农、林、牧、渔专业及辅助性活动	05	1499	9	6	57	46
采矿业	B	**3453**	**12**	**9**	**160**	**729**
煤炭开采和洗选业	06	1626			59	653
石油和天然气开采业	07	149	2	1	2	28
黑色金属矿采选业	08	274	5		51	17
有色金属矿采选业	09	451			8	14
非金属矿采选业	10	771		5	33	9
开采专业及辅助性活动	11	114	4	3	6	7
其他采矿业	12	68	1		1	1
制造业	C	**26656**	**856**	**657**	**1447**	**1042**
农副食品加工业	13	2377	24	27	54	80
食品制造业	14	829	23	25	33	39
酒、饮料和精制茶制造业	15	834	18	8	36	29
烟草制品业	16	104	1	1	3	1
纺织业	17	531	5	15	32	14
纺织服装、服饰业	18	581	22	6	29	27
皮革、毛皮、羽毛及其制品和制鞋业	19	146	1	6	13	1
木材加工和木、竹、藤、棕、草制品业	20	524	2	3	47	4
家具制造业	21	141	2	3	23	2
造纸和纸制品业	22	277	11	8	14	4
印刷和记录媒介复制业	23	1089	68	16	50	59
文教、工美、体育和娱乐用品制造业	24	289	11	5	17	6
石油、煤炭及其他燃料加工业	25	376	10	7	32	41
化学原料和化学制品制造业	26	2022	36	56	116	94
医药制造业	27	731	41	30	41	20
化学纤维制造业	28	99	2	3	7	5
橡胶和塑料制品业	29	625	13	28	38	28
非金属矿物制品业	30	3364	79	38	211	122
黑色金属冶炼和压延加工业	31	431	6	27	37	18
有色金属冶炼和压延加工业	32	747	9	11	18	29
金属制品业	33	1316	36	45	121	35

国有控股企业法人单位数

单位：个

内蒙古	辽宁	吉林	黑龙江	上海	江苏	浙江	安徽	福建	江西	山东	河南	代码
5301	**10868**	**4599**	**6481**	**11685**	**16748**	**14145**	**10836**	**9763**	**9660**	**16606**	**12180**	——
227	**320**	**317**	**491**	**52**	**238**	**144**	**313**	**364**	**581**	**217**	**366**	A
103	118	71	202	26	77	51	130	100	169	77	183	01
45	58	173	152	2	29	28	44	201	211	22	46	02
36	67	36	50	8	35	14	46	10	45	33	51	03
6	28	8	19	8	41	13	17	23	38	38	9	04
37	49	29	68	8	56	38	76	30	118	47	77	05
185	**57**	**54**	**88**	**1**	**32**	**38**	**95**	**80**	**120**	**216**	**225**	B
109	10	15	36		8	2	25	17	25	87	142	06
5	1	9	8	1	1		1			12	3	07
13	15	5	1		2	3	15	11	6	17	6	08
38	5	9	10		3	2	10	17	34	35	37	09
18	18	9	23		17	30	40	34	48	53	30	10
	6	6	8		1		3			9	7	11
2	2	1	2			1	1	1	7	3		12
415	**1309**	**350**	**596**	**901**	**1578**	**738**	**1064**	**675**	**959**	**1698**	**1011**	C
33	68	32	93	17	73	49	101	83	77	87	127	13
19	34	4	24	32	43	21	31	25	21	54	28	14
17	20	16	19	6	29	23	20	29	38	60	23	15
2	3	4	3	2	4	1	3	7	3	7	7	16
5	27	3	14	14	55	11	27	4	21	31	28	17
8	42	4	11	22	49	24	37	11	26	27	33	18
	8		1	12	2	7	6	4	13	3	6	19
9	23	24	49	4	12	2	28	18	38	32	10	20
	9	4	4	4	5	2	7	2	24	3	4	21
3	12	1	7	10	10	6	7	9	15	20	8	22
15	57	14	28	46	53	30	30	38	44	59	40	23
5	9	2	3	17	16	9	10	6	9	16	17	24
16	40	5	11	4	9	8	6	6	8	39	11	25
45	102	14	41	66	97	70	69	60	43	154	78	26
10	19	21	13	43	41	27	25	18	12	45	22	27
	2	6		2	16	4	1	4		6	5	28
5	25	11	6	25	25	12	31	7	15	49	18	29
61	103	50	67	60	142	132	161	102	186	243	158	30
13	43	10	3	10	12	12	15	13	9	30	10	31
41	20	5	4	5	28	6	14	23	50	35	49	32
9	80	12	20	63	81	32	54	14	44	75	39	33

2−12 续表 1 (2020年)

行业大类	代码	企业单位数	北京	天津	河北	山西
通用设备制造业	34	1761	77	40	99	81
专用设备制造业	35	1745	69	66	116	118
汽车制造业	36	1110	48	25	65	15
铁路、船舶、航空航天和其他运输设备制造业	37	684	31	25	28	28
电气机械和器材制造业	38	1296	40	55	60	46
计算机、通信和其他电子设备制造业	39	1286	93	43	34	26
仪器仪表制造业	40	477	53	21	16	20
其他制造业	41	192	2	3	15	5
废弃资源综合利用业	42	256	4	3	25	3
金属制品、机械和设备修理业	43	416	19	8	17	42
电力、热力、燃气及水生产和供应业	D	**17585**	**165**	**197**	**1025**	**951**
电力、热力生产和供应业	44	10310	99	116	522	609
燃气生产和供应业	45	1153	22	21	101	106
水的生产和供应业	46	6122	44	60	402	236
建筑业	E	**17225**	**527**	**340**	**1069**	**574**
房屋建筑业	47	4312	165	61	184	136
土木工程建筑业	48	8717	191	184	588	323
建筑安装业	49	1654	74	55	101	58
建筑装饰、装修和其他建筑业	50	2542	97	40	196	57
批发和零售业	F	**46631**	**2423**	**1100**	**2377**	**1823**
批发业	51	28938	1509	787	1511	1197
零售业	52	17693	914	313	866	626
交通运输、仓储和邮政业	G	**18418**	**382**	**418**	**821**	**643**
铁路运输业	53	470	20	14	19	35
道路运输业	54	7502	154	109	390	310
水上运输业	55	1026	5	39	40	1
航空运输业	56	491	22	18	15	17
管道运输业	57	96	5	8	2	2
多式联运和运输代理业	58	1605	76	76	79	21
装卸搬运和仓储业	59	6138	87	124	257	239
邮政业	60	1090	13	30	19	18
住宿和餐饮业	H	**7376**	**698**	**119**	**340**	**227**
住宿业	61	5162	514	86	237	148
餐饮业	62	2214	184	33	103	79
信息传输、软件和信息技术服务业	I	**8166**	**832**	**136**	**351**	**235**
电信、广播电视和卫星传输服务	63	2837	71	36	109	100
互联网和相关服务	64	996	109	15	41	30
软件和信息技术服务业	65	4333	652	85	201	105

单位：个

内蒙古	辽宁	吉林	黑龙江	上海	江苏	浙江	安徽	福建	江西	山东	河南	代码
18	182	17	53	76	133	53	83	27	40	138	66	34
13	102	17	34	62	130	33	82	27	44	133	81	35
12	65	35	16	64	86	22	51	18	41	69	29	36
6	50	6	19	34	72	14	20	13	12	47	17	37
15	66	4	17	50	136	57	41	30	33	97	42	38
8	34	11	5	64	129	40	52	46	40	71	18	39
1	22	10	13	30	51	10	11	4	10	32	14	40
	4	3	3	6	12	2	11	2	12	9	4	41
8	12		6	7	13	8	18	11	20	14	8	42
18	26	5	9	44	14	11	12	14	11	13	11	43
760	**561**	**410**	**552**	**111**	**620**	**770**	**612**	**597**	**476**	**1009**	**593**	D
546	359	275	396	56	300	378	313	340	259	547	302	44
19	26	17	7	14	49	66	35	18	40	89	45	45
195	176	118	149	41	271	326	264	239	177	373	246	46
254	**841**	**294**	**368**	**392**	**970**	**594**	**784**	**454**	**704**	**1206**	**743**	E
46	180	63	113	86	233	80	173	124	208	206	159	47
151	374	178	170	168	512	384	337	256	306	776	411	48
24	143	28	53	57	77	50	61	25	49	110	78	49
33	144	25	32	81	148	80	213	49	141	114	95	50
600	**1773**	**584**	**1105**	**2270**	**2690**	**1828**	**1614**	**1682**	**1636**	**2239**	**2776**	F
372	1070	331	680	1485	1841	1081	951	1186	1034	1477	1563	51
228	703	253	425	785	849	747	663	496	602	762	1213	52
400	**746**	**462**	**751**	**650**	**1055**	**970**	**766**	**736**	**671**	**982**	**960**	G
44	16	6	17	4	19	12	13	17	6	41	18	53
121	285	121	203	201	391	484	280	305	236	375	337	54
	36	1	10	74	104	124	35	93	17	81	7	55
32	18	6	13	15	22	26	9	30	12	25	11	56
1	2	2		6	7	2	2	1	1	16	4	57
19	82	7	16	178	143	120	41	76	15	129	38	58
159	280	294	455	161	328	176	343	188	337	277	496	59
24	27	25	37	11	41	26	43	26	47	38	49	60
111	**236**	**129**	**197**	**351**	**486**	**308**	**168**	**229**	**259**	**416**	**309**	H
74	166	99	134	227	295	241	89	193	180	247	203	61
37	70	30	63	124	191	67	79	36	79	169	106	62
131	**313**	**106**	**183**	**385**	**560**	**344**	**317**	**165**	**201**	**470**	**264**	I
86	124	64	119	50	125	130	110	47	81	117	118	63
15	31	14	10	76	64	47	27	31	21	59	29	64
30	158	28	54	259	371	167	180	87	99	294	117	65

2-12 续表 2 (2020年)

行业大类	代码	企业单位数	北京	天津	河北	山西
金融业	J	**18588**	**796**	**830**	**651**	**530**
货币金融服务	66	7748	201	681	212	160
资本市场服务	67	2602	352	81	85	55
保险业	68	6881	120	44	321	265
其他金融业	69	1357	123	24	33	50
房地产业	K	**29760**	**2065**	**1057**	**964**	**916**
房地产业	70	29760	2065	1057	964	916
租赁和商务服务业	L	**46347**	**2217**	**911**	**2195**	**1273**
租赁业	71	1852	75	178	145	54
商务服务业	72	44495	2142	733	2050	1219
科学研究和技术服务业	M	**20534**	**1704**	**617**	**1016**	**621**
研究和试验发展	73	1664	156	46	68	49
专业技术服务业	74	14090	859	358	606	441
科技推广和应用服务业	75	4780	689	213	342	131
水利、环境和公共设施管理业	N	**10719**	**238**	**140**	**681**	**413**
水利管理业	76	1526	16	8	73	81
生态保护和环境治理业	77	1123	42	12	58	61
公共设施管理业	78	7073	160	102	495	260
土地管理业	79	997	20	18	55	11
居民服务、修理和其他服务业	O	**2956**	**195**	**64**	**172**	**69**
居民服务业	80	1322	68	28	59	36
机动车、电子产品和日用产品修理业	81	941	85	19	76	17
其他服务业	82	693	42	17	37	16
教育	P	**1841**	**72**	**23**	**73**	**58**
教育	83	1841	72	23	73	58
卫生和社会工作	Q	**1267**	**43**	**15**	**40**	**66**
卫生	84	924	30	9	31	36
社会工作	85	343	13	6	9	30
文化、体育和娱乐业	R	**8140**	**1166**	**105**	**326**	**294**
新闻和出版业	86	2063	669	30	48	57
广播、电视、电影和录音制作业	87	2529	190	29	135	92
文化艺术业	88	1952	138	24	78	114
体育	89	488	51	9	32	11
娱乐业	90	1108	118	13	33	20

单位：个

内蒙古	辽宁	吉林	黑龙江	上海	江苏	浙江	安徽	福建	江西	山东	河南	代码
375	**703**	**354**	**429**	**769**	**947**	**652**	**798**	**518**	**489**	**1289**	**749**	J
144	283	171	198	220	394	240	281	223	231	492	275	66
18	35	34	17	387	113	110	61	52	35	159	49	67
183	352	133	189	97	384	243	386	195	190	554	391	68
30	33	16	25	65	56	59	70	48	33	84	34	69
241	**867**	**316**	**395**	**2321**	**1851**	**1571**	**900**	**1167**	**773**	**1633**	**911**	K
241	867	316	395	2321	1851	1571	900	1167	773	1633	911	70
819	**1408**	**525**	**589**	**1877**	**3058**	**3633**	**1802**	**1756**	**1360**	**2478**	**1459**	L
43	62	18	19	73	73	61	109	45	54	77	53	71
776	1346	507	570	1804	2985	3572	1693	1711	1306	2401	1406	72
368	**868**	**305**	**355**	**771**	**1193**	**1032**	**790**	**494**	**651**	**1334**	**834**	M
15	111	30	23	88	178	58	49	22	25	117	42	73
286	589	232	242	474	728	769	594	394	507	947	548	74
67	168	43	90	209	287	205	147	78	119	270	244	75
213	**305**	**173**	**133**	**292**	**627**	**853**	**318**	**479**	**347**	**607**	**460**	N
21	57	30	19	19	67	137	41	84	37	84	76	76
28	28	13	21	35	73	73	36	39	32	56	39	77
150	206	125	87	221	421	581	210	322	247	391	289	78
14	14	5	6	17	66	62	31	34	31	76	56	79
33	**169**	**52**	**48**	**139**	**167**	**141**	**140**	**87**	**88**	**152**	**112**	O
17	98	29	31	52	71	79	55	46	31	62	61	80
9	50	10	12	59	42	32	39	23	33	50	31	81
7	21	13	5	28	54	30	46	18	24	40	20	82
49	**70**	**15**	**50**	**47**	**109**	**95**	**85**	**41**	**46**	**176**	**58**	P
49	70	15	50	47	109	95	85	41	46	176	58	83
14	**63**	**13**	**49**	**46**	**50**	**42**	**39**	**24**	**34**	**81**	**53**	Q
11	54	10	40	34	35	9	30	8	24	61	35	84
3	9	3	9	12	15	33	9	16	10	20	18	85
106	**259**	**140**	**102**	**310**	**517**	**392**	**231**	**215**	**265**	**403**	**297**	R
14	90	43	25	111	93	77	43	39	53	67	55	86
36	66	44	30	86	139	133	75	78	94	156	112	87
26	65	37	24	52	147	85	74	43	83	90	85	88
12	16	7	6	24	46	40	9	23	8	23	14	89
18	22	9	17	37	92	57	30	32	27	67	31	90

2-12 续表 3 (2020年)

行业大类	代码	湖北	湖南	广东	广西	海南
总　　计	--	**10497**	**8776**	**23506**	**7855**	**2424**
农、林、牧、渔业	A	**301**	**259**	**289**	**245**	**139**
农业	01	57	79	126	85	54
林业	02	57	57	50	94	39
畜牧业	03	14	36	38	25	18
渔业	04	76	16	31	9	5
农、林、牧、渔专业及辅助性活动	05	97	71	44	32	23
采矿业	B	**66**	**74**	**62**	**93**	**10**
煤炭开采和洗选业	06	5	26		9	
石油和天然气开采业	07	2		1	1	1
黑色金属矿采选业	08	7	2	5	21	
有色金属矿采选业	09	3	26	17	24	2
非金属矿采选业	10	44	17	30	34	4
开采专业及辅助性活动	11	2		6		1
其他采矿业	12	3	3	3	4	2
制造业	C	**1063**	**798**	**2526**	**889**	**139**
农副食品加工业	13	125	85	370	197	47
食品制造业	14	26	23	75	28	7
酒、饮料和精制茶制造业	15	35	28	48	34	6
烟草制品业	16	8	8	6	2	1
纺织业	17	39	11	55	13	2
纺织服装、服饰业	18	26	9	50	13	3
皮革、毛皮、羽毛及其制品和制鞋业	19		7	35	2	
木材加工和木、竹、藤、棕、草制品业	20	19	20	30	60	6
家具制造业	21	3	1	21	2	
造纸和纸制品业	22	4	17	52	15	2
印刷和记录媒介复制业	23	51	23	84	45	6
文教、工美、体育和娱乐用品制造业	24	9	11	59	4	1
石油、煤炭及其他燃料加工业	25	9	8	15	8	3
化学原料和化学制品制造业	26	70	42	118	63	10
医药制造业	27	28	22	57	15	6
化学纤维制造业	28	1	1	4		
橡胶和塑料制品业	29	17	9	114	12	6
非金属矿物制品业	30	103	108	152	144	17
黑色金属冶炼和压延加工业	31	16	17	21	17	2
有色金属冶炼和压延加工业	32	7	39	37	30	2
金属制品业	33	52	31	202	22	2

单位：个

重庆	四川	贵州	云南	西藏	陕西	甘肃	青海	宁夏	新疆	代码
6557	**13594**	**9289**	**8610**	**1318**	**9937**	**4670**	**1863**	**1424**	**8390**	——
159	**405**	**586**	**241**	**17**	**197**	**177**	**74**	**53**	**449**	A
71	148	339	97	6	66	85	29	27	148	01
13	90	76	72	2	38	20	6	7	40	02
30	62	103	29	5	34	50	28	10	95	03
18	5	15	3				2	1	7	04
27	100	53	40	4	59	22	9	8	159	05
47	**190**	**140**	**144**	**20**	**179**	**71**	**32**	**13**	**211**	B
16	24	80	46		97	28	10	8	89	06
13	17	3	1		11	4	1	1	19	07
1	20	5	8	5	7	3	2	1	20	08
1	23	13	44	4	21	14	8		29	09
15	101	32	36	8	24	15	8		36	10
1	1	2	4		14	7	2	2	12	11
	4	5	5	3	5		1	1	6	12
664	**1168**	**696**	**666**	**87**	**1085**	**459**	**137**	**111**	**872**	C
44	74	89	55	23	57	34	13	9	130	13
20	29	21	12	5	27	7	3	3	87	14
10	64	77	49	2	27	17	3	4	39	15
3	3	3	11		3	2		1	1	16
7	22	5	4	3	23	3			38	17
6	21	10	11	3	11	6	7	4	23	18
4	1	4	3	2	2	3				19
2	16	25	17	1	11	5	1		6	20
1	3	3	1	2	3	1			2	21
6	10	6	9		7			2	2	22
21	41	30	30	5	32	25	5	8	36	23
	12	7	9	3	10		1	1	4	24
3	6	6	8		21	10	1	1	24	25
51	91	68	76	6	98	37	31	15	105	26
24	47	8	23	4	30	17	7	2	13	27
1	10		1		4	3	1	3	7	28
20	17	16	9		23	11	1	2	32	29
67	195	129	114	24	108	90	10	20	168	30
7	12	10	19		13	10	3	1	15	31
33	29	35	55		59	33	22	6	13	32
38	42	19	32	1	49	23	4	3	36	33

2-12 续表 4 (2020年)

行业大类	代码	湖北	湖南	广东	广西	海南
通用设备制造业	34	68	63	120	32	
专用设备制造业	35	59	54	147	34	3
汽车制造业	36	96	43	44	30	
铁路、船舶、航空航天和其他运输设备制造业	37	41	23	47	10	1
电气机械和器材制造业	38	52	33	164	13	2
计算机、通信和其他电子设备制造业	39	43	36	233	25	2
仪器仪表制造业	40	18	7	42	2	
其他制造业	41	14	6	48	1	1
废弃资源综合利用业	42	10	9	22	8	
金属制品、机械和设备修理业	43	14	4	54	8	1
电力、热力、燃气及水生产和供应业	D	**658**	**714**	**1036**	**611**	**127**
电力、热力生产和供应业	44	355	438	597	368	72
燃气生产和供应业	45	21	19	71	16	11
水的生产和供应业	46	282	257	368	227	44
建筑业	E	**650**	**603**	**1153**	**281**	**104**
房屋建筑业	47	143	150	315	87	29
土木工程建筑业	48	391	349	418	142	36
建筑安装业	49	61	40	133	22	11
建筑装饰、装修和其他建筑业	50	55	64	287	30	28
批发和零售业	F	**1597**	**1005**	**4791**	**1209**	**327**
批发业	51	905	580	3090	722	190
零售业	52	692	425	1701	487	137
交通运输、仓储和邮政业	G	**729**	**470**	**1411**	**554**	**139**
铁路运输业	53	9	8	32	11	1
道路运输业	54	321	221	585	167	48
水上运输业	55	63	23	147	25	20
航空运输业	56	15	10	31	13	4
管道运输业	57	7	3	5	1	
多式联运和运输代理业	58	36	16	195	27	18
装卸搬运和仓储业	59	219	131	345	284	40
邮政业	60	59	58	71	26	8
住宿和餐饮业	H	**218**	**178**	**498**	**178**	**97**
住宿业	61	134	137	355	137	88
餐饮业	62	84	41	143	41	9
信息传输、软件和信息技术服务业	I	**272**	**279**	**651**	**149**	**61**
电信、广播电视和卫星传输服务	63	115	197	162	76	26
互联网和相关服务	64	32	18	75	17	11
软件和信息技术服务业	65	125	64	414	56	24

单位：个

重庆	四川	贵州	云南	西藏	陕西	甘肃	青海	宁夏	新疆	代码
48	61	24	19		88	26	8	9	12	34
39	67	24	21	1	98	36	3	5	27	35
87	52	14	15		49	7			12	36
35	35	12	5		43	2	1		7	37
21	66	14	18	1	74	31	4	3	11	38
29	97	15	15		59	4	2	2	10	39
29	17	6	7		25	4			2	40
1	9	1	11		2	1	1		3	41
4	9	5	2		15	6		3	3	42
3	10	10	5	1	14	5	5	4	4	43
380	**996**	**595**	**605**	**146**	**651**	**463**	**261**	**213**	**720**	D
190	482	315	310	120	385	343	210	166	542	44
40	132	26	47	1	39	14	6	7	28	45
150	382	254	248	25	227	106	45	40	150	46
361	**967**	**585**	**543**	**116**	**761**	**293**	**92**	**97**	**505**	E
95	395	197	133	46	230	65	21	31	158	47
191	405	246	292	52	382	159	53	58	234	48
27	75	45	34	4	66	32	8	5	48	49
48	92	97	84	14	83	37	10	3	65	50
1058	**1710**	**1262**	**1118**	**202**	**1465**	**592**	**241**	**166**	**1368**	F
627	1016	702	599	66	756	334	128	92	1056	51
431	694	560	519	136	709	258	113	74	312	52
430	**844**	**487**	**408**	**107**	**490**	**286**	**125**	**77**	**448**	G
9	26	8	11		19	8	5	2	20	53
213	413	291	234	48	216	109	62	33	239	54
41	23	7	3		3			3	1	55
16	27	19	15	8	16	7	2	5	12	56
2	4	1	1		5	2			4	57
36	42	12	23	3	20	15	6	4	36	58
58	235	115	79	22	164	104	34	21	86	59
55	74	34	42	26	47	41	16	9	50	60
123	**319**	**238**	**241**	**56**	**240**	**132**	**43**	**22**	**210**	H
84	218	166	188	50	161	104	33	14	160	61
39	101	72	53	6	79	28	10	8	50	62
232	**394**	**187**	**218**	**87**	**195**	**138**	**66**	**43**	**201**	I
117	120	58	96	69	66	87	39	23	99	63
23	45	43	25	5	33	13	7	6	24	64
92	229	86	97	13	96	38	20	14	78	65

2-12 续表 5 (2020年)

行业大类	代码	湖北	湖南	广东	广西	海南
金融业	J	**594**	**652**	**1571**	**415**	**142**
货币金融服务	66	269	283	524	170	71
资本市场服务	67	27	68	418	22	13
保险业	68	251	274	533	189	50
其他金融业	69	47	27	96	34	8
房地产业	K	**1098**	**800**	**2913**	**889**	**426**
房地产业	70	1098	800	2913	889	426
租赁和商务服务业	L	**1354**	**1387**	**3884**	**1389**	**317**
租赁业	71	24	37	148	63	22
商务服务业	72	1330	1350	3736	1326	295
科学研究和技术服务业	M	**905**	**651**	**1361**	**441**	**137**
研究和试验发展	73	51	49	170	18	11
专业技术服务业	74	631	476	938	348	103
科技推广和应用服务业	75	223	126	253	75	23
水利、环境和公共设施管理业	N	**412**	**414**	**493**	**248**	**73**
水利管理业	76	87	66	57	31	10
生态保护和环境治理业	77	40	44	72	24	12
公共设施管理业	78	245	209	336	165	44
土地管理业	79	40	95	28	28	7
居民服务、修理和其他服务业	O	**104**	**61**	**220**	**63**	**20**
居民服务业	80	42	34	70	20	8
机动车、电子产品和日用产品修理业	81	28	12	87	25	6
其他服务业	82	34	15	63	18	6
教育	P	**73**	**50**	**122**	**21**	**14**
教育	83	73	50	122	21	14
卫生和社会工作	Q	**78**	**42**	**47**	**23**	**70**
卫生	84	68	30	36	14	67
社会工作	85	10	12	11	9	3
文化、体育和娱乐业	R	**325**	**339**	**478**	**157**	**82**
新闻和出版业	86	79	48	127	26	20
广播、电视、电影和录音制作业	87	88	153	155	72	28
文化艺术业	88	87	77	101	36	13
体育	89	11	13	25	3	9
娱乐业	90	60	48	70	20	12

单位：个

重庆	四川	贵州	云南	西藏	陕西	甘肃	青海	宁夏	新疆	代码
705	**810**	**454**	**553**	**88**	**523**	**410**	**141**	**146**	**505**	J
492	294	183	219	65	210	181	70	73	238	66
57	83	67	66	2	49	27	9	19	32	67
99	351	149	244	19	228	180	45	42	180	68
57	82	55	24	2	36	22	17	12	55	69
660	**1168**	**889**	**705**	**61**	**1027**	**411**	**116**	**89**	**560**	K
660	1168	889	705	61	1027	411	116	89	560	70
720	**2470**	**1802**	**1744**	**195**	**1351**	**561**	**253**	**183**	**1377**	L
33	100	60	50	6	61	33	15	5	56	71
687	2370	1742	1694	189	1290	528	238	178	1321	72
392	**895**	**431**	**573**	**56**	**726**	**314**	**156**	**93**	**450**	M
30	86	18	32	4	65	21	9	6	17	73
283	606	334	439	40	550	234	121	71	342	74
79	203	79	102	12	111	59	26	16	91	75
347	**592**	**475**	**380**	**24**	**440**	**151**	**61**	**53**	**277**	N
52	64	93	73	1	50	27	7	7	51	76
50	68	28	46	3	42	13	5	9	21	77
173	375	323	233	20	323	106	42	33	179	78
72	85	31	28		25	5	7	4	26	79
55	**124**	**145**	**111**	**14**	**85**	**37**	**17**	**4**	**68**	O
28	59	79	59	4	42	16	2	2	34	80
17	39	32	34	7	28	11	6		22	81
10	26	34	18	3	15	10	9	2	12	82
36	**117**	**63**	**120**	**10**	**68**	**18**	**11**	**11**	**40**	P
36	117	63	120	10	68	18	11	11	40	83
41	**78**	**42**	**55**	**4**	**69**	**17**	**2**	**3**	**24**	Q
27	53	33	47	3	59	13	2	2	13	84
14	25	9	8	1	10	4		1	11	85
147	**347**	**212**	**185**	**28**	**385**	**140**	**35**	**47**	**105**	R
26	73	24	21	2	57	23	4	8	11	86
53	105	48	58	13	139	36	11	20	55	87
38	94	59	60	6	120	58	11	8	19	88
8	21	25	12	1	8	11	2	3	5	89
22	54	56	34	6	61	12	7	8	15	90

2-13 按行业(大类)、运营状态分组的国有控股企业法人单位数

(2020年)

单位：个

行业大类	代码	企业单位数	营业	停业	筹建
总　计	—	**293473**	**265361**	**15154**	**8952**
农、林、牧、渔业	A	**7811**	**6764**	**526**	**364**
农业	01	2948	2543	179	168
林业	02	1797	1651	80	37
畜牧业	03	1108	902	106	75
渔业	04	459	400	42	15
农、林、牧、渔专业及辅助性活动	05	1499	1268	119	69
采矿业	B	**3453**	**2836**	**357**	**177**
煤炭开采和洗选业	06	1626	1341	165	77
石油和天然气开采业	07	149	139	3	5
黑色金属矿采选业	08	274	216	49	7
有色金属矿采选业	09	451	371	57	11
非金属矿采选业	10	771	631	61	60
开采专业及辅助性活动	11	114	90	12	8
其他采矿业	12	68	48	10	9
制造业	C	**26656**	**22923**	**2317**	**894**
农副食品加工业	13	2377	1971	269	77
食品制造业	14	829	665	93	46
酒、饮料和精制茶制造业	15	834	708	66	37
烟草制品业	16	104	98	5	
纺织业	17	531	387	103	10
纺织服装、服饰业	18	581	514	48	6
皮革、毛皮、羽毛及其制品和制鞋业	19	146	105	28	9
木材加工和木、竹、藤、棕、草制品业	20	524	397	80	22
家具制造业	21	141	117	19	3
造纸和纸制品业	22	277	209	50	8
印刷和记录媒介复制业	23	1089	973	88	8
文教、工美、体育和娱乐用品制造业	24	289	227	43	14
石油、煤炭及其他燃料加工业	25	376	326	22	21
化学原料和化学制品制造业	26	2022	1727	176	91
医药制造业	27	731	659	33	29
化学纤维制造业	28	99	88	6	5
橡胶和塑料制品业	29	625	539	52	13
非金属矿物制品业	30	3364	2899	263	141
黑色金属冶炼和压延加工业	31	431	368	43	7
有色金属冶炼和压延加工业	32	747	668	54	16

2-13 续表 1 (2020年) 单位：个

行业大类	代码	企业单位数	营业	停业	筹建
金属制品业	33	1316	1145	115	38
通用设备制造业	34	1761	1509	175	44
专用设备制造业	35	1745	1533	137	51
汽车制造业	36	1110	1009	51	33
铁路、船舶、航空航天和其他运输设备制造业	37	684	616	41	22
电气机械和器材制造业	38	1296	1138	105	43
计算机、通信和其他电子设备制造业	39	1286	1177	51	40
仪器仪表制造业	40	477	423	35	14
其他制造业	41	192	164	11	13
废弃资源综合利用业	42	256	217	7	27
金属制品、机械和设备修理业	43	416	347	48	6
电力、热力、燃气及水生产和供应业	D	**17585**	**16074**	**398**	**937**
电力、热力生产和供应业	44	10310	9330	232	631
燃气生产和供应业	45	1153	1052	21	66
水的生产和供应业	46	6122	5692	145	240
建筑业	E	**17225**	**15872**	**622**	**523**
房屋建筑业	47	4312	3972	156	129
土木工程建筑业	48	8717	8085	286	258
建筑安装业	49	1654	1522	78	34
建筑装饰、装修和其他建筑业	50	2542	2293	102	102
批发和零售业	F	**46631**	**41303**	**3673**	**926**
批发业	51	28938	25688	2303	498
零售业	52	17693	15615	1370	428
交通运输、仓储和邮政业	G	**18418**	**16987**	**713**	**484**
铁路运输业	53	470	424	4	34
道路运输业	54	7502	6970	263	191
水上运输业	55	1026	950	30	38
航空运输业	56	491	434	11	44
管道运输业	57	96	87		8
多式联运和运输代理业	58	1605	1477	63	41
装卸搬运和仓储业	59	6138	5606	315	116
邮政业	60	1090	1039	27	12
住宿和餐饮业	H	**7376**	**6674**	**499**	**125**
住宿业	61	5162	4681	337	86
餐饮业	62	2214	1993	162	39
信息传输、软件和信息技术服务业	I	**8166**	**7618**	**210**	**242**
电信、广播电视和卫星传输服务	63	2837	2731	52	13
互联网和相关服务	64	996	900	27	60
软件和信息技术服务业	65	4333	3987	131	169

2-13 续表 2 (2020年) 单位：个

行业大类	代码	企业单位数	营业	停业	筹建
金融业	J	**18588**	**18143**	**169**	**167**
货币金融服务	66	7748	7608	43	35
资本市场服务	67	2602	2454	43	82
保险业	68	6881	6811	40	20
其他金融业	69	1357	1270	43	30
房地产业	K	**29760**	**27522**	**1264**	**550**
房地产业	70	29760	27522	1264	550
租赁和商务服务业	L	**46347**	**41249**	**2467**	**1976**
租赁业	71	1852	1678	74	69
商务服务业	72	44495	39571	2393	1907
科学研究和技术服务业	M	**20534**	**18868**	**798**	**627**
研究和试验发展	73	1664	1463	86	91
专业技术服务业	74	14090	13226	446	277
科技推广和应用服务业	75	4780	4179	266	259
水利、环境和公共设施管理业	N	**10719**	**9590**	**448**	**546**
水利管理业	76	1526	1370	64	62
生态保护和环境治理业	77	1123	959	41	106
公共设施管理业	78	7073	6335	314	345
土地管理业	79	997	926	29	33
居民服务、修理和其他服务业	O	**2956**	**2621**	**198**	**97**
居民服务业	80	1322	1178	81	48
机动车、电子产品和日用产品修理业	81	941	829	80	18
其他服务业	82	693	614	37	31
教育	P	**1841**	**1677**	**91**	**53**
教育	83	1841	1677	91	53
卫生和社会工作	Q	**1267**	**1142**	**36**	**79**
卫生	84	924	859	21	41
社会工作	85	343	283	15	38
文化、体育和娱乐业	R	**8140**	**7498**	**368**	**185**
新闻和出版业	86	2063	2007	38	2
广播、电视、电影和录音制作业	87	2529	2296	152	46
文化艺术业	88	1952	1769	91	67
体育	89	488	450	17	20
娱乐业	90	1108	976	70	50

2-14 按地区、运营状态分组的国有控股企业法人单位数

(2020年) 单位：个

地 区	企 业 单位数	营业	停业	筹建
全 国	**293473**	**265361**	**15154**	**8952**
北 京	14462	13717	618	76
天 津	6773	6210	282	138
河 北	14025	11908	1458	650
山 西	10631	9717	659	237
内蒙古	5301	4751	307	234
辽 宁	10868	9460	967	291
吉 林	4599	3937	235	123
黑龙江	6481	5778	394	134
上 海	11685	11217	301	72
江 苏	16748	15121	888	628
浙 江	14145	12801	556	534
安 徽	10836	9773	509	458
福 建	9763	9090	372	286
江 西	9660	8874	412	212
山 东	16606	15072	706	693
河 南	12180	11438	469	235
湖 北	10497	9687	429	258
湖 南	8776	8165	275	129
广 东	23506	20545	1726	596
广 西	7855	6981	584	242
海 南	2424	2099	119	141
重 庆	6557	6164	240	140
四 川	13594	12612	378	475
贵 州	9289	8317	490	459
云 南	8610	7504	418	426
西 藏	1318	1248	23	37
陕 西	9937	8843	515	344
甘 肃	4670	4394	108	116
青 海	1863	1632	72	148
宁 夏	1424	1343	36	35
新 疆	8390	6963	608	405